劉九庵日記

故宫博物院　编

刘九庵　著

娄玮　刘凯　审订

蔡治淮　华宁　秦明　整理编校

故 宫 出 版 社

编辑整理说明

一、本日记摘自刘九庵先生的书画笔记，内容以书画工作为主，政治内容为主的日记未予收入。依此原则，所收日记中涉及政治等内容的、在不影响上下文联系的情况下亦舍去不录。

二、本书除收入完整的日记外，有确切日期的叙事性文字亦收入，如出席会议、接待外宾记录等，而大量的书画目录、鉴考记录，即使有日期，因非叙事性，不录。会议类一般保留叙事部分，会议记录零散不全者，略去。

三、少量同一天的日记在不同的笔记本里有相近或不同角度的叙述，重者取其详，可相互补充的并列于同一天里。

四、一些只有月、日没有年份，或年份有误的日记，均通过对笔记内容的考证，或合理的逻辑推理、推算，判断或纠正了年份，并在正文中以注释的形式加以说明。文中个别有日期无内容者，原文如此，予以保留。

五、关于文字的释录处理：

（一）原日记月、日的书写大多仅用斜杠或圆点表示，现均规范地写为某月某日，另占一行；“星期几”原文有的注明有的空缺，现统一注明，增补的加括号“〔〕”以区别，并将日序“几”统一改为汉码，“周几”改为“星期几”，置于“某月某日”之后；行文中年、月、日、时、分用冒号或圆点表示者，也统一以文字表述。

（二）释文原则上逐字释录，尽量保持原貌，保持原文的语言特点，但为了行文的顺畅，作了几点改动：

（1）对少量表达不完整的句子略作增补，增补字加括号“〔〕”以区别。

（2）对明显的衍字或逻辑上相悖的字，则直接删去，如“将把”，文义重复，去其一；“拟原拟”，前一“拟”删去；“才能保障了事业的发展”，删去“了”字，等等。

（3）字序、语序明显颠倒者直接改正，如“位单”，改为“单位”。

（4）个别可能产生歧义的缩略语或漏字，如“文博”，在有些地方实指“文博研究所”，“文服务社”是“文化服务社”等，则加补完整。

（5）笔记中的图形或缩写字，释文以其所表达意思的文字直录，如“◇”直释为“钱”，“镈”直录为“博物馆”，“囯”直录为“图书馆”，“闩”是“问题”等。

（6）个别表现字形差异的文字，直接采用笔记原图，如“”“”等。

（三）释文一般按现行编辑规则加以整理，主要有以下几方面：

（1）将行文中的繁体字改为现行简体字（有的人名除外，如赵孟頫等）。

（2）将错别字（含笔误）、异体字改为现行规范字，纠正助词“的”、“地”、“得”的不规范用法等，如“辽望”改“瞭望”，“手绪”改“手续”，“建意”改“建议”，“棒锤”改“棒槌”，“提材”改“题材”，“遂后”改“随后”，“代来”改“带来”，“以直”改“一直”，“瀚海”改“翰海”，“讬”作“托”，“姪”作“侄”等等。

（3）对释文添加或修改标点符号，必要时加分段落。本书中的书画名称，编者依据是否是确切名称，或上下文关系，或是否特指等情况，酌情予以书名号标注。

（4）原文中数字的表达多样，整理中除约数按现行编辑规则改为汉码，以及略注意相近数码的前后呼应外，不作全书的统一修改，以期更多地保持原样。

（四）原文中的缺字，以空格“□”表示，段末明显未完的句子加省略号。

（五）日记中涉及的大量人名，兼及文物名、地名等，均依据原文尽量辨识、查考，乃至纠错。明显有误的直接改正；个别有需要说明的在行文中加了注释；有疑义者，于字旁以括号“〔〕”内加问号或列存疑字备注；对于同一人在不同地方姓名书写不一的，经确认者则统一直接改正。

（六）原文中遇有个别略去的人名或内容，以“☒”或“〔……〕”表示。

（七）释文中括号“（）”内的字为原文，括号“〔〕”内为编者添加的字、符号，或备注。

六、为方便查询，设“人名索引”，分为“古代近代”和“现代当代”两部分，以汉语拼音排序。未知姓名者也一并收录于后，以备逐渐补充完善。根据日记特点，为便于检索和统计，人名按日期检索。日期用六位数字表示，如 870403 表示 1987 年 4 月 3 日。

目录

刘九庵
（1915 年 3 月 11 日—1999 年 8 月 11 日）

1956 年

7 月 13 日[1] 〔星期五〕

上午同马坤仍至文物局清点拨交文物。此次以书画为多，主要是扇面，共计拾叁本 159 页，内有周之冕扇页 12 个，是其最精心得意之作。以上之件分作三包，上午即行运回故宫，拟下午仍前往。兹以 4 时院内开会，即与罗福颐通电话，相告明日再行前往。此刻即将张羽时同志的龚半千山水卷送往地安门外大翔凤胡同 7 号，孙家玉同志亲手收，请其转交张君。

院内会由陈乔院长主持，报告学习后之总结说明大家学习认识上是有一定成绩的，但是仍有一部分缺点，希望学习过的同志认真地来执行起来，以本爱祖国爱人民的精神与反革命分子作坚决的斗争，也才能保障事业的进展与故宫的安全。

7 月 14 日 〔星期六〕

上午仍与马坤到文物局点收了张伯驹捐献晋唐宋元法书及暂存宋米芾等诗札卷册，均是第一等真迹无上珍品。又点收一部分手札，拟暂存延禧宫，俟以后连前存札件一并再作拨交手续。中午即将书画部分完全取来。下午即把文物等 11 件装木箱运来，并将清点册核对以后，即一同持回。将以上接收文物均行送往静憩斋暂存，

[1] 本年 7 月 13 日至 12 月 28 日连续不间断的日记原文无年份，今据另一笔记本记录的 1956 年 7 月 12 日至 7 月 14 日接收文物局拨交文物清册，可知本年 7 月 13 日、14 日记载的点收文物局拨交张伯驹捐献等文物事即在此时，两本笔记对同一件事作了不同角度的记述。故此，本年可确定为 1956 年；并将 7 月 12 日至 7 月 14 日接收文物清册收列于本年 7 月 14 日条下。

俟院长看后再行办拨库手续。

1956 年 7 月 12 ～ 14 日接收文物局拨交书画文物清册：

珍贵书画计：

晋 陆机《平复帖》卷

唐 杜牧之《张好好诗》卷

宋 范仲淹《道服赞》卷

宋 蔡襄《自书诗》册页

宋 黄山谷《诸上座帖》卷

元 吴琚书《杂诗》卷（原签题“米海岳十帖”）

元 赵孟頫《草书千字文》卷

元 俞和《临赵清净经》轴（伪）

以上捌件为张伯驹先生捐献。

唐 绢本敦煌《佛画》轴（红色金画）。

马国瑞先生捐献。

购：

宋 无款《墨笔山水》页

宋 米芾《破羌帖跋尾图》

元 钱舜举《山居图》卷

元 方方壶《武夷放棹图》

明 陈沂《山堂集咏图》卷（附陈沂手札 20 通）

以上总计拾肆件，计卷 9 件、册 2 件、轴 3 件。

文物局暂存手札，送延禧宫（1956 年 7 月 14 日）：

自黄宗羲、郑溱手札卷起至陈元素手札卷止，共计 22 件。计手卷 3 件，册页 19 件。

米海岳《诗翰》册，1 本（米友仁、季宗元、谢在杼、郭天锡、施光远、焦源溥、成亲王等题）；

宋 葛长庚（白玉蟾）《足轩铭》卷，1 件；

宋 米友仁《云山墨戏图》卷，1 件；

元 黄子久《天池石壁图》卷，1 件。

以上计肆件。

两共计：贰拾陆件。

接收文化部文物局拨交文物清册：

总共计 99 项，〔以下列表〕分计：

铜镜	17 个	拓帖	17 册
墨	62 方	扇册	13 本计 159 页
书画卷	3 件	书册	2 本
印	10 方	画轴	5 件
画片	8 件	瓷陶	18 件
古泉	21		

7 月 15 日　星期日

赴历史博物馆参观中国近代史展览。

7 月 16 日　〔星期一〕

上午收购文物，总计书画 17 件，文物 103 件。10 时余，徐邦达电述启功同志拟来静憩斋看郭熙画，及〔对〕14 日所收文物局拨交珍贵书画，进行审阅，由丁洁平、汤有恩随同进组来协助鉴审工作。11 时 40 分，即行退组。下午，将收购文物抬于静憩斋，书画计 17 件、文物 100 件，〔……〕。

7 月 17 日　〔星期二〕

上午，书画由徐邦达等来主持评价。此次将以往未经评过之书画均行评议解决。下午，原拟评文物价，但以开会未能评议，即将日前收文物局拨交的珍贵书画造送库单，以便送往存库。退组前，徐邦达同志将《金瓶梅》画册及持出放行单交付带去送交萃文斋骆君。兹交其柜同人并说明来源，彼已知道此事。

7月18日　〔星期三〕

上午，文物瓷器由冯先铭、孙瀛洲等来审阅评议价值，并由冯先铭将天津收购瓷器分别区别何者归院陈列及资料。十一时，贾玉田同志持来三画轴、一瓷器，内计项圣谟画《松》轴、绢本《观音》轴，萧福存之物，另画及瓷器由贾玉田送存太医值房。下午赴文化部听报告。

7月19日　〔星期四〕

上午，将接收文物局拨交画扇册编号造单，以备送审，并将王陆亭的书画不要之件予以作退出手续。下午，将书画扇册号均行造单完毕，只余其他文物，拟明后造齐准备送库。

7月20日　〔星期五〕

上午，由唐兰来主持铜器评价工作，以后即将铜镜等编号，由杨忠礼来鉴别。退出冯起震《竹》卷1件。下午，由李主任作业务保管报告。

7月21日　〔星期六〕

上午，同杨忠礼瓷器编号。丁组长送来特艺瓷器两件，索价10000，价值可谓奇昂矣。下午，同马坤将碑帖和墨编号。退组时，贾玉田委代李欣木退，共图章两方及收购图章两方，价款陆拾元，当为玉萃珍自造，均不甚清楚，以李欣木今日赴山西购货，拟向其侄询问明白后，再进行物款交清手续。

7月22日　星期日

〔有日期无文字，下同。〕

7月23日　〔星期一〕

上午，同王国英将墨编号完毕。下午，送延禧宫书画重要品，计14件，瓷器7件。

7月24日　〔星期二〕

送延禧宫书画194件，文物局寄存书画计贰拾柒件，内一郭熙山水大轴一同送去。下午，把墨送北五所，铜器送延禧宫。下午总计送出 100 件。

7 月 25 日 〔星期三〕

上午，在静憩斋先将文物区分何者“院”、何者“专”及资料，分定以后即进行编号，以便准备送库。下午，赴历史博物馆参观，给予学习近代史很大帮助。

7 月 26 日 〔星期四〕

上午，将瓷、铜文物统一编号，造送库单，准备送往各库。以上名称由杨忠礼来鉴别。下午，同赵民英同志编尼伯尔王国赠送给主席的礼品，写号造单准备送库，以便及时陈列。

7 月 27 日 〔星期五〕

上午，在重华宫同陈、谭同志及李文善核对以前代文物局存文物数目，以便正式拨交陈、马组管理。此时，文物局罗福颐、丁燕贞两同志来此，选择西番花片刀剑等文物，拟拨交蒙古博物馆。上下午共选出 62 项计 78 件，准备过日再行前来办取出手续。

7 月 28 日 〔星期六〕

上午，仍至重华宫核对前代文物局收存购进文物。下午，仍进行，均核对无讹，即正式请陈宝铎负责管理。

7 月 29 日 星期日

7 月 30 日 〔星期一〕

上午，来静憩斋同贾玉田核对应送库之瓷器等，太医值房之文物亦准备好。下午，仍来此造印押送库单。穆、王两同志核点账簿之文物名称、件数。徐邦达来此阅刘贯道神仙卷，在笔墨上亦认为是元朝作品，但款字俱系后写，而署款方式仍是有其一定道理，当是见过刘贯道真迹或珂罗版印本，不然是写不出这种笔法的。此件作品是具有研究价值的。

7月31日　〔星期二〕

上午，在小礼堂开院内工资问题会议，由陈乔、任行健来报告，作传达文化部的报告，准备八月二日再报告一次，即行进入学习。下午，由静憩斋送往重华宫后院厨房文物53件。

8月1日　〔星期三〕

上午，在收发室收购送来文物书画，总计收进百余件，这几次以此次为最多。做到随收按号随即送静憩斋，至十二时余即行送完，不然下午送即影响学习时间。如此是较妥善〔的，能〕加速进行，工作上是有改进的。下午，即学习“历史革命”。

8月2日　〔星期四〕

上午，进组后即将准备退出之件备好，以落雨而前来取者甚少，致只退出梁魁禄的八卦瓷瓶两件。十一时余，西单特艺公司门市部送来前往选择的瓷、玉25件，经审鉴物体的有无伤痕，注明后再行核对件数，复行送往静憩斋，退组时已十二时二十分矣。

下午，学习陈院长、任主任报告的工资改革问题，作了讨论。在讨论中，以最近调来此组工作的蔡同志发言很具体，再即邢顺岭、李文善均作了系统扼要的讨论。我最后亦谈了一些领会，但未能尽情发挥出来。这一缺点原因即在以往未有这种讲话习惯，至时感到紧张，而不能具体说明一切问题，再即于听报告以后未有再行阅读有关这类文件，以致未能很好地很快地讲述出来。关于这一点，今后一定要克服，履行的办法即是听过报告以后抓紧时间阅读有关文件，有系统地学习。我想如此做是〔会〕有一定收获的，意愿如此，即刻实践行动起来。

8月3日　〔星期五〕

上午，在组内仍谈工资改革问题。首先给大家讲了关于工会印发的工资改革问题讲话，说明了为什么要改革工资，问题有哪些，原则〔上〕，对这一问题怎样看法。会上同志们仍李、邢两同志及蔡同志讲得具体，我在听讲时也扼要记了几项，但在要谈时仍有一种说不出〔的〕缺点，以致此会未能发表意见，但我心中是对这问题有了一些认识〔的〕，仍未作出讲述，这是我的甚大缺点，以后对这种问题要多研究学习，与有经验的同志，向他们〔学习〕，深刻钻研。

下午，仍在组内核对收进退出之数目工作，未进静憩斋。

8 月 4 日　〔星期六〕

上午，在静憩斋书画评价，参加评议的徐邦达、王以坤、冯华、贾玉田、李文善将以往收进的书画均行评议。最后，徐邦达建议今后改为每星期看一次，正在与李主任商洽进行中。

下午，将静憩斋评过之瓷、铜文物均移于太医值房，以便作送库及退出手续。

8 月 5 日　星期日

8 月 6 日　〔星期一〕

上午，进斋后先将 1 号收进瓷器分别陈列，“按收进先后”。原定由冯先铭等来此评价，后因开会致未评成。后有保粹斋送来瓷器、竹刻笔筒等 3 件，随即收进斋内。万聚兴亦送来瓷器文物 109 件，当即照单清点，及完毕后已届十二时余矣。即将收发门锁好，进斋将门封锁。

下午，先行将文物送进斋内，然后即照来单登册，随后复行照册点物，顺序陈列，准备明日评价。

8 月 7 日　〔星期二〕

上午，来斋后由冯先铭、孙瀛洲、李恩庆来作文物评价，大部分评完。下余以前未解决者此次亦未能来得及评，拟日来有时间再行评议。

下午进组后，先将上午评时不要之件移送太医值房，以便作退回手续。四时，宝古送来书画五十七件，照单点清以后即送斋内。复作点清，准备近日再为评值。下午，清整工人将斋院小屋稻草垃圾清除移外。李文善取出太医值房水晶人1件，拟作退出手续。

8月8日 （星期三）

上午，开组后由太医值房送重华宫厨房文物拾壹件，复送坤宁宫东暖阁资料室瓷器贰拾捌件。下午，赴东四剧场听近代史讲课。以后同李文善赴灯市口大鹁鸪市〔胡同〕5号陈禹方处看瓷、铜、画等十件，嘱其明日送院一看。

8月9日 （星期四）

上午，将宝古最近送来书画由徐邦达同志来主持进行民主评价，内中有一部分绢本苏州片画，拟请示院长后再作决定是否收购。陈禹方处文物今日送来，高南阜画当即评值60，瓷、铜拟俟请唐、陈专家来解决。杨忠礼同阎、李两同志送太医值房文物于重华宫。

下午，进组即整理上午评过之书画，留、退、待考之件分别予以放置。丁组长来此，将苏州片画均看一过。杨、阎、李三同志将太医值房一批文物送重华宫完毕，计上下午共送出81件。

8月10日 （星期五）

上午，在小礼堂听陈院长、任主任关于工资改革问题的报告。主要是在这次学习上认识多数是正确的，也就是明白了这次改革的意义，即何者宜多增、何者普遍、何者最少等问题。但有少数人对这情况了解不够，思想上即有些分歧，所以作了解答的报告，藉以更明确改革命意。

下午，来静憩斋整理准备退出之件。阎、李两同志送来紫檀椅两个。

8月11日 （星期六）

上午，在静憩斋同杨、金、韩造文物书画评价单，以便签字付款，再即该单上均将鉴定名称写好，在造送库单时即按此名称书写，即省却以往重行鉴定之手续。这种准备条件是较妥当的。

下午，来此造单，但在三时半之时，李主任来电促至绘画馆帮同协助撤陈画件。四时余完毕以后仍行写造单。随后李文善将收〔的〕瓷器取来，院长亦来此鉴定所收文物以及评议，不要之件重行看过，提议有些尚须购留不便退还。将收之瓷器点清后随即封门上锁退组矣。七时余，李主任、丁组长、杨忠礼来琉璃厂选择瓷器，约计百余件，使其下星期二送往。

8 月 12 日　星期日

8 月 13 日　〔星期一〕

上午，同杨忠礼赴萧君处看他的书画文物，多数是伪迹。印章方面多属石质，有文彭、何雪渔及西泠各家刻的，但是在刻铭上亦是伪托，书画伪迹占 90% 以上。上午看了三分之二。下午，杨未去，我即前去，均行看完，时届六时三刻矣。

8 月 14 日　〔星期二〕

上午，开组后，将静憩斋评价后文物移送太医值房，并将太医值房木柜移来静憩斋。李、贾即在收发室点收琉璃厂送来之文物，135 件。

下午，将瓷器由收发室送来静憩斋。一方面点收文物件数，再即造书画购买单，韩造文物单。李主任委将朱幼平[1]捐献之碑帖写一目录送给徐森老 1 份，并说与丁组长往文物局电话联系，取一批墨来。

8 月 15 日　〔星期三〕

上午，在收发室收集文物、瓷器等约贰佰件，书画约廿件左右。下午，将文物移送静憩斋，书画单已造就，即可准备付款手续。

8 月 16 日　〔星期四〕

上午，赴文物局，与傅忠谟同志鉴定各处送来之明清墨百余方，

[1]　原文为朱又屏，考为朱幼平。

多数光整，墨图亦清晰，堂款甚规矩，价值亦接近，拟准备留下。

下午即行将书画文物作退出手续。书画退出24件，余者以后再行准备。

8月17日 〔星期五〕

上午书画评价。沈石田《山水》长卷评价300〔元〕。

下午开会，工资改革评级问题。4时，徐邦达命天秀开单取刘贯道《罗汉》卷送漱芳斋，由徐森老、叶玉老鉴定，均认为是元末明初作品。贯道画未能肯定是他真迹。

8月18日 〔星期六〕

上午，在静憩斋把“专”款书画加以整理，以便于编号造册。

下午来此，即把“专”款文物按号照次序陈好，集中三处，准备星期一送重华宫厨房后院。退组时，携出俞家骥的书画八件、晋秀斋在川知乐瓷1件，即交王以坤携出退还原主。

8月19日 星期日

8月20日 〔星期一〕

上午，先将“专”“院”款书画予以分别放置，随后即送往重华宫厨房后北“专”款文物70件。下午，即将“院”款书画文物造送库单。

8月21日 〔星期二〕

上午，仍造第12次院购书画，随即贴签存于一处，并收进送来〔的〕一些瓷器。

下午，仍书画造单，送出文物书画价款由李文善来进行。

8月22日 〔星期三〕

上午，先行至收发室收进宝古送来书画108件、悦古3件，随后即将〔第〕12次书画送库单造完，共计37件，并带回单庆林书画款支票350，即交雒竹筠代收讫。

8 月 23 日 〔星期四〕

上午，文物评价由金、李、纪、杨等进行。贾玉田接文物局拨交书画文物正式拨交单，即行核对所造送库单，〔……〕，核对出后，下午即进延库进行更正。今后对这工作，要加特别细心慎重，慎重、慎重，切要、切要！

8 月 24 日 〔星期五〕

上午开组后，取出手提包即赴文物局与傅忠谟同志面谈，后即由丁燕贞同志来照册点交。旧墨拨交单由马坤同志抄写，计 180 方，点清后即行运回。

下午，原定铜器评价，以唐兰开会致未能评成。四时，全组开工资改革会，我同王致中来重华宫厨房后北，以此未参加此会。

8 月 25 日 〔星期六〕

上午七时，同穆世昌、郭清源同至延禧宫，先行将准备编号造送库单局拨碑帖提出来，进行按次序号数清点排列起来。九时余，徐森老同张明善来此，主要提出《九成宫》《天发神谶碑》来鉴别，认为至精之件。10 时 3 刻，徐、张退组，我同郭仍清理。11 时 1 刻，因库务组开会，随即一同退组。

下午，同郭同志仍进行顺号工作，最后完成三分之二，准备星期一张明善来此鉴别。

8 月 26 日 星期日

8 月 27 日 〔星期一〕

上午八时余，同张明善、郭同志来延禧宫，即行按原拨交册由头逐号检出鉴别，分别优劣精善。上下午共计鉴定约 130 余项，当即与张明善约定，请其星期四再来此，因为拟将今日所鉴别之件明日来进行造单贴号工作，以便拨库。

8月28日 〔星期二〕

上午同郭同志至延库后，即行造单编号。在未进库以前，李主任于工作上有所提议，即今后在由张同志鉴别时，即行将原册注上编号，号签随即贴于原件，以后再行照原册造单，即免却重复收件贴号。拟再鉴别时试行之。下午仍进行工作，至退组时，即将星期一所鉴定之件完全写成送库单手续。

8月29日 〔星期三〕

上午在静憩斋书画评价，共计评看140余件，至十二时半方毕。下午学习。4时半，奉派至虎坊桥蒋传清处看瓷器书画。五时至家。5时半，杨忠礼、王致中来此，遂一同前往。俟看以后，所有书画十件均是近代伪造宋元伪劣之品。瓷器只一对光绪黄地开光龙凤大瓶约可研究。

8月30日 〔星期四〕

上午先至静憩斋，把昨日所评之书画来加以整理，将留者、退还及还值者分别放置，以后随即来延禧宫，与张明善、郭清源来进行鉴别记录贴号工作。上下午共计鉴定贴号者120项，拟明日一方面造单，一方面来点交工作。

8月31日 〔星期五〕

上下午在延禧宫同郭清源来分工整理，郭即将写好〔的〕碑帖拨交延库，我即将鉴定妥之碑帖予以造单，总计今日拨库200项，所造送库单已将鉴定过之件写完。

9月1日 〔星期六〕

上午，在收发室收书画文物，11点40退回。下午，由杨忠礼在收发室装点文物，由李茂亭、阎绪同抬进，穆世昌点收。魏松卿进组约李庭倩李先生来作织绣评价，将所有织绣品均评完。我即作退出书画手续，计下午退出书画30件。

9 月 2 日　星期日

9 月 3 日　〔星期一〕

上午七时半，开普选代表大会报告，由郑求真组长报告。会后，即开业务计划及总结报告〔会〕，及我的来院后期满转正式工作人员的鉴定，由诸同志来发言，多是赞扬一方面，很少批评，希望同志们予以指出缺点，亦好今后改正。

下午，同张明善、郭清源来延库整理碑帖，计整理鉴定 80 件。

9 月 4 日　星期二

上午八时，在小礼堂开工资改革〔会〕后，最后发表报告。8 时—9 时半。散会，即同张明善进组，由张同志来审鉴，我即对 3 日下午所鉴定过的碑帖予以造单。下午仍由张来鉴别，我仍造单，已将昨日所鉴定的 80 项均行造完。张明善上下午计鉴定 60 项。

9 月 5 日　〔星期三〕

上午同马坤至延禧宫，由马坤点交碑帖 100 项，我来造昨日看过的碑帖 60 项，已经写完。下午自动学习。

9 月 6 日　〔星期四〕

上午，张明善来此鉴定，马坤续交 40 项，我来编号、粘号工作。下午继续照上午工作，马坤代写号签工作。下午鉴定及编号约 150 项。

9 月 7 日　星期五

上午同张明善进组，他来鉴定 60 项，我来造送库单。下午，先至神武门迎接普选。回时听李主任 12 年远景计划报告。

9 月 8 日　星期六

同张明善、马坤来此整理，交碑帖。下午，张、马交碑帖。

9 月 9 日　星期日

9 月 10 日　星期一

上午，同张明善进组，由其鉴定，我来造库单 160 项。下午二时，先同张明善进组，将应鉴定的碑帖轴取出，由其来进行鉴别，我即于二时廿分退出，即至小礼堂开新参加工作的同志书写工作履历表须知的事项报告〔会〕。会后四时余，仍至延库编号工作。退组时，值郭沫若、李任公来参观象牙雕船。

9 月 11 日　星期二

上午，在编目组抄写马叙伦捐赠扇面册，予以查对来册件数等。下午，即写马叙伦自书扇诗词原文，予以录下送还工作。张明善、郭清源进延库鉴别、点交，上下午计点交 200 项，朱氏捐赠碑帖部分均行看完，刻正准备看王叔鲁等购进及接收之碑帖。

9 月 12 日　〔星期三〕

上午同张、郭进组，由张明善来鉴定，郭清源写签贴号，我来写送交库单。

9 月 16 日　星期日

9 月 17 日　星期一

同张明善、穆世昌、郭清源进组。张来照录碑帖册新编号数，我同穆、郭核对碑帖，〔……〕，其余手札墨迹当与丁组长说过以后即与文物局罗福颐电话联系，彼拟下午前来进行，看过以后再为存放。下午，罗福颐、丁燕贞、郭清源同来，由罗、丁同志把手札存放于延库外间屋木箱内（计 8 件），昭仁寺碑轴改为《等慈寺碑》册 1 本，由罗来签字，拟即造单拨库，〔……〕，拟报告后再行清查，以结束此一工作。

9 月 18 日　星期二

上午，同穆世昌进库组，先将拓轴由柜内取出作一清点数目，〔……〕。

下午，核对清理造送库的数目字，随后到静憩斋看张、谢、启、徐鉴定书画工作。

9 月 19 日　星期三

上午，与马坤编造马叙伦捐献的瓷器、扇面，予以造单。下午，读报学习，主要是毛主席开会发言及刘少奇委员长、周恩来总理的报告。

9 月 20 日　星期四

上午，至静憩斋核对“专”款书画，予以分别放置分类进行，以便取放便利。中间至收发室接宝古斋送来书画 72 件。下午，仍进行核对。

9 月 21 日　星期五

上午，在静憩斋整理书画，与王友芝同志。文物局王局长、傅忠谟来此，取去绣观音轴 1 件。下午，代收由收发室抬进文物 180 件及参与书画鉴定工作。

9 月 22 日　星期六

上午在静憩斋核对书画。下午参与书画鉴定工作。

9 月 23 日　星期日

9 月 24 日　星期一

上午，在收发室收宝古斋、振寰阁送来书画、瓷器等。下午，在静憩斋点收书画及看鉴定书画，及抄写收进之件，登记。

9 月 25 日　〔星期二〕

上午，由徐邦达等作书画评价工作，已将书画完全评完。下午，书画鉴定。

9 月 26 日　星期三

上午在静憩斋，由魏松卿织绣评价。下午读刘少奇委员长文件报告。

9 月 27 日　星期四

上下午在静憩斋整理书画，及与魏松卿、徐邦达将收购书画册予以签字，以便作不要者退出手续。

9月28日　星期五

上午至静憩斋，把西板房瓷器移送于静憩斋。九时半即行退组。下午，在办公室查核收退文物数目等工作。

9月29日　星期六

上午，在组内检查个人工作数字及优缺点，〔……〕。下午三时，在神武〔门〕内排队并听游行应遵守规则。

9月30日　星期日

10月3日　星期三

上午，在收发室收西单特艺送来的书画5件、陈燕堂4件。在静憩斋稍作整理即行退组。下午三时，同贾玉田进组至太医值房取铜炉1件退出手续。三时一刻退组，在编目组听八大文件。

10月4日　星期四

上午，在静憩斋核对收购评价单文物件数及总数目。在收发室收书画7件。下午仍进行核对工作。

10月5日　星期五

上午，在静憩斋将退出的书画单据找出，请丁组长签字交黄杰英开放行单。下午赴绘画馆学习与讲解。

10月6日　星期六

上午，在静憩斋与马坤造马叙伦捐献的书画扇〔单〕。下午，与马坤退出书画60件。

10月7日　星期日

10月8日　星期一

上下午，在静憩斋编马叙伦捐献书画扇。

10月9日　星期二

上午在静憩斋继续编马叙伦捐献书画扇页等，已经编完。下午，即将扇面送交延禧宫库。

10 月 10 日　星期三

上午在静憩斋整理书画及造单。下午读报学习。

10 月 11 日　星期四

上下午在静憩斋书画定名，及准备退出各织绣。

10 月 12 日　星期五

上午在静憩斋，退出绣画 36 件，收进绣画 4 件、画 1 件。下午赴绘画馆学习。

10 月 13 日　星期六

上下午在静憩斋织绣整理及造单定名。

10 月 14 日　星期日

早赴苏联展览馆看日本商品展览。

10 月 15 日　星期一

上午在收发室收进书画 105 项，下午送进书画文物，退出书画 13 件。

10 月 16 日　星期二

上下午在静憩斋编书画号。

10 月 17 日　星期三

上午在静憩斋编院购书画单。下午在组内学习八大文件。

10 月 18 日　星期四

上下午在静憩斋编书画单。

10 月 19 日　星期五

上午在静憩斋将编好〔的〕送库单均行填上“新”字号，即行写签贴于原书画件上。下午业务学习，在绘画馆。

10 月 20 日　星期六

上午至静憩斋后，即将第 12、18 两次书画计 88 件送交延库。下午，张珩来此评书画，约计十分之七，下余未能评，至退组之时。

10 月 22 日　星期一

上午，同文物局罗福颐至延西库接收书札 22 册，退时携四册送往静憩斋。下午，在静憩斋整理上星期六评价之书画，予以分别放置以便取与。

10 月 23 日　星期二

上午，赴东城出版社礼堂听肃反总结报告，说明了几个月来进行肃反运动过程，及总结经验和缺点，给予讨论。下午，送延禧宫书画 63 件，并由延库移于静憩斋书札一箱，计 18 册。

10 月 24 日　星期三

上午，在静憩斋核对马叙伦捐献文物书画扇抄清册。下午三时，在组内阅读邓小平文件。4 时，讨论昨日听的肃反结束报告。

10 月 25 日　星期四

上下午，在静憩斋造收购书画单名称。下午，洗刷铜印内积留印色，准备送库。

10 月 26 日　星期五

上午在静憩斋，由李濂镗、李庭倩织绣评价。下午在小礼堂，李主任报告业务学习组织进行法。陈炳主任补充报告，陈桂保主任报告考勤工作。

10 月 27 日　星期六

上午，在静憩斋退出元隆织绣龙凤幛〔?〕两件，并进行应退出之件的登记单，交黄杰英办理。宝古与外省寄来的 27 件单据。下午，在组内讨论应如何进行学习的办法。

10 月 28 日　星期日

10 月 29 日　星期一

在静憩斋作退出书画手续。下午，寄退书画事。晚至西单选书画 23 件，请其下月一日送故宫来。

10 月 30 日　星期二

上午书画整理。下午与王友芝来进行书画排架工作。

10 月 31 日　星期三

上午在静憩斋，将前文物局拨交文物由李茂亭、阎绪同两同志，分别送往延库铜印 10 方，宁寿门陶器 9 件。下午，在办公室进行学习八大文件。

11 月 1 日　星期四

上午在收发室收购文物。下午，即将文物移送于西板房，书画送静憩斋。

11 月 2 日　星期五

在组内整理应退出之件之登记单，予以签署退出日期，盖章，交黄杰英办理。下午，在静憩斋造文物局拨的书札送库单。

11 月 3 日　星期六

上午，在静憩斋退出字画 19 件，并检查以往所收到的各处关于书画的信件，予以批答。下午，赴〔东〕交民巷游行，反对美、法侵略埃及。

11 月 4 日　星期日

11 月 5 日　星期一

上下午在静憩斋造文物局拨交手札清单。

11 月 6 日　星期二

上下午在静憩斋造书札送库单。

11 月 7 日　星期三

上午，在静憩斋书札造单。下午，在组内学习周恩来第二个五年计划报告。

11 月 8 日　星期四

上午在静憩斋书札造单。下午进行核对，准备送库。

11 月 9 日　星期五

上午，同罗福颐、丁燕贞同志至延禧宫点收书札，计点收 34 册。下午，在小礼堂听唐兰、李文信赴芬兰、瑞典参观博物馆的报告，介绍各博物馆的陈列、方式方法等。

11 月 10 日　星期六

上午至延禧宫，同罗福颐、丁燕贞点交书札，连昨日一共计 47 册 222 开。下午在组内学习周恩来第二个五年计划报告。

11 月 11 日　星期日

11 月 12 日　星期一

上午，同罗福颐、丁燕贞至延西库拨交书札 32 本，是胡子贤藏的，计四木函，即时移送于静憩斋。下午，即整理书札及造送库单。

11 月 13 日　星期二

上下午，在静憩斋造书札送库单。

11 月 14 日　星期三

上午在静憩斋整理书札。下午在组内学习八大文件，讨论。

11 月 15 日　星期四

上午在收购文物，下午整理书札。

11 月 16 日　星期五

上午在静憩斋书札造单。下午进组前先至钦安殿，看被外人混进破坏〔的〕佛前一切五供、瓷器等，情形之严重，令人看后莫不惊惜，这说明守卫员之麻痹大意致令坏人混进破坏，予今后所有工作人员以提高警惕性。4 时退组，回办公室听丁组长关于福利问题〔报告〕，予以在生活上有问题的同志给予解决，也显示了政府对每个工作的同志的关怀和照顾。

11 月 17 日　星期六

上午，赴延禧宫送交文〔物局〕拨书札，造单完毕，计送去两箱，计贰拾贰本。下午,在组内开小结会,三时,听秦科长政治总结报告。

11 月 17 日　星期日

11 月 19 日　星期一

上下午在静憩斋整理书画，准备明日评价。

11 月 20 日　星期二

上下午在静憩斋，由徐邦达等同志来进行书画评价，已将以往所收之件均行评议完毕。

11 月 21 日　星期三

上午，在静憩斋造书札送库单。韩静波造院购书画送库单。下午，在组内学习“改造我们的学习”文件。

11 月 22 日　星期四

上午在静憩斋书札造单，下午仍造书札单。二时余，张珩来此，将局拨胡子贤藏书札 32 册重看一过，于真伪上有所商榷，及今后造单遇有伪者及可疑者均为注出，以便今后易于考查，于此在书札考订各方面做好基础，准备给此后法书碑刻馆做好优越材料。

11 月 23 日　星期五

上午，在静憩斋造书札单，收进宝古送来书画 29 件。下午进组后将签贴好，以后即回会议室听朱凤同志讲刺绣发展史。主要介绍了刺绣最初的应用及制作方式、以后逐渐发展过程、一直到近代进展情形，作了系统介绍，但是未说明各个时期的特征优点，介绍比较少，但对于初学的还是有相当收获。

11 月 24 日　星期六

上下午在静憩斋将上海收购书画照录于收购登记账。

11 月 25 日　星期日

休息。

11月26日　星期一

上下午在静憩斋抄写上海收购书画登记工作。

11月27日　星期二

上下午，在静憩斋抄写、核对上海收购之件，作一结束。

11月28日　星期三

上午，在静憩斋造文物局拨书札〔单〕。下午，在组内学习整顿党的作风文件。

11月29日　星期四

上下午，在静憩斋造局拨书札送库单，及收进书画5件、退出书画4件。

11月30日　星期五

上午，在静憩斋造书札单及至亮果厂看珂罗版画册事，徐邦达意见请其送来一看。下午，先至南三所看出国瓷器展览，随后至陶器馆看瓷器，结合业务学习。

12月1日　星期六

上午在收发室收购文物。下午移送该斋。

12月2日　星期日

12月3日　星期一

上下午在静憩斋整理收进书画外，即赴绘画馆代为陈列书画。

12月4日　星期二

上午，张珩、傅忠谟来此，即先至修整组看裱好与准备裱的画件，随后即至静憩斋看法院取靳伯声、马霁川的书画，予以鉴定购留与退出的手续事宜。下午，即做上海收购书画登记簿添号单号工作。

12月5日　星期三

上午在静憩斋文物评价，我来造局拨书札送库单。下午在组内学习反对党八股文件。

12 月 6 日　星期四

上下午赴文物局接收书画、墨等，内计有文天祥书札卷 1 件，至精之件。

12 月 7 日　星期五

上午，将 7 日在文物局接收的文天祥札子卷壹件造送库单，予以送延禧宫库。下午，在组内业务学习，取了一些伪品，使学习同志知道作伪方法及鉴别伪书画的要点。下期准备书籍介绍。

12 月 8 日　星期六

上午在静憩斋织绣评价，由魏松卿、李濂镗主持。下午在斋内文物造单。

12 月 9 日　星期日

12 月 10 日　星期一

上午，在静憩斋收进书画登记工作。下午，在组内听报告及人事鉴定。

12 月 11 日　星期二

上下午在静憩斋，先将评价书画写信通知物主。下午，徐邦达等进行书画评价。

12 月 12 日　星期三

上午在静憩斋，先将拟送往文物局前存没收靳伯声等书画拾壹件开具清单，暂存小库房，准备明日请马坤送往。整理昨日评价书画，价格核对，以便通知物主。下午，在组内讨论学习之〔八〕[1] 大文件。

12 月 13 日　星期四

上下午在静憩斋整理核对书画评价单。上午，在秘书室看吉林省博物馆送看的李昇山水卷、史可法书札卷、慈禧花卉及绢本山水四条，皆属伪品。李画笔意格调是文徵明后期的，史札是摹仿石刻

---

[1] “之”疑为“八”之误，因据本年 10 月 3 日、17 日等日记，均有学习“八大文件”记录。

史札卷的，慈禧是伪迹，山水画四幅是清末期匠人画。下午，同王以坤至延西库择选今年收进〔的〕较珍贵书画，录写一单，准备请院外贵宾参观的，约计初步选出贰拾余件。后即整理单据等等工作。

12 月 14 日　星期五

上午，退出书画 18 件，收进巫姓寄来画 1 件。下午在组内学习研究书画参考书。

12 月 15 日　星期六

上午，将准备退出书画备好，拟下星期一作退出手续。下午三时，在组内讨论工龄问题。

12 月 16 日　星期日

12 月 17 日　星期一

上午，退出书画 49 件，及付画款。下午，核对收退件数等，及作总结计划。

12 月 18 日　星期二

在静憩斋查对发票、核对单据工作。

12 月 19 日　星期三

在静憩斋整理发单及收进寄来书画登记工作。下午，原本是学习，因上午收进些文物在收发室，须要移进，故开组由杨、张两同志移进，我来做买好之书画在登记簿记注销付款日期的工作。

12 月 20 日　〔星期四〕

上午，在静憩斋将最近购进书画予以定名、造单，以便报账。下午，同王以坤同志进延库，将前日选就的书画 20 件送往漱芳斋，由文物局王冶秋局长招待康生委员参观。康委员对于法书甚感兴趣，甚赞扬孙过庭书《景福殿赋》及刘松年画卷与《天发神谶碑》《九成宫碑》。四时至，即回组开检查收购委员会收进之件有无浪费现象〔的会议〕，大家发言甚热烈。

12 月 21 日　星期五

上午在静憩斋造单。下午，在组内先将外埠寄来仇英画送交徐邦达看过，即行持回存柜。随即听李主任报告。关于今后学习计划，小组讨论多数主张理论学习，亦有愿参与其他织绣、雕塑方面的，拟请部批示。

12 月 22 日　星期六

上午，在静憩斋整理单据，下午仍进行单据造单，最后，张珩处长来此看仇英画，鉴为真迹。

12 月 23 日　星期日

12 月 24 日　星期一

上下午在静憩斋书画造单。

12 月 25 日　星期二

上下午在静憩斋造单。徐邦达来此，将未解决的书画予以评议，作一决定，下午即造单。

12 月 26 日　星期三

上午，将仇英画送院长室与吴院长，郑部长来参观。下午拟请叶誉虎来看此画，故将此画交黄杰英存之。下午，原本是学习，以在各处收购文物须要登记造单故，复开组与张蔚华来进行工作。

12 月 27 日　星期四

上下午在静憩斋书画定名、造单，仇英画照相。启元白来此，对仇英的见解〔是〕可以陈列参考，但是不是真迹，意见是：笔笔只往不收，筋肉不相连属。这种议论是值得作参考的。但总的说来，该画尚不〔一〕定以此论即定为仿本，尚有待深一层的研究。下午，贾玉田取来上海博物馆寄来书画一木箱，计五件，文徵明等件均属真迹。

12月28日　星期五

上午在小礼堂听陈主任时事报告以及明年建设各方面的报告。在报告以前，小组讨论绘画学习怎样的工作。下午，在静憩斋总结收购工作，并准备明日文物局王局长来此观看局购书画。

1957年

7月1日　〔星期一〕

上午在收发室收购文物。下午赴火神庙苏惠卿处看书画文物。

7月2日　〔星期二〕

上下午在静组内编书画号。

7月3日　〔星期三〕

上午书画文物编号。下午在小礼堂听陈院长报告。

7月4日　〔星期四〕

上午在收发室收购文物。下午书画评价。4时后即赴组内开第二季度总结会，改进工作事，拟明日再行征集组开一次，因今日未能全听也。

7月5日　〔星期五〕

上午赴文物局取回王谔卷（横卷）、丁云鹏、蒋三松轴3件。下午在组内讨论整风问题。

7月6日　〔星期六〕

上午将周宅捐献书画转置于大木箱内，将他原来木箱腾空以便送还周宅。

7月7日　〔星期日〕

7月8日　〔星期一〕

上午同乔友声、马坤赴中国银行看书画文物，约计可以接收的

40 件左右。下午在组内文物编号。

7 月 9 日 〔星期二〕

上午整理编文物送库单等工作。下午张珩来此选拔东北博物馆书画 20 件，静库选 2 件，余者由延西库选出。

7 月 10 日 〔星期三〕

上午赴中国银行接收文物 36 件。下午听吴院长的整风报告。

7 月 11 日 〔星期四〕

上午在收发室收购文物。下午在组内收绘画组送回提取鉴定过的书画 41 件。4 时 1 刻至编目组开分类大纲讨论〔会〕。

7 月 12 日 〔星期五〕

上午在静组内核对造的送库单。下午在组内学习讨论反右派斗争。

7 月 13 日 〔星期六〕

上下午书札编号核对工作。

7 月 14 日 〔星期日〕

7 月 15 日 〔星期一〕

上下午在静憩斋由绘画组徐邦达选审周宅捐献书画。

7 月 16 日 〔星期二〕

上下午在组内仍选陈书画的工作。

7 月 17 日 〔星期三〕

上午绘画组提取书画陈列于绘画馆。下午在组内学习周总理文件。

7 月 18 日 〔星期四〕

上午在收发室收文物。下午在组内整理书画及手札等单据。

7 月 19 日 〔星期五〕

上午在静组整理书札及核对单据。下午在组内学习。

7 月 20 日 〔星期六〕

上午整理书画单据，准备送库。下午送延禧宫库书画 146 件，织绣 16 件。

7 月 21 日　〔星期日〕

7 月 22 日　〔星期一〕

上午赴张亚秋处书画约看 220 件，选了约 80 件约日送院。下午同张珩至延库点收手札 42 册。

7 月 23 日　〔星期二〕

上下午整理核对手札准备送库。

7 月 24 日　〔星期三〕

上午整理手札。下午学习。

7 月 25 日　〔星期四〕

上午收购书画文物。下午核对手札。

7 月 26 日　〔星期五〕

上午书画评价。下午学习。

7 月 27 日　〔星期六〕

上下午在组内核对书札及单据，准备与文物局办拨交手续。

7 月 28 日　〔星期日〕

7 月 29 日　〔星期一〕

上午送库书画 130 件，计徐石雪捐 97 件，文物拨张珩上海购汪之瑞册 1 件，局拨手札 32 册。下午将拟交局书画、手札送库单装订成册，以便取回正式拨交单据。

7 月 30 日　〔星期二〕

上午在组内整理单据等。下午同张珩处长、马坤至延库接拨交书札 44 本。

7 月 31 日　〔星期三〕

上午在组内整理书画。下午听吴院长报告。

8月1日　〔星期四〕

上午在收发室收购文物。下午在组内书画定名造单，以及外文出版社拍照虚谷《金鱼》轴。

8月2日　〔星期五〕

上午书画定名造单。下午在组内学习。

8月3日　〔星期六〕

上午书画定名造单。下午赴黄威庭处看书画，局方付仲谟〔傅忠谟〕，院方王以坤同志，将其200件均行看完，其中伪劣者多，遂照局方付〔傅〕君之意，把所有属于真迹者均为登录，计92件（残缺霉伤），拟将此项书画转介于北京市文物调查研究组来接去以备展览，这样比较还是妥当。以故宫接后（1）不够陈列〔水准〕（2）即拨出亦似不太适宜，最后仍以北京市文调组来接收。

8月4日　〔星期日〕

赴文化宫看解放军卅周年美术展览。

8月5日　〔星期一〕

上下午均进行书画编号事宜。下午退宝古等书画11件。

8月6日　〔星期二〕

上下午在组内进行编周捐献书画送库单。

8月7日　〔星期三〕

上午在组内编周捐书札号。下午学习。

8月8日　〔星期四〕

上午在组内收购文物，下午赴黄威庭处接收捐赠书画100件。

8月9日　〔星期五〕

上午编书画号。下午学习。

8月10日　〔星期六〕

上下午在组内编周捐献书画送库单。

8 月 11 日 〔星期日〕

8 月 12 日 〔星期一〕

上午送延库书画织绣 114 件，周宅书画扇定名造单。下午政协俱乐部取走周省言捐他们的书画 3 箱，及送库文物 60 件，定名造单。七时听吴院长传达周总理的报告。

8 月 13 日 〔星期二〕

上下午在静憩斋编造周捐献手札扇面送库单，并同王以坤予黄威庭捐的书画估一价值。

8 月 14 日 〔星期三〕

上午张珩处长、王以坤在组内书画评价。下午在组内学习。

8 月 15 日 〔星期四〕

上午在收发室收购。下午在组内编号。

8 月 16 日 〔星期五〕

上午在组书画扇手札编号（周）。下午组内学习。

8 月 17 日 〔星期六〕

上下午在组内编周捐手札扇面号。

8 月 18 日 〔星期日〕

8 月 19 日 〔星期一〕

上下午在组编周宅捐手札扇面。

8 月 20 日 〔星期二〕

上下午在组编周宅捐手札扇面。

8 月 21 日 〔星期三〕

上午编书画。下午学习。6 时半至公安部晤张同志，系两幅伪冷枚画，一画《货郎图》，一画《木兰像》（此轴有伪乾隆御览章等五玺）。

8 月 22 日 〔星期四〕

上下午编书画送库单号。

8 月 23 日 〔星期五〕

上午编号。下午学习。

8 月 24 日 〔星期六〕

上下午编书画送库单。

8 月 25 日 〔星期日〕

8 月 26 日 〔星期一〕

上下午在组内编号及送延库书画 833 件。

8 月 27 日 〔星期二〕

上下午在组内编书画号。

8 月 28 日 〔星期三〕

上午在组内编书画号。下午学习。

8 月 29 日 〔星期四〕

上下午在组编周宅捐献书画号。

8 月 30 日 〔星期五〕

上午在组内编号。下午学习。

8 月 31 日 〔星期六〕

上下午在组内编周宅捐书画送库单。

9 月 1 日 〔星期日〕

9 月 2 日 〔星期一〕

上下午在组内编周宅捐献书画送库单。

9 月 3 日 〔星期二〕

上午徐邦达、王以坤等书画评价。下午书画编号。

9 月 4 日 〔星期三〕

上午编书画号。下午组内学习。

9 月 5 日 〔星期四〕

上午收购文物。下午编号。

9 月 6 日 〔星期五〕

上午协助绘画组撤陈书画馆书画。下午在组内学习。

9 月 7 日 〔星期六〕

上午仍协同至绘画馆撤陈书画。

9 月 8 日 〔星期日〕

9 月 9 日 〔星期一〕

上午下午送延西库书画 6 次计□□□件及书画编号。

9 月 10 日 〔星期二〕

下上午书画编号，谭、韩点交书画送库的。

9 月 11 日 〔星期三〕

上午书画编号。下午学习。

9 月 12 日 〔星期四〕

上午收购文物。下午编号。

9 月 13 日 〔星期五〕

上午至修整组开荣宝斋复制古代绘画事。下午赴文化部听钱部长报告。

9 月 14 日 〔星期六〕

上午八时赴张亚秋处看书画，十时回即至静憩斋编书画号。下午协同绘画组陈列书画。

9 月 15 日 〔星期日〕

9 月 16 日 〔星期一〕

上下午在组内编周作民捐书画成扇。

9 月 17 日 〔星期二〕

上下午在组内贴第 9 期收购书画号。

9 月 18 日 〔星期三〕

上午整理文物，将周宅捐献书画送漱芳斋处予以装箱。下午在组内学习。

9月19日　〔星期四〕

上午在收发室收购书画。下午将周作民家属书画箱请谭可衡同志送还原主，及书画编号。晚至红楼看反右派斗争电影。

9月20日　〔星期五〕

上午在组内文物送库工作。下午赴文化部听报告。

9月21日　〔星期六〕

上午在组内整理单据。下午赴文化部听报告。

9月22日　〔星期日〕

9月23日　〔星期一〕

上午书画评价。下午书画送库。

9月24日　〔星期二〕

上下午赴延西库点分局拨书画。

9月25日　〔星期三〕

上午在延西库点造局拨书画。

9月26日　〔星期四〕

上午收购书画。下午赴文物局接收墨208方。〔绘〕画组送还提陈元人《观音》轴1件，织绣组退回24件。

9月27日　〔星期五〕

上午至延库造局拨书画单。下午在组内学习。

9月28日　〔星期六〕

上下午在静憩斋整理书画定名工作。

9月29日　〔星期日〕

9月30日　〔星期一〕

上午在组内学习。下午练队。

10 月 3 日[1]　星期四

上午在收发室收购书画。下午在组内书画定名。

10 月 4 日　星期五

上午在组内造第 11 次收购送库单。下午在组内学习。

10 月 5 日　星期六

上午在组内造送库单。下午赴重华宫鉴定局拨书画，予以分别送交库别。

10 月 6 日　星期日

10 月 7 日　星期一

上午在组内粘号。下午书画评价。

10 月 14 日　星期一

上下午在小礼堂开批判刘云祥等联社〔会〕。

10 月 15 日　星期二

上午仍在小礼堂开会。下午进组编书札号。

10 月 16 日　星期三

上午文物书画送库。下午批判刘云祥会。

10 月 17 日　星期四

上下午在组内编造书札送库单。上午收购文物。

10 月 18 日　星期五

上午赴延西库将局拨书画移入静憩斋。下午学习。

10 月 19 日　星期六

上下午在静憩斋编造手札、书画送库单。

10 月 20 日　星期日

上午赴来广营和平农业社义务拾棉花一天。

---

[1]　本年 10 月 3 日至转年 3 月 31 日连续不间断的日记原无年份，今据日记中有“反右”“下放”等极具时代特征的内容，以及 1 月 10 日日记中有“购 58 年公债任务”的准确记载，推断此 10 月 3 日至 12 月 30 日的日记为 1957 年，1 月 2 日至 3 月 31 日的日记为 1958 年。

10月21日　星期一

上下午在组内编书画、书札送库单。

10月22日　星期二

上下午在组内编造书画、手札送库单。

10月23日　星期三

上午在组内将局拨书画编号后予以装箱，以便送往漱芳斋处。下午在组内学习文件（邓小平报告）。

10月24日　星期四

上午在收发室收购文物。下午在组内定名编表。

10月25日　星期五

上午书画评价。下午学习。

10月26日　星期六

上午在组内整理书画。下午学习。

10月27日　星期日

10月28日　星期一

上午送局拨手札于延西库。下午送黄威庭捐献书画于北京市文化局文物组，计100件。

10月29日　星期二

上下午在组内书画定名造单。

10月30日　星期三

上午听批判右派分子言行报告会，下午参加讨论。

10月31日　星期四

上午收购文物。下午听批判报告。

11月1日　星期五

上午听批判右派分子会。下午同王以坤进延西库，看选借江苏省博物馆绘画，吴院长亦同看。

11 月 2 日　星期六

上午听批判右派分子〔会〕，下午讨论。

11 月 3 日　星期日

11 月 4 日　星期一

上下午在组内编造书画送库单。

11 月 5 日　星期二

上下午在组内编造书画送库单。

11 月 6 日　星期三

上下午听吴院长报告。下午录钱部长广播报告。

11 月 7 日　星期四

庆祝十月革命四十周年，休假一日。

11 月 8 日　星期五

上午在组内书“专”款书画号。下午鸣放。

11 月 9 日　星期六

上下午在组内编选书画陈列件。

11 月 10 日　星期日

上午在组内书画评价。下午在组内“边整边改”。

11 月 11 日　星期一

上午在组内选陈列书画。下午在组内“边整边改”。

11 月 12 日　星期二

上午在组内选陈列书画。下午在组内“边整边改”。

11 月 13 日　星期三

上午在组内选陈列书画。下午在组内“边整边改”。

11 月 14 日　星期四

上下〔午〕收购〔文物〕。下午在组内“边整边改”。

11 月 15 日　星期五

上午将第 12 期收购书画送延西库。下午听陈院长作的时事报告。

11 月 16 日　星期六

上下午在照相室协同绘画组照绘画 35 件。

11 月 17 日　星期日

休息。

11 月 18 日　星期一

上午讨论关于收购问题。下午代李文善写大字报，他所提的意见和建议。

11 月 19 日　星期二

上下午在帮同库务组照书画 20 件。

11 月 20 日　星期三

上午选陈绘画及照相。下午学习、鸣放。

11 月 21 日　星期四

上午收购文物，下午学习邓小平文件。

11 月 22 日　星期五

上午赴萧军处看书画。下午学习邓小平文件。

11 月 23 日　星期六

上午下午均协助照相。退组时至组内建议三事。

11 月 24 日　星期日

11 月 25 日　星期一

上午书画评价。下午组内学习。

11 月 26 日　星期二

上午照相。下午听吴、陈院长报告。

11 月 27 日　星期三

上午照相。下午组内学习文件。

11 月 28 日　星期四

上午收购文物。下午组内学习。于下午 1 时 25 分，将上午收进书画文物移送于静憩斋，于 1 时 35 分退出。〔……〕。

11 月 29 日　星期五

上午书画粘号。下午讨论编制问题。

11 月 30 日　星期六

上午书画粘号。下午讨论编制问题。

11 月 31 日　星期日

上午在组内书画造单，及结算赴上海报销单。下午在组内开编制会，晚上晚会。

12 月 2 日　星期一

上午在组内粘“专”字书画号。

12 月 3 日　星期二

上午在组内粘“专”字书画号，并选齐璜画轴。

12 月 4 日　星期三

上午在会议室开会，文物局张珩来此将应拨交书画等作一解决。下午听张致祥部长报告。

12 月 5 日　星期四

上午文物收购。下午小组讨论报告。

12 月 6 日　星期五

上午整理书画。下午开会讨论。

12 月 7 日　星期六

上午书画评价。下午开会讨论。

12 月 8 日　星期日

12 月 9 日　星期一

上下午开会讨论精简机构问题。

12 月 10 日　星期二

上下午开会讨论精简机构问题。

12 月 11 日　星期三

上下午开会讨论精简机构问题。

12 月 12 日　星期四

上午收购文物。下午开会讨论精简机构问题。

12 月 13 日　星期五

上午听李鸿庆作第三次检讨。下午赴车站问上海往返〔车次〕钟点。

12 月 14 日　星期六

下午四〔时〕赴上海。

12 月 15 日　〔星期日〕

下午 9 时，抵沪。

12 月 16 日　〔星期一〕

晨 8 时赴孙煜峰处，将书画点收完毕，是日下午即行装箱。

12 月 17 日　〔星期二〕

赴交电公司问吸尘器等。

12 月 18 日　〔星期三〕

原定 11 时 39 分北返，是日晨 9 时余，张珩处长来旅社，约次日至孙煜峰处看书画，须要晚走两日，因此即行烦旅社代为退票，而卧铺票以时间短促而未能退费。

12 月 19 日　〔星期四〕

俟张未至。

12 月 20 日　〔星期五〕

即随同赴钱镜塘处看书画。下午在旅社看点收的书画 36 件。

12 月 21 日　〔星期六〕

11 时 39 分，搭车北返。

12 月 22 日 〔星期日〕

下午 4 时抵京，即将书画运送故宫。

12 月 23 日 星期一

宝古斋、墨缘阁送来书画 305 件，点收。

12 月 24 日 星期二

上下午将宝古、墨缘阁及荣宝送来书画移太医值房。

12 月 25 日 星期三

上午徐邦达、王以坤等书画评价。下午书画定名。

12 月 26 日 星期四

上午收发室收购文物。下午书画定名及选陈画 4 件，及将荣宝斋送来绘画 6 件移于太医值房，振寰阁 36 件，亦移太医值房。

12 月 27 日 星期五

上下午书画定名。张耀选来看〔19〕58 年拟裱之件。退出书画。

12 月 28 日 星期六

上午赴中国银行总管理处接收拨交书画、铜器共拾贰件。下午徐邦达来组内选近代绘画，准备赴美、法国外展览，先选出 46 件。

12 月 29 日 星期日

上下午先在静〔憩斋〕组内同李文善、许忠陵选出绘画照相的计 69 件。11 时退出后即赴照相室照相。下午，续照（16 件），即告完毕。

12 月 30 日 星期一

去照相室照绘画 71 件。下午 3 点 30 分，在静憩斋整理书画，以备明日招待郑部长前来看出国选品。

1958年

1月2日　星期四

上午在收发室收购文物。下午在组内讨论吴、陈院长的干部下放报告。晚6时半，听吴院长的报告，以上午收购未得听也。

1月3日　星期五

上午在静〔憩斋〕组内造14期送库单，并在收发室收王陆亭送来书画18件。下午在组内学习吴院长报告。

1月4日　星期六

上午书画评价，徐、王、朱来进行。下午学习下放问题，据袁组长说，可能本月15日发下放光荣榜。

1月5日　星期日

上午在家等待房东。下午赴故宫，转家，金辉弟妇来京。晚8时即行返回。

1月6日　星期一

上午听陈院长报告，〔关于〕毛主席此次在苏联开会及世界局势等问题，以及下放问题。下午摆困难问题。

1月7日　星期二

上午小组活动，9时听刘津报告农业机械化问题。下午学习，至绘画组看宋人手简。回后听吴院长报告下放及退职退休等问题。

1月8日　星期三

上午开组后退还织绣23件，同乔友声赴谢无量处看文物，选回印押 27 方，碑帖均平常者，未收。下午在组内讨论昨日吴院长报告。

1 月 9 日　星期四

上午，收购文物。中午至 2 时移文物，分 4 次移送静憩斋组内，2 时后即讨论下放问题。

1 月 10 日　星期五

上午在组内造文物送库单。下午听吴院长关于下放问题中的几个解答。刘津报告重行报名写申请下放表〔事〕，及购〔19〕58 年公债任务。

1 月 11 日　星期六

上午在组造单并填写下放表及申请表。下午在组内讨论下放问题。

1 月 12 日　星期日

1 月 13 日　星期一

上午在静憩斋组造送库单。下午学习专与红问题。最后组内发表下放名单：马坤、李继之、高桂云三人。

1 月 14 日　星期二

上午在组内文物造单。下午学习。

1 月 15 日　星期三

上午赴文物局送宋人书册贰本，傅忠谟手收。下午赴美协送近代绘画 145 件，准备赴法国展览的。

1 月 16 日　星期四

收购文物。下午书画粘号。

1 月 17 日　星期五

上午书画评价。下午文物粘号。

1 月 18 日　星期六

上午选近代绘画准备出国展览。下午赴文化部听报告。

1月19日　星期日

1月20日　星期一

上午选近代绘画，下午与上午同。

1月21日　星期二

上午点收美协送还出国展览近代绘画选61件。下午，将该画送静憩斋，并造15期专款书画送库单。

1月22日　星期三

上午听吴、陈院长报告关于清洁卫生问题及李珍贵报告节约粮食问题。下午郑振铎、夏衍等8人看出国近代绘画。

1月23日　星期四

上午收购文物。下午选出国近代绘画，晚至孙瀛洲处吊唁，与送三。

1月24日　星期五

上午赴体育馆听钱俊瑞部长报告，节约反浪费。下午将画送绘画馆组审选，计41件。

1月25日　星期六

上午，去文化宫看刘介梅今昔生活展览。下午进组整理选择书画。

1月26日　星期日

1月27日　星期一

上午在小礼堂本部欢送下放与支援农村的干部大会。十时半结束后即回组造送库单。下午在军委礼堂开全体下放干部欢送大会，由王冶秋，吴、陈院长讲话，以及留院的同志讲话。晚7时开联欢大会，由中国杂技团来展演，演毕放映《保尔·柯察金》电影。

1月28日　星期二

上午听吴院长报告反浪费运动的指示。下午在组内讨论。

1 月 29 日　星期三

上午在组内造书画送库单。下午讨论反浪费。晚，送下放同志于东车站，去通化，9 时 40 分；去扬州，11 时 20 分。

1 月 30 日　星期四

上午在收购文物。下午讨论反浪费。

1 月 31 日　星期五

上午送瓷器于九龙壁库，计 27 件。下午学习。

2 月 1 日　星期六

上午书画评价，徐、王、穆等。下午唐主任处开收购讨论会。

2 月 2 日　星期日

上午赴章处取回退还画 4 件。下午赴首都剧场听李顺达同志关于农业发展报告，钱副部长作了补充发言。

2 月 3 日　星期一

上午在组内讨论，10 时听郑组长关于反浪费报告。下午，组内讨论反浪费运动。

2 月 4 日　星期二

上午仍讨论浪费问题。下午同王以坤同志写大字报。

2 月 5 日　星期三

上午在组，王局长、吴院长讨论浪费讲话。下午同王以坤同志至库房检查局购伪品书画 29 件。

2 月 6 日　星期四

上午收购文物。下午接收国务院办公厅钱□瑛〔田家英〕[1] 副主任送来李白《上阳台诗》卷 1 件，代毛主席移交，并看清代法书 14 种。

2 月 7 日　星期五

上午赴延库鉴查伪作书画。下午写大字报。

[1] 《故宫博物院书画珍藏品档案》记载来源为“中央人民政府主席办公厅”。原文为钱□瑛，考为田家英。

2月8日　星期六

上午提取画件9件，陈列于神武门楼反浪费展览。下午讨论收购原则等问题。

2月9日　星期日

上午至院打扫体仁阁。下午至家。晚送锡辉弟妇回家。

2月10日　星期一

上午、下午讨论反浪费问题。

2月11日　星期二

上午书画评价。下午讨论反浪费问题。

2月12日　星期三

上午听陈院长报告，反浪费。下午讨论。

2月13日　星期四

上午收购文物。下午讨论。

2月14日　星期五

上午招待李一氓、陈此生赏鉴沪购书画。下午仍讨论反浪费。

2月15日　星期六

上午在西大房及组内造主席拨李白《上阳台帖》卷送库单及〔写〕详细概况。下午学习。

2月16日　星期日

上午听郑求真社会主义思想报告，下午学习。

2月17日　星期一

检查各库房，即行封好。下午放假。

2月18日—19日　星期二—星期三

休息一天半。下午接绘画馆班。

2月20日　星期四

上午在收发室收购文物。下午讨论反浪费运动。

2 月 21 日　星期五

上午在组内造书画送库单。下午在小礼堂讨论处理右派分子问题。5 时去妇联看书画 7 件，如张伯英、梁漱溟、何其鞏等，胡霜庵、何翰、赵之琛等均属劣品，未予收来。

2 月 22 日　星期六

上午下午在小礼堂开右派分子处理的讨论会。

2 月 24 日　星期一

上午送延库书画计 178 件，内 6 件任颐屏轴在绘画组，此批书画是〔19〕57 年 12 月第 14 次院购书画。下午办理转交北京图书馆徐石雪家属捐赠文物中的隋唐写经部分，计 21 件，并书画添号等工作。

2 月 25 日　星期二

上午书画粘号。下午讨论登记账浪费问题。

2 月 26 日　星期三

上午书画粘号。下午讨论院内计划问题。

2 月 27 日　星期四

上午收购文物。下午讨论院内计划问题。

2 月 28 日　星期五

上午核对第 15 期收购书画送库单及实物。下午在组内听准备讨论工会问题外，仍在组做〔19〕58 年第一期书画定名造表工作。晚讨论工会工作。

3 月 1 日　星期六

上午赴体育馆听钱部长反右倾保守的报告。下午在组内开始讨论这一问题。

3 月 2 日　星期日

上下午去北海看日本法书展览。

3月3日　星期一

上午先同李文善将收购文物账簿接收过来，李于11时余去十三陵劳动，并赴奉先殿鉴定局拨书画。下午亦去，计鉴定名称一百五十几件。晚听吴院长的报告。

3月4日　星期二

上下午去奉先殿鉴别局拨书画。晚6时，听陈院长报告处理右派言行结果。

3月5日　星期三

上午同王以坤作裱画记录。乔友声同李茂亭送书画于延库。下午复至奉先殿看书画。晚讨论组内人事编制问题。

3月6日　星期四

上午收购文物。下午送延库书画一次、铜器三次，及书写文物登记。晚讨论学习编制问题。

3月7日　星期五

上下午书画定名及徐邦达看拨图书馆经卷。

3月8日　星期六

上午协同徐邦达照《清明上河图》卷。下午赴文化部听钱俊瑞部长的博物馆报告，王冶秋报告总结。

3月9日　星期日

去八宝山与三叔商洽支援打井事宜。下午五时，在邮局汇家壹佰贰拾元，支援村社打井事。

3月10日　星期一

上下午在组内书画编号。晚听吴院长报告，反保守运动，定明后两日为写大字报期，暂停其他工作。

3月11日　星期二

上下午写大字报5张。下午听马良杰、吴院长报告关于工程二队在这次反浪费运动中揭发的材料，予以批判，总结这次的经验教训。

3 月 12 日　星期三

上下午仍写大字报，计写七张。下午讨论编制问题。

3 月 13 日　星期四

上午收购文物。下午在组内整理书画及写账。晚讨论计划问题。

3 月 14 日　星期五

上午书画编号。下午听报告及写大字报。

3 月 15 日　星期六

上下午写大字报。

3 月 16 日　星期日

上下午在院组内写大字报。

3 月 17 日　星期一

上下午在静憩斋书画粘号，看刘植源画。

3 月 18 日　星期二

上下午在静憩斋织绣定名，及造送库单。下午写〔大字〕报。

3 月 19 日　星期三

上下午在组内文物添粘号工作。下午写〔大字〕报。

3 月 20 日　星期四

上午收购文物。下午文物评价。晚写〔大字〕报。

3 月 21 日　星期五

上午书画评价。下午徐邦达选近代画，准备展出。晚学习。

3 月 22 日　星期六

上午听吴院长报告，在这三天内要将大字报提的问题都要予以解答，也须写大字报。

3 月 23 日　星期日

上下午写征集组整改答复栏报。

3月24日　星期一

上下午写征集组整改答复栏报。

3月25日　星期二

上下午在静憩斋组内。上午徐邦达选近代绘画28件。下午绘画组退回出国备选近代绘画42件，实退30件，内12件准备在这次近代馆展出，致未送还来。用锁封7个。

3月26日　星期三

上午书画送库198件、碑帖4件。中国银行等捐献9件。下午在延库清点工作。

3月27日　星期四

上午收购文物。下午选近代绘画备陈保和殿。

3月28日　星期五

上午魏松卿选织绣。下午将前选近代绘画送往太医值房。

3月29日　星期六

上午协同照相（石涛书画稿卷）。下午张珩、徐邦达鉴定要裱绘画20件。

3月30日　星期日

休息。

3月31日　星期一

文物定名，上下午。晚讨论编目问题。

4月1日　星期二

上午在静憩斋书画定名。下午同王以坤、王南访至院长办公室，指示将院存近百年绘画人名缮写一份（作品名称），再行用铜板誊录几份送文物局及院存，以备选择作出国展览用，再即能掌握院存近代绘画的件数。郑求真组长建议静憩斋“沪”“专”款收购书画即造卡片，以便与库存卡结合起来用，复写五份分存。“沪”及“专”款收的书画俟送库时有此卡片，即省却一番手续了。晚开分类大纲讨论会。

4 月 2 日　星期三

上下午在库务组同王以坤、王南访、耿宝昌分写近代绘画卡片及人名物品明细单。下午五时听单主任关于整改的报告，6 时赴革命博物馆门前挖坑准备植树工作。晚开欢送参加工作和生产的会，会后放映电影。

4 月 3 日　星期四

上午收购文物。下午 1 时半，开〔会〕讨论文物局拨收等工作。4 时，开向领导提意见“横烧五气”〔会〕。6 时半仍进行提意见。

4 月 4 日　星期五

上午在库务组协同搞近代画清册。下午赴绘画组开会，主要是与冯华提意见，帮助改正错误。晚本组开谈心会，谈得很好。

4 月 5 日　星期六

上午至绘画组看即将陈列的近代绘画选品，及至静憩斋看选出的部分，由唐兰、徐邦达主持。下午书画评价，四时半去革命博物馆栽树。

4 月 6 日　星期日

上午至重华宫共同割草，下午赴北海看国画山水展览。

4 月 7 日　星期一

上午，绘画组冯华提取近代绘画 30 件，陈列于保和殿。下午书画退出及整理书画。

4 月 8 日　星期二

上下〔午〕书画粘号（3 月份），绘画组提去俞原花卉轴 1 件，陈列于保和殿。下午四时半赴义和兴看近代绘画 50 余件，初选 10 件，使其星期四送院评鉴。

4 月 9 日　星期三

上下午粘〔19〕56 年专款收购的书画“专”字号。

4 月 10 日　星期四

上午收购文物，下午审查吴景洲捐献书画，予以分别优劣来分送库别。

4 月 11 日　星期五

上下午粘〔19〕56 年收购的“专”字书画号。下午四时组内给袁组长作鉴定及讨论今后工作问题。

4 月 12 日　星期六

上午粘专款收书画号，下午书画评价。四时半在英华殿种向日葵、蓖麻子。6 时半听工会报告。

4 月 13 日　星期日

休息，去天文馆参观（及动物园）。

4 月 14 日　星期一

上午送延西库书画 152 件，外碑帖 1 件、刺绣 4 件，共计 157 件。下午去重华宫看书画，历史博物馆送来，予以鉴定分别送库。

4 月 15 日　星期二

上午写珍贵书画提单，准备进延西库代文物局记录书画详细单，以便办拨交我院手续。下午抄写“沪”字号绘画修整单，以便送修整组装裱。4 时开组内制度改进法则问题〔会〕。绘画组退还落选近五十年绘画轴卷 6 件、册页 11 页。

4 月 16 日　星期三

上午赴延西库作珍贵绘画记录，下午记书札。四时回组开会，晚开捕雀动员会。

4 月 17 日　星期四

上午收购文物，下午赴延西库书札定名。四时将“沪”字号绘画 22 件送修整组装裱。

4 月 18 日　星期五

上午书画评价，下午 5 时赴车站来辽阳市看书画。抵辽后与许承安晤洽，看他藏画约百余件，只购梁同书卷 1 件。

4 月 19 日　星期六

许的其他书画均属伪劣一般普通品，未予收购。又在王金声医生处看书画约 200 件，尚不及许的藏品，也未收购。

4 月 20 日　星期日

上午将北返票买好，于下午三时乘车北返。

4 月 21 日　星期一

上午 8 时 08 分抵北京，即协助捕打麻雀运动，下午回家。

4 月 22 日　星期二

上午休息，下午开组后先至静憩斋、太医值房、西板〔房〕和基化门等检查，同韩静波、穆世昌协同进行。4 时在组内讨论钱部长报告。

4 月 23 日　星期三

上午造局拨珍贵书画库单，下午将书画单造完。绘画组提宋人画戏剧图册 2 页。3 时至财务科将这次去辽阳路费报销交清，即回组讨论钱部长报告。6 时半听吴院长关于今后要做到〔向〕多快好省方向迈进计划的报告。

4 月 24 日　星期四

上午收购文物。下午同杨忠礼赴文物局见王毅同志，关于此次去安徽省博物馆代鉴定书画文物事有所指示，并携回局开介绍函。4 时组内学习讨论。

4 月 25 日　星期五

同杨忠礼同志晚搭第 15 次 11 时 20 分北京直达上海快车，上车后，即行休息。

4 月 26 日　星期六

晨起床后已至德州站，时 6 时半矣。沿途经过各站得尽情领略到处风光。车自济南—泰安站两旁多是高山，而车通行于当中，铁路的两旁均植小叶杨等树，火车奔驰于绿荫丛中，树叶被风吹动摇曳，犹如向旅客们招手欢迎之意。在旅途中，看到工农的热情劳动与麦苗的含苞吐穗，展现出一切的一切都在欣欣向荣地发展着。于下午7时20分车抵蚌埠，即行下车，寓居出站口对面津浦旅社。

4月27日　星期日

上午8时49分，由蚌埠搭车，至中午12时28分抵合肥，即寓居长江路新华旅社。下午2时去安徽省人委会，以值星期日，未得与文化局负责人接谈。兹与接待者谈后，拟明日早8时再行前去。随即去宿州路旧货委托商店看书画文物，未有可购留的，后去安庆路新华书店古籍书店营业部，看了一些旧书画，也未有可收之件，只是些伪劣之品。

4月28日　星期一

上午8时，去安徽省人委会晤文化处程兆麟同志，接谈后知道省博物馆一些情况。该馆的藏品多属于没收、捐献与征集的，大部分物品是由皖南皖北文化、科学两处集中移来省博物馆，〔……〕。着重谈到博物馆刻下下放巢县参加劳动的部主任等已去七天，大约再有三天即可回来，要我们等几天，再来进行工作。我们要求还是想法提前一些才好，因我们尚有其他工作任务。程答今日上午博物馆开会，主要是布置陈列问题，拟下午一同至省博物馆接洽一切。

下午至博物馆晤于则周副馆长，即召集有关业务负责人彼此交换了一下意见，并承该馆将文物藏品与非文物数字相示，当即拟定鉴定日期与过程，拟由30日起，一号庆祝，二号接续工作下去。于馆长指示该馆将负责的部主任用电话联系，促其提前明日即行由工地返回，以便做这一工作。拟定明我们先参观该馆的陈列品，下午与该部主任再具体计划一下，30号即行看起。在今日下午4时半，由该馆于馆长陪同至陈列室参观商周部分，因已届下班的时候，即行回寓。

4 月 29 日　星期二

上午晨八时即赴博物馆，于路上遇于副馆长、胡副主任，是前来栈房访问的，即一同回栈房。谈了一些关于文物方面等问题，最后说梁主任今日上午即可回馆，拟下午晤面后再具体谈一下工作过程。上午仍赴该馆看陈列的物品，历史文物陈列均行看完，复看了工业馆及文教、卫生、市政、邮电等及新工艺品等等。

下午仍至该馆，与梁主任晤面，复讨论了一些鉴定办法，拟由 30 号起，分两组同时进行，杨看金石瓷陶，由我来书画。拟定首先看非文物及待考品，原因即是关于书画初步鉴定的人徐子鹤去上海（已电促返回）。于馆长意，关于对这方面（书画），初看时有不同意见的人可以一同参加这一工作，使得将书画的真伪好坏得出一个结论来。因此，待考品稍暂迟看，而先看非文物内是否有上升的文物在内。这样决定以后我们即一同去各藏品库房了解了一下，即准定明日开始工作。兹据于馆长意见，希望这些书画均行看一去，以便分出存藏品来，因在李则纲时期，号称有文物十余万件，但未分出等次来，并拒绝检查，所以愿在这次予以清审，得出准确数字。

4 月 30 日　星期三

上午 8 时至博物馆，先至接待室，然后由该馆于副馆长及有关部主任、业务工作同志 20 余人开了一个茶话会。首先由于馆长向该馆同志作了介绍，说明我们来此做文物鉴定工作，给馆的藏品得出优劣的数字。因以往该馆号称藏品十六七万件，其实内中是有非文物占了相当大的数字。随后同志们相继发言，表示欢迎我们，给工作带来许多帮助。我们即回答了于馆长及各同志的盛意招待，在鉴定文物时愿和同志们一起来研究，并希望各同志对每一件文物真假优劣不要客气地提出自己的看法，藉以相互研究，使该文物得到较比准确定名，要大家协同来进行。诸同志们回答发言中，着重提出我们的虚心，要向我们学习等等。相继文化局唐处长、程秘书亦赶来参加这会，并在会〔上〕向同志们指示，要在这次鉴定中来向我们学习，〔这〕在每个同志〔都是〕很好的机会。散会后即至库房分两组开始工作，书画组由梁主任、石谷风等同志进行，陶瓷组由胡悦谦等来进行。

上午因时间关系看得有限，下午书画约看20多件，在他们认为非文物中选出有十余件。(1) 有金陵派吴达山水册1本，画得很好；(2) 戴文节《携杖听泉图》卷，是戴的早年精品，他们认为与普通戴的作品不太一样，即列在非文物内。下午书画的看了的情况就是这样的。陶瓷方面，选出上升的约20余件。

下班后，于馆长又约我们在长江饭店酒饭款待，在座有文化局唐处长及该馆部主任等。文化局唐处长复买了戏票，请我们去看。这种盛情的招待，使我们在工作中更加百倍虚心慎重来做好这一鉴定任务。陶瓷他们认为库藏品的,但是是新的和日本制的均行提出，这项文物他们也列为待考品的。

5月1日　星期四

早6时赴包公河参观包孝肃祠堂及石刻像，〔像〕系清徐琪以包氏后裔像模勒上石。返回复至明教寺，参观汉曹将张辽教弩台原址。以今日一直小雨淋淋，返寓后即行休息。下午未外出，早七时尚承博物馆于馆长等来访，并送来参观五一券。

5月2日　星期五

晨8时赴博物馆，值该部梁主任亦拟来此，遇路上，谈及该馆五月二日补假一天，星期日照常工作，问我们有无意见。我们考虑仍遵从他们的制度为是，答应没有意见，改在星期六来工作。梁主任随来栈房叙话。在前日工作中，认为我们做得认真慎重，我们也向他询求〔对〕我们工作中〔的〕意见。据梁说，关于书画一项前曾鉴定过一次（本馆同志），但多数拟作非文物来处理掉。省文化负责〔人〕张，与于馆长商洽，拟将这批书画送交交际处，你们来得很适时，这项文物得到选择提升，不然即作非文物处理掉了。关于来源方面，据说李则纲曾以旧关系收买了章伯钧一批书画，内中多是伪品，整风时已揭出，可说是用真钱买假货的实例。通过这短短的谈话，更得知文物来源详确。随后同去博物馆参观农业馆，及复看历史文物馆，感到是有些文物的缺乏，不能更好地反映那一时代创作。归来已 1 时半了，饭后下午复至逍遥津公园看张辽墓。晚即回栈了。

5 月 3 日　星期六

上午 8 时至博物馆，开始分别开看书画和文物，12 时下班。下午 2 时复看至 6 时下班。今日看的书画方面，由非文物内选出藏 12 件、参 52 件、文物约 20 余件，铜器历代选出 30 余件。明日改上班时刻为 7 时半— 11 时半下班。

5 月 4 日　星期日

上午 7 时半至博物馆文物鉴定，全日计书画鉴定 1000 余件（计 1085 件）。晚饭后罗长铭同志来寓，谈话询悉馆内组织法，及文物鉴定负责者，书画方面由徐子鹤、石谷风、孙百朋等来搞。关于这批书画，罗曾复查过，对安徽的作家知道得很多，文物方面以金满生、胡悦谦等来鉴定。

5 月 5 日　星期一

全日鉴定书画计 1043 号（分计参考 28 件）。文物方面，石章、砚台，数百方均无佳者。

5 月 6 日　星期二

全日计鉴定书画……文物鉴定石章、砚台、玉器等。

5 月 7 日　星期三

全日计鉴定书画……复将展品的书画亦行全部看完，下午即进行他们认为的参考品，予以提升或下降。文物方面已全部鉴定终了，计……

5月8日　星期四

上午9时30分，杨忠礼同志坐这次车北返。在6时三刻的时候，我即到博物馆，首先将杨忠礼告别书交予于馆长，并附带说明杨同志原拟前来向您和各位辞行，但以时间关系，复拟买些东西，以致时间仓促不能前来，感抱歉，请谅。但是于馆长的热情的诚意，仍使石谷风同志去饭店去访，结果杨同志已走。以于馆长这种待人以诚作风，是值得我们学习的。书画鉴定至中午，于馆长又征求我的意见，要我搬来馆内居住。我当时就答应了，因杨同志在时，曾经这样答复过，文物如鉴定完结得早，杨同志北返，我即再移来馆内居住，于馆长是尚记得此事。即在下午2时上班时，由长江饭店移来馆内，承馆长诸同志们整理出一间洁净北房，距图书资料室很近。

晚间徐子鹤同志约去淮上酒家去用饭，盛情地款待。回后梁主任、石谷风、于馆长均来此叙话，这真使我感到如居家一样，畅所欲言，尤其是关于书画方面的事。石谷风同志介绍了该馆以前的征集工作，以对文物鉴别认识不清，又不出价，故此很少买到像样的文物，出外收购也是不分好坏一齐购进，以致在数量上是相当大的，但是没有好的收进，只是收了芝麻遗掉西瓜，以致各处对博物馆收买文物的印象很不好（不出钱），使珍贵文物运外地售出，如这次发现四幅唐寅画轴，就是由屯溪市农业社社员存的东西，为了投资，拟将这画出售，有人命他售给省博物馆，因知不出价钱，即未送来，而让上海古籍书店买去，卖给上海博物馆一千六百元，这说明省馆给省藏文物者的印象，就是几元或十几元一件，是不出大价的，这是影响收购的原因之一。

5月9日　星期五

上午下午仍看参考品书画，计看了528件，提藏23件，降58件。下午看了一件蒋溥画的□□□□□□（《瑞槐图》画卷），五玺御览，均认为是真的，尚有嘉庆、宣统两方椭圆章。画开首有乾隆题，卷后蒋溥篆书题□□□□□□图及楷书题款，隔水后尚有蒋溥等跋四家。初看时认为还不错，因图章均对，并且是内装，及详细看后发现，乾隆题及蒋署款以及跋均看出有问题，原因初步认为是原有同样画图，被割去易进伪作，但仍用旧原裱绫，而画的本身用纸，则是旧卷尾最好的纸，如鉴别时稍大意，即被模糊过去。通过这件绘画，使在今后的鉴别工作上更要加倍细心研究，再行发表意见，提出过早，就难免事后要更正以前的说法，这是要及时注意的。今日并看一件唐人二娘子家书一纸。这是一件有价值的文物，主要在内容方面说明当时好多问题，再即该信在未裱之前据说在折叠背后还有三行字，在这次重裱时予以取下裱于正面，以此未能看到其形象，在信内的说话具备了当时的一种格调，这也是很重要的，希望该馆能给一照片，以便将来做研究工作，是很好的材料。

5 月 10 日　星期六

上下午仍看参考品，计看了书画 512 件，提藏品 44 件，下降计 27 件，今日主要是沈周《椿萱图》轴，绢本，尚有当时题跋两段（两人题）。

晚间，徐子鹤用饭后回馆闲谈，有关书画鉴别上的知识问题。他曾举出张大千说过的话，即看书画要记住某一书画家的用笔特点，要在小处注意，是否表现了书画家个人的特性，书法方面要看是否贯气，这说法均是很正确的，也是今后要注意履行的。

5 月 11 日　星期日

未休息，仍看参考品，下午结束时完全看完，计看 213 件，升藏 25 件，降 23 件。今日较好的计汪士慎山水卷（册页装卷），吕纪《枯柳雪景寒鸦》轴，画法极好，但署款似后加，仍不失为佳画。

5 月 12 日　星期一

上下午计看 239 件，合计“参考”升 12 件，降 3 件，文物降“参考”

计22件。今日书画比较整齐，如明朱邦画《渔雪图》轴，笔力挺劲简练。尤萃《杏花燕子雉鸡竹石》轴，构图、设色俱臻佳境。

5月13日　星期二

上下午仍看藏品，计鉴定……好的较多，如袁江山水轴、王时敏山水、道济梅竹轴等。

5月14日　星期三

上午仍看藏品，书画计看……

下午看历史部未拨保管部的书画，约计200件，选出有十余件藏品，内有周览画《碧梧柬书图》卷、明人人物轴等。晚于馆长及文化处赵处长、程秘书等，邀赴江淮饭店用饭，极尽主人招待之至情。上午10时后复开了一个总结这次工作及欢送的会，开得很好。

5月15日　星期四

上午由该馆代将去芜湖车票买好，并将来此这次鉴定数字情况表送来，以及唐人二娘子手札照片两份赠给留念。于11时30分即行赴站。保管部全体人员送至汽车站，于馆长、梁主任、徐子鹤并亲自送至车站，开车后方走，表现了诚恳的热情。

开车时间是12时37分，至裕溪口，下午4时9分。出站后即赴搭轮渡，5时开轮，6时20分抵达芜湖市港口，即赴轮船售票处询问。本日已无船，明日可能有船来，当即领一个登记号片，是114号，回答是领号数牌，但不等于即算是买上票，须至明日接到船位空余数再决定售多少票，售票时间是下午1时30分，开船是5时。即旅居于淮泗旅社。

5月16日　星期五

下午1时30分即至港务局客运站，该站负责人先将购买船票情况介绍了一下。据说在15号共发出登记号码是200个，还有以前没有上船的40余人，这次船位可搭乘121人，可是有的要了登记号码多的，这时不一定来或不走，大家可以排队等候叫号，按次序来购票，售票时即以号码前后来售。结果售至 69 号即行售完（我的号码是 114 号），以后的号码次日有效可以购买，因之今日未能搭乘，只好等待明日。他站的登记号码与售票过程是这样的：登记号码只代表排队次序，并不等于订票，这次买不到下次有效，但如轮到买票而持号码旅客未来，就作为自动放弃，号码作废。

在今日上午，到了中山路古籍书店，看了一些晚清尺牍（粘本）小名家及明刻目连僧戏剧本，四本要价 100 元，其他字画未有，因业务人员不熟悉书画，一直未收购。又到二街旧货商场巡视一周，只有一个小小的文物摊，挂了几幅普通的花鸟屏。向他询问是否还有别的书画，他说近来又收到。其余的摊子即是售木桌椅和旧衣服为多。随后又到该市名胜区赭山公园游览一下。此山是很高陡的，有两个景山之高，山巅建有瞭望楼，这个标识，极遥远的地方即可看到。赭山命名是该山的土壤色红，类似赭石色，山中间建有地藏王菩萨庙。据该地人讲，每逢七月三十日，来此朝山敬香的乡镇老乡们是极多的。庙堂幽静，苍松翠竹相辉映，更显得能移人性情，竹子高的有三丈余，这是从前未看到的。

5 月 17 日　星期六

下午 1 时半仍赴港口售票所。在 2 时半开始售票，这次票数位计 273 张，1 等 13 张，4 等 10 张，5 等 250 张，以路途长原拟购 4 等轮票，以票数少，在前排队的首先购去，以之即决定购了 1 级票。江汉轮是 5 时半达芜湖，开时是 7 时，在 10 时半入寝。在轮船于芜湖开出来，天气尚晴朗，在轮船前端游廊下，得纵观江面风景。沿岸市区、农村的建设，农作物的茂壮，以及江中船舶如穿梭的往来，使经济物资互相供应，起了决定性的繁荣基础，更感到祖国到处的可爱。

5 月 18 日　星期日

早 6 时半起床，8 时轮抵安庆。在抵安庆之前，轮船广播员介绍了安庆市状况。市内名胜有明朝建筑的瞭望塔，至今尚巍然独存。

此安〔庆〕特产是六安瓜片茶，在旧社会和国民党时代工商业凋零，解放后大力发展，予茶业开了销路，主要是巩固国内销售，酌量销售国外，出口仍是大宗。其初，安徽省〔会〕即设安庆，后以淮南铁路修通以合肥市为适中，以之取而代之。

在下午，船至江西界，有一小孤山巍立江中，山的中部和山巅均建有庙宇，并有“南无阿弥陀佛”六字横额。环山苍翠欲滴景象，真令人精神向往。但这大好地区，以往在封建社会里，统治阶级就是以这些神佛的偶像来支配着人们的精神生活，和在物质方面也是有力的支配者，因之在名胜区皆发现有庙宇的建筑。船达九江是下午六时，藉知九江也是江西出产瓷品地区之一。全日未晴天，微落小雨，在云雾中渡过。

5 月 19 日　星期一

红日升起时已 6 时，船逐渐向武汉开来。在距武昌 30 里之遥，武汉炼钢厂先行出现，据说这是一个规模相当大的厂，修建工程连绵有十里之遥。在将抵武汉的时候，乘客们都兴奋鼓舞地在船头两侧，争着遥望武汉长江大桥，由看得模糊而逐渐真起来，由远而近，兴奋的神情即愈发焕发起来。同时就有人讲述起长江大桥建成之后，在鉴定试车的时候，不想最上层汽车通行的路，早已被参观的人站得满满的，汽车是不能再行通过的。但是因为这样，苏联的专家同时提出，这真是一个很好的鉴定经验，因为在当时建造的时候，未有估计有这么多人站立重量。可是虽然如此，而桥梁构件未稍有何影响，所以说这是个最实现科学的鉴定了。说话间船抵汉口港口，即行下船。先问明军区后方勤务部地点以后，即直接前往。经与问事处询问，他即与联系。因已过下班之时，12 时 30 分，未能给接洽好，说定在下午 2 时后 5 时 30 分以前再前来接洽，遂即寓居距此不远的新泰安旅社三楼 54 号。

在下午 3 时复前往。经联系以后即赴四楼办公室，与吴同志接洽。据说容同志正在开会，即在会客室等候。4 时余，容同志来后晤谈，即将该项书画由保险柜内取出，遂逐件看过，多属伪劣之品。据了解，这些书画来源据白主任讲，是在解放初期到处有些不法商人拟盗运出国被检查出来的，即行扣留下来。其初是很多的，后被同志们爱好者取走悬挂，以及俱乐部布置也取用了一些，还有些认为不好的即行焚烧。将这部分绘画看完以后，即向他说明这些书画伪劣情况。首先将〔肯定〕他们这种重视文物和捐赠国家的热忱，然后即在其中选了一件明人绢本人物画，笔墨尚好。并说尚有一箱字需要找出再看，以容同志后日即行出差收青工作，即先将这件捐赠的手续办好交他，其他书画找出后，再行约时间去看。

5 月 20 日　星期二

上午容培昌同志来到，随即赴东湖风景区参观了一下屈原纪念馆。馆内楼下展出四个陈列室，内容是有关屈原《楚辞》《离骚》书籍等，及舞台演出的屈原剧种照片，及时人书画题词等。西面临湖南行有屈原行吟阁，阁建三层，阁前有石膏塑屈原站像。名胜尚有听涛酒家、柳畔小饮，湖水澄清环山围绕，真具天然湖山之胜概。湖北省博物馆亦设于此。馆内陈列了旧、新石器时代的石工具和复制标本，商周铜器很少，春秋战国时期的文物有一些楚器漆用具，尚有些晋瓷、魏石刻、唐宋陶俑等，明清阶段文物很少，瓷器尤差。楼上有历代书画陈列，亦是真假杂陈，首先有几卷写经尚好，画即普通一般。以该处 1956 年新建成，墙壁仍有潮湿（建筑不够好），致书画多有霉伤，现该陈列书画背后附一木板条于墙上，使书画不直接靠近墙，这样稍为通风，较比尚好。回后至民主路古籍书店，看了一些书札，仍是晚清作品。

5 月 22 日　星期四

4 月 25 日星期五下午，同杨忠礼搭京沪车赴安徽省博物馆，代其鉴定文物工作，至 5 月 22 日下午 4 时返回。此次在省博物馆住了 20 日，是由 5 月 15 日离合肥转赴芜湖，17 日搭轮船赴武汉，19 日中午到，接收军区后勤政治部捐赠明人绢本《柳阴七瞎图》轴 1 件。21 日动身，22 日到京。

在省博物馆代其鉴定书画计 7506 号，约计 1 万余件。杨忠礼鉴定瓷、铜文物计 5432 号，约计 6000 件。

5 月 23 日　星期五

上午来院向丁组长报告，与徐邦达谈书画及此次接收明人画事。下午休息，同二姑母去苏联展览馆看电影。

5 月 24 日　星期六

上午静憩斋碑帖、绣画定名，下午赴东四八条 36 号张宅看书画数百件，乃张书云旧藏，多系伪迹，选了约十几件。

5 月 25 日　星期日

上午在基化门除草，下午赴文化宫看安徽商贸系统下放干部年来生产情况。

5 月 26 日　星期一

上下午赴出版社照唐人《纨扇仕女》卷。

5 月 27 日　星期二

上下午赴出版社照唐人《纨扇仕女》卷。

5 月 28 日　星期三

上午照相，下午学习。

5 月 29 日　星期四

上午收购文物，下午学习。招待日人参观（上午）。

5 月 30 日　星期五

上午去照相室取回王居正《纺车图》卷，将唐人纨扇图卷放于玻璃长橱内，即行封锁好，以便按版修复。

5 月 31 日　星期六

上午赴绘画馆协同撤陈明代绘画，下午复赴东四八条看张宅书画，复选约十一二件，请其下星期四送来我院。

6 月 1 日　星期日

休假。

6 月 2 日　星期一

上午赴绘画馆协同撤陈绘画，西庑完毕。下午学习，5 时，单主任报告交心书写法。

6 月 3 日　星期二

上午书画定名，下午学习。上海瓷箱 11 箱送院。

6 月 4 日　星期三

上午在静憩斋选绘画陈列品，复由绘画修复组取回裱好的绘画十件，并交老魏织绣装裱表，请其签字。下午听吴院长传达第四阶段交心报告。主要是要走社会主义道路，须先思想赶上去，思想解放，打破顾虑，这样才能大胆交心，工作才能跃进。会后便谈。晚上听治安条例和〔过〕组织生活。

6 月 5 日　星期四

上午赴人民剧场听刘芝明部长报告，关于贯彻社会主义总路线，破除迷信，整风第四阶段向党交心和红专规划问题。下午收购文物。

6 月 6 日　星期五

上午书画评价，下午写交心大字报。

6 月 7 日　星期六

上午书画粘号，第三期收购的。下午在组内讨论交心问题，彼此互相送礼，会上大家对李经义同志一致认为，对人有当面背后各不相〔同〕的说法，还有即是表现自己，打击别人现象。李文善同志对我提了些意见，说明对工作上未多想，积极性不够，未有发挥出来，对人和气，帮助不够，要大胆展开批评和自我批评。“有暮气”即妨碍进步，政治思想不够注意，要多关心时事。这些提的可说是对症，今后一定要做到开会即发言，对同志要大胆批评和自我批评，这样才能进步，保证从即日起即要做到。

6月8日 星期日

上午静憩斋书画粘号，已将第三期书画部分的号全部粘完毕。下午院定休息，以决心大字报尚未写完，即以下午半天书画完毕。

6月9日 星期一

上午绘画组提陈明清绘画14件，并协助挂陈绘画，由李文善同志手送往修整组裱画3件，并织绣□□件。下午赴修整组看宋绢本《七瞎争柳阴图》轴，尺寸、画意记载下来，准备交文参发表。

6月10日—30日 〔星期二—星期一〕

6月10日—30日赴十三陵义务劳动。

7月1日 〔星期二〕

在十三陵劳动，并参与大堤落成典礼大会联欢晚会。

7月2日 〔星期三〕

由十三陵工地返回北京。

7月3日 星期四

上午收购文物，下午听单主任报告跃进红旗标准流动法，会后分别作思想总结。

7月4日 星期五

上午至修整组，了解关于绣画装裱法，后在静憩斋整理最近收购的书画，复至珍宝馆参观。与陆剑霞电话联系明日去看书画。下午选红旗应得者，以李文善同意的最多。后参加铜研组讨论〔……〕。

7月5日 星期六

上午赴陆剑霞〔处〕看书画，选了三十几件，请其明日送院。复至文化局，方子才以开会未晤。再去广安门外白菜湾看张同志（交电公司科长）话约拟捐献的文物瓷片樞和紫石刻葡萄鼠插屏，以均属清末作品，平常，未予接收。下午讨论红旗标准。

7 月 6 日　星期日

上午点收陆剑霞送来书画计 34 件，下午同李文善同志来琉璃厂看文物。

7 月 7 日　星期一

上午第四期书画定名，下午写思想检查，晚仍进行。

7 月 8 日　星期二

上午去文物组看方子才电话所说郎世宁画《西洋人舞蹈吹乐图》横，伪品。又去外交学会看齐白石画，选了 3 件，请其星期四送来。十一时，院内李景华处长报告关于李锦德贪污案，当即被逮捕。下午写思想总结。

7 月 9 日　星期三

上午在组内书画定名，下午讨论思想检查总结。丁组长提出关于迁就徐邦达问题，拟再作书面予以总结进去。

7 月 10 日　星期四

上午收文物，下午听吴院长报告，第四阶段结束，再来个思想、工作双跃进，并将计划公布。

7 月 11 日　星期五

上午下午在组内讨论跃进计划及口号。“保家信”。

7 月 12 日　星期六

上下午写思想总结，晚开献礼大会。

7 月 13 日　星期日

上午在静憩斋书画定名，下午休息。

7 月 14 日　星期一

上午在静憩斋书画评价，下午历史博物馆等向文物局报喜，将各馆创造的工具送来，表达了干部的十足钻研干劲。

7 月 15 日　星期二

上下午在组内书画造单编号，计将第四期购书画基本完成。

7月16日　星期三

上午去体育馆听文化部钱部长报告，部署跃进献礼大会，创造了很多的新工具和新发明，予参加大会的人莫大的启发和振奋。下午送往延西库、东库第三期收购的书画187件，东库织绣2件。

7月17日　星期四

上午收购文物，下午同乔友声去天安门开反对美帝国主义侵略黎巴嫩运动示威游行〔会〕。4时开会，6时余结束，至南池子口与薛主席说知即得回家。

7月18日　星期五

上下午在组内书画定名，第5期收进的。晚讨论美英侵略黎巴嫩、约旦问题。

7月19日　星期六

上午在工会粘反对英美侵略黎巴嫩、伊拉克旗帜，下午三时即去街头游行抗议。

7月20日　星期日

上午收购文物，早除草。

7月21日　星期一

上午在组内书画定名，第5期收购部分。下午去自然博物馆看文化部所属各单位跃进和技术革新的创造。

7月22日　星期二

上下午在组内书画定名，晚听《人民日报》社长广播录音关于美英侵略中东黎、约的报告。

7月23日　星期三

上午书画评价，织绣组提取织绣3件。下午赴延西库看要裱之件。张珩下午来静憩斋看了林良画轴，他认为题款、画法均不合于林作品的规律，并认为石涛画也有问题。由此看来，今后遇有怀疑之件，必须通过张珩等研究过再行决定，不然即会给人民造成损失。

7 月 24 日　星期四

上下午造第 5 期收购书画送库单，并选陈书画。

7 月 25 日　星期五

上午先同王以坤到照相室，以照者未带适当的底版，往回去取，以致上午未照。下午协同绘画组点收文化部艺术局送来由上海南京寄的近代绘画，开箱，已看过 62 件。晚听单主任讲党的政治学习课。

7 月 26 日　星期六

上午赴体育馆听钱部长报告，关于部属文化机构下放于北京市，更好地做好服务于人民文化宣传〔事〕。相继由市委万里同志和王崇伦副市长欢迎讲话。下午赴绘画馆看外地寄来的近百年绘画一百余件。

7 月 27 日　星期日

上午收购，下午休息回家。

7 月 28 日　星期一

上午去绘画馆点收书画一百余件，计三个半日共看了计 340 件。下午协同绘画组撤陈书画约 50 件。晚时事测验。绘画组提王蒙《移居图》轴、华喦《天山积雪》轴照相，由王以坤手取走，共计 2 件。

7 月 29 日　星期二

上午造送库单，去修整组关于苏联要裱之件协助开箱、鉴定时代等工作。11 时去文物局，同王以坤看元盛懋《秋江待渡图》轴，墨笔很精彩。薛素素《墨兰》卷张凤翼跋，是一件有历史价值的文物。绘画组退还王蒙画轴、新罗画轴共 2 件。

7 月 30 日　星期三

上午点收绘画组撤陈绘画 33 件，下午造第五期书画送库单。

7 月 31 日　星期四

上午绘画组提出国展览选近代绘画计 46 件，下午书画评价。

本月份计送延库第 3 期收购书画计 189 件，

织绣组、绘画组提取陈列计 49 件，

绘画组退还撤陈书画计 33 件，

协助绘画组开箱点收外来绘画计 340 件，

绘画组提取照相画（退还）计 2 件。

8 月 1 日　星期五

上下午在组内造第七期收购书画评价表。晚上本是学习党课，因宝古斋来电话有人拟在 7 时送怀素书卷，因此得到组长同意，即行来宝古斋去看。只看到王石谷《南巡回銮图》卷，怀素卷并未送来，最后说拟明日送来后，先由宝古斋看看如何，再来电话通知。

8 月 2 日　星期六

上午整理书画，下午徐邦达来选百年来绘画，准备在绘画馆陈列。

8 月 3 日　星期日

上午收购文物，杨忠礼、乔友声一同进行。

8 月 4 日　星期一

上午在绛雪轩招待苏联□□□□□□同志，介绍苏联关于书画装裱、保管方法，作了详细指示，有很多是需要采取〔纳〕的。下午在绘画组讨论今后下半年书画陈列、拨库等一系列工作。晚保管部移西隔壁，帮同抬移。

8 月 5 日　星期二

上午去绘画馆选绘画补保和殿陈列。十时送延西库书画二次，计第四次收购部分 147 件，原应 148 件，因内中有一莫是龙山水卷系伪迹，须退换，故此尚未编入，俟换他件后再行补入。晚讨论时事。

8 月 6 日　星期三

上午编第 5 期收购的书画号及写签。绘画组天秀、王以坤送来绘画馆撤陈书画 16 件（分计画轴 13 件、卷 3 件），取走保和殿补充陈列的绘画计 29 件。下午粘书画号，并送缎库铜器。晚听陈院长关于去宝应探望下放的干部思想、劳动〔情况〕的报告。

8 月 7 日　星期四

上午书画粘号，下午在院长室讨论今后陈列及库房书画移动和明年鉴定等工作，作了较详细的研究。下午、晚讨论马良杰有关机构合并的提法。

8 月 8 日　星期五

上午绘画组选近百年绘画补陈皇极殿，下午粘书画号。晚听郑求真讲共产党员有没有志愿，总结《北京〔日〕报》社论，分 8 节来讲述。定下星期四复为讨论。

8 月 9 日　星期六

上午第七次书画定名工作。绘画组提陈皇极殿近百年绘画计 43 件，内一件虚谷画须安轴，拟先送修整组，再行陈列。下午仍定名。“寄保信 20”。

8 月 10 日　星期日

上午收购文物，下午休息。

8 月 11 日　星期一

上午赴文物局收拨交书画 22 件，下午送往延西库第五次收购书画计 201 件。晚听陈院长传达陈部长、程副市长的报告，主要是使我们要了解北京的一切情况，以便更好地为北京市人民服务，和解放几年来关于商业的思想改造等等。

8 月 12 日　星期二

上下午在组内书画定名，第七次收购的。绘画组提陈绘画 2 件，计任熊《寿星》轴、虚谷《柳鱼》轴。

8 月 13 日　星期三

上午送延禧宫瓷器，下午造书画送库单，晚在组内学习刘少奇同志第八届大会工作报告。

8 月 14 日　星期四

上午绘画组提画册 18 本，陈列皇极殿，撤陈绘画 3 件，造送库单。下午编号。晚讨论共产党员应有哪些志愿。

8 月 15 日　星期五

上午写号签、粘号。下午唐主任讨论拨借历史博物馆书画事。徐先生应允借给他一部分，即去延库寻出，回仍粘号。5 时薰蚊，十二时半薰英华殿部分。

8 月 16 日　星期六

上午往北五所送墨、粘号，下午粘号、扫除。

8 月 17 日　星期日

上午收购文物。下午休息，赴陈半丁处。

8 月 18 日　星期一

上午提拨借历史博物馆书画 16 件，书画评价。下午继续评价，将不予收购的书画送西大房。晚间讨论下半年工作计划。

8 月 19 日　星期二

上下午粘第七期收购书画号。晚听陈院长传达钱部长的报告，世界局势问题和搞文化活动问题的讨论和大鸣大放如何搞法等等。

8 月 20 日　星期三

上午去天坛听彭市长关于建筑部门跃进誓师报告大会，并谈到现在的国际形势。下午接收首都博物馆转交来黄威庭捐献的书画 100 件。19 号，绘画组穆益勤退回未陈列的绘画 5 件。

8 月 21 日　星期四

上午选择局购书画部分工作，下午评宝古斋送来书画。4 时在组内开会，关于张蔚华同志的问题。晚写大字报。绘画组退回绘画 2 件。

8 月 22 日　星期五

上午造第 7 次送库单（碑帖部分），下午造〔19〕58 年局拨书画送库单，晚写大字报。

8 月 23 日　星期六

上午仍造局拨书画送库单。10 时余，去陈文伯先生处了解他拟捐献的碑帖事，约定造好目录即行通知我们，再行去取。下午送延西库第 7 次收购书画 251 件。4 时在小礼堂听韩科长、吴院长报告的关于〔对〕盗窃、贪污、流氓等坏分子反击大会。晚七时半薰蚊子。

8 月 24 日　星期日

上午收购文物，下午写大字报。

8 月 25 日　星期一

上午将昨日收进的文物由西大房移于静憩斋。下午造局拨书画送库单。晚复谈坏人坏事经验教训。陈列部综合组提织编《游春归晚图》1 件。

8 月 26 日　星期二

上午 8 时半，在天坛听市文化跃进誓师大会，陈克寒副部长总结发言。下午造局拨书画送库单。

8 月 27 日　星期三

上午赴陆鸿年〔处〕选王时敏等绘画 5 件，即行携院。回后造局拨“58–局”41 号元人《法书大观》册送库单。下午学习刘少奇八届二次会议文件。晚在会议室讨论编目情况。

8 月 28 日　星期四

上午将拟裱的“沪”字绘画 16 件登装裱记录，10 时书画评价，徐邦达、王以坤、冯华参加。下午先将要裱的绘画 16 件送往修整组，回来即将局拨 40 号的书画 63 件，又另外郑板桥画《竹》轴 1 件（是与莫云卿山水卷伪作掉换的）送往延西库。晚党课讨论。

8 月 29 日　星期五

上午造局拨元人法书册和宋人戏剧图册。11 时，保卫科同志，徐邦达、王以坤、李文善、汤有恩，乔、韩同志等聚开了一个寻找任伯年花卉成扇的现场会议。〔……〕。下午整理书画，晚时事测验。

8月30日　星期六

上午定第8次收购的书画名称，下午将局拨元人《法书大观》册交王以坤同志带库房，仍书画定名。晚开月末文娱联欢会。

8月31日　星期日

收购文物，下午参观雕塑馆、绘画馆碑帖等。

9月1日　星期一

上午定第8次收购的书画名称，下午已全部定完。晚总结8月份工作完成和超额进度。

9月2日　星期二

上下午粘第8次收购的书画〔号〕，已全部粘毕。晚接收、收购两组讨论8月份工作总结红旗。以收购组的一切工作均都超额一倍或半倍，和改进造单过程速度增加很多，但是由于在这个月中，〔……〕，红旗即被接收组拿走，但我们有信心在这个月里一定要把红旗争回来。

9月3日　星期三

上午写对外文联收购书画转入院藏的“新”字号，下午学习刘少奇八大文件。晚讨论红旗的事，仍与昨日情形相同，因我组工作虽突出，〔……〕。因有这些问题，红旗即被接收组取去，但我们有信心在9月份一定要把红旗争过来。

9月4日　星期四

上午绘画组提取黄威庭捐献书画100件，陈列于味余〔位育〕斋，半日协助悬挂陈列。下午退还不予展陈的书画（黄件）计46件。上班去文物局看局购仇英《玉洞仙源图》轴，安岐《墨缘汇观》著录，也是仇作的精品。4时去东城根金老太太处看影像，后至中心商店看横绢画花鸟，因技法平常，未予收购。晚讨论党课学习情况，一致表示愿听郑组长来讲。

9 月 5 日　星期五

上午送往延西库第 8 次收购的书画计 111 件和碑帖、织绣等。下午造对外文联收购转入的书画送库单，计编写 36 件。

9 月 6 日　星期六

上午协助评瓷器写价，陈万里、孙瀛洲、冯先铭、杨忠礼等。下午编书画号。晚听广播周总理的声明和吴院长关于故宫陈列等一系列的革命的报告，来适应多方面跃进的形势。

9 月 7 日　星期日

上午收购文物。下午游行，反对美帝国主义干涉我国内政、解放台湾的斗争。

9 月 8 日　星期一

上午书画评价，下午造书画送库单。

9 月 9 日　星期二

上下午造对外文联收购转入的书画送库单，晚写大字报，周总理关于台湾海峡地区局势的声明。

9 月 10 日　星期三

上午仍造书画送库单，下午听单主任报告，关于除四害讲卫生的问题和训练民兵问题。

9 月 11 日　星期四

上午院内指示去东北各省看书画，先至文物组及特艺公司管理处联系。据该公司李经理谈起：一、靳去东北前，还不知有何物在何处；二、旅费问题拟由两处各负一半；三、进货上税问题在当地或回来以后再办，须由该业〔主〕和税局联系；四、收购证明由宝古代开。已购妥车票，明早 7 时 40 分即行起程。

9 月 12 日　星期五

上午奉派赴东北看书画，先至沈阳—长春、公主岭、通化、临江等处。

早7点40分搭京沈直达通车于下午19时10分抵沈。即来大西城门里利发客栈，晤北京萃珍斋薛彭玉，询悉靳伯声于今日中午12点，转赴长春。靳来沈以后，即同薛彭玉住于一处。来此将近十日的时间，并未购进甚么东西，主要文物也没有得何端倪，但与薛的谈话中，提到近几年来未出现若何重要东西。其主要原因就是存户有惧怕心。〔……〕。再即住户开税票问题，他们一般是不愿直接到税局开票（是不愿人知卖了多少钱，是一个错误的思想问题），应设法纠正。由于这种情况，所以靳来以后尚未寻得适当的门径。再靳已有6年之久未来此地，情况大不似昔，进行起来要费一个较长时期，再即是街道上多已组织起来，人人有工作做，生活上有保障，所以也不肯将这隐而不售的东西复行毫不顾忌地出售。现在为了挽救这类珍贵文物免致损伤，可以从思想上教育，使他们免去顾虑踊跃交出，予以奖励，这样或有事半功倍的效果。

9月13日 〔星期六〕

上午去故宫和博物馆看了一下，下午去珠宝门市部（在太原街）看了一些文物，关于书画事允在明早取些来看看。此间情况看来是无何出现，拟定明日去长春。

9月14日 〔星期日〕

上午8时即买妥去长春车票，然后至文物商场看了所谓代找的一些书画。多数是伪劣品，只有一件钱维城画的山水图卷，是纸本设色，有乾隆御玺等，索价四百元。由此看来，东北文物商和私藏者，多以有御览者为最，所以出件平常带御览的画件，即索高价，但遇到大家可能即好商洽。以无可购留之件，随即回寓。

于12时53分，车由沈阳来长春，于17时24分抵此，即转乘汽车来小五马路新新旅栈60号房间晤靳伯声，具谈此来情况，共同协作搞好这一项任务。靳表示很同意，拟即抓紧时间先去通化看看，有赵子昂《水村图》卷的那家进行一下，先在此间各处走走。据说文化服务部焦序生提有一王振鹏画卷，拟取来看看如何，再进行其他各件，据说尚有《百花图》卷。

9 月 15 日　星期一

上午晨仍落雨，于 8 时即去文化服务部晤焦序生、孙坤一。当即看了些书画，选择了一文彭《行书枯树赋》卷，20 元。靳买了些出口绘画，最后谈到王振鹏卷，据焦谈，拟今晚 6 时前去进行。后复至赵处，未晤。他家中人说，允为向各处找找。12 时余即去吉林省博物馆，看了些当代名人绘画展，还有一部分齐白石画专展。靳送去该博物馆一些绘画，拟售给他馆的。晚去文化服务部看焦君取来的王振鹏《江山胜览图》卷，画图意境很好，只是太薄弱了，绢本和署款的时代均不够，因烛光，见不很清，说定明早再来复看。回栈后检查《故宫已佚书画目》，是有这一件，但可肯定是伪仿。

9 月 16 日　星期二

早 8 时去焦处仍看王卷。经过复审之后，该画用笔在时期上，是明代晚期作品，在当时是有一个真图临摹下来的，未予收购，以真伪价甚悬殊。请焦仍进行《百花》卷事。中午 1 时半，至新民市场胡同的茶馆晤全□□。经过交谈以后，他说王某有几件书画，可以代为进行一下。晚同靳至茶馆与全又接谈一次。

9 月 17 日　〔星期三〕

下午 2 时，全君送来日本人画人物卷与题画字卷各一件，书画均还好，据他说此是日人回国时友人向他以两万元收留的。这两件曾经展览过，我们对他讲，画是好的，但我们的领导指示，暂不收购，以这项不能出口，迨中日恢复邦交，是可以换大钱的。全君讲已代去王君进行，因王日前外出带子完婚，三二日即可返回，即为进行。

9 月 18 日　〔星期四〕

今日上午，靳去新立村看书画（吉林博物馆介绍），下午回后据说看了六件书画，还价30元，原物〔主〕本人不在，是向他的同事手看的，如售办好手续即送来栈内，计丁云鹏画屏4条，王石谷1件，钱选1件，都是出口货。

今日下午，找全未遇，同靳至文化服务部将前购妥的五件书画包好寄京，计文彭字卷25，齐白石蟹鸡条25，弘旿画《阅武楼图咏》卷1件100，罗聘人物驴偶8，邹一桂8。

晚间靳买妥赴沈车票，去办理京中邮来新画与东北博物馆办手续，定三日内返回，即去临江。

9月19日　星期五

早3时余靳去沈阳。早往京发信1件。

9月20日　星期六

上午去文化服务社晤孙坤一，谈代找的王画，并请其向焦谈《百花图》卷，进行一下。

9月21日　星期日

上午去赵宪臣处见他爱人，据说已向各方进行着，有物即送去看。

9月22日　星期一

上午至文化服务社，据孙说以星期〔日〕赴公园值班，拟抽时间去看一下王画，当〔即〕取出一赵子昂行书卷，系清初人伪作。去茶馆找全某未遇。

9月23日　星期二

晚至茶馆晤全某，据说王某处已去过，还未回来，在节前约计可返回，另外他人尚有藏书画的也请进行进行，当时答应向他处再为问问。

9月24日　星期三

下午6时，晤全某，据说有一个人已代向收藏者取来了几件画，可以明日一同去看一下。据说办成之后中间人是要按章收手续费用的，当时应允他待看后如何，这些可以研究，不成问题，主要是先看到东西，所以才这样回复他。今日下午零点 30 分与沈阳靳伯声去一电报，促其返回，也好进行去临江看赵卷事，不然即浪费了时间。

9 月 25 日　星期四

下午与靳同杨忠杰赴郑处看书画，只看了一件王鉴山水轴，系旧伪。

9 月 26 日　星期五

上下午赴马、纪等处联系书画事，允为有时介绍。

9 月 27 日　星期六

上午早 5 时同焦序生、靳伯声去公主岭看货，在王中一处看了有几件画，计有仿张择端绢《清明上河图》卷、李龙眠《降魔图》卷等等，内中主要是沈周画《溪山行乐图》卷，有宣统览章，设色，后自题，尚有陈鎏跋，惜跋真画伪。在他处也进行了几处，但均无好的，故未收进。下午返回。

9 月 28 日　〔星期日〕

上午去马处和文化服务部，都接洽有关书画事。据孙坤一说，有人有一元人□□□□图，拟与进行一下。下午与杨忠杰接头，他说已见到王某，据说合计一下，俟稍迟迟进行。靳将京寄来未售出的书画寄京三包，并去岳处接洽要看画的事（外地）。今已买好去临江的通票，明早五时搭车起程。

9 月 29 日　〔星期一〕

上午五时由长起程，至四平转赴通化车，下午 5 时 35 分抵达。以去临江须次日早 9 时 48 分开车，即宿于通化第 6 旅社。

9 月 30 日　〔星期二〕

早搭赴临江车，14 时 20 分抵达，即住于第 9 旅社，遂同靳去找王寿臣。经过询问，由街道人委会同指引到王处。据家中人说，方出未归，即去饭铺用饭。复至王处，仍未在家。与其子晤谈，方知王现担任街道幼儿园工作。由其子找回，靳向其接谈。彼尚记忆〔起 19〕51 年靳来此处的经过，最后问到见到甚么东西，他很直爽地说，宋徽宗画《王济观马图》卷，由北京文化部派人来以二百五十万元售出（初解放券）。问到赵画《水村图》卷，据说有此卷的人近几年即未看到，可能回原籍山东。此人原在大栗子沟当工人做工，向他提过此卷，但一直未曾见过。原拟去大栗子沟看看，又因不知物主住什么街道，未必能找得到，假如即找到，想象不会直言说出有这么件东西，故此未去，但将拟收这类东西的来意向王说明，请他留意，如果见到这类书画，即和我们联系，并将住址开给他。他也很同意这样做。靳怀疑卷可能即归王某。这事尚不一定，因我们去这一趟，收购这类东西，是可能引起他的留意，虽当时不便或未有，可能由此而使他留意。

10 月 1 日　〔星期三〕

上午将分别返回意见决定后，即于下午 2 时赴车站买好去北京、长春车票。车是从临江 15 时 58 分开，抵通化后即转赴沈阳车。

10 月 2 日　〔星期四〕

上午 6 时余抵沈阳，即复购快行车票，于下午 8 时 40 分即抵首都前门。

10 月 3 日　星期五

上午将这次赴东北各处看货的情况报告于丁组长、单主任、吴院长等。下午绘画组穆益勤退回保和殿撤陈画计 16 件，提去陈列画计 22 件。

10 月 4 日　星期六

上午送九龙壁瓷器 3 趟计 70 件。下午绘画组退陈书画计 3 件又 9 开，内画轴系天津展览退回的，及整理书画，准备定名造单。

10 月 5 日　星期日

上午收购文物，下午去绘画馆看隋唐宋元部分的展览，晚去宝古将该号开的出外采购文物证交回，交王同志。

10 月 6 日　星期一

上下午定第九第十两期收购的书画名称，晚在组内听政治学习的辅导工作〔报告〕。

10 月 7 日　星期二

上下午造书画送库单，晚学习社会主义教育课程第一册。

10 月 8 日　星期三

上下午造书画送库单。上午吴院长来静憩斋，谈作家老舍拟将他藏的书画捐献给院内，准备与天秀研究后前去接收。晚去文化部参观下放干部年来各方面的大跃进的成绩展览，他们那种冲天干劲是值得我们学习的。

10 月 9 日　星期四

上下午粘书画号，晚在小礼堂开红旗评比会。今日绘画组退回元人画册 1 页。

10 月 10 日　星期五

上下午书画粘号和写号签，晚时事测验。

10 月 11 日　星期六

上午去银闸看货，书画皆伪品，又至医院看脚疾。下午书画送库，第 9 第 10 两次收购的计 186 件，碑帖 406 件。晚开会讨论工会工作计划、红专大学讲课问题、修建小高炉投入生产问题。

10 月 12 日　星期日

上午收购文物，下午去保和殿看三门峡发掘的文物展览。

10 月 13 日　星期一

上下午造代对外文联局收购转入院的书画部分〔单〕，造单、粘号一系列的工作。下午张珩来此看了李衎画《竹》轴，认为很精。晚讨论彭德怀元帅《致福建前线解放军官兵书》。

10月14日　星期二

上下午造书画送库单，下班看坩埚炼钢经过。7时听王冶秋局长讲这次去河南、安徽开省市博物馆会议及公社搞展览馆情形的报告。

10月15日　星期三

上下午去北京展览馆看工业展览，6时半讨论党委制。上午三叔来此将衣包取去。

10月16日　星期四

上下午造书画送库单，晚写关于党委制的大字报。回后去萃珍、庆云堂、宝古斋看书画，在宝古选了一些，请其开单研究后再送。

10月17日　星期五

上午审查吴院长友人的一部分书画，其中多属平常和伪劣品，只就其中选了比较好的12件。

中午接父亲电话，说兰英表妹来信提说姑母的〔病〕前一度很危险。中午至家决定明日同母亲一同前往看看，即与丁组长说及此事，请了两日的假，下星期一返回。

10月18日　星期六

上午10时48分同母亲去保定看姑母，于下午1时30分抵保。

10月19日　星期日

在保定。

10月20日　星期一

于下午1时半由保起程，下午5时半达北京永定门，6时余至家。三叔亦来此，据说三婶拟于下星期一由京起程赴保，再行转家。

10月21日　星期二

上午造书画送库单，下午由徐邦达主持书画评价，晚讨论王冶秋局长关于农村公社博物馆和展览室发展〔问题的报告〕。

10 月 22 日 星期三

上午吴院长来此（静组）看了一下要购的文物，并指示了今后要购的文物标准，书画要真、精、新，留作院藏陈列，再收一些外拨调换的书画，以便馆际交换。退出不收购的书画于西大房。下午与张珩接洽去安徽收购肖像画事和整理拟送库的书画。

10 月 23 日 星期四

上午赴重华宫看局拨上海收购的书画，下午听陈院长关于党委制讨论的报告，晚讨论。

10 月 24 日 星期五

上午赴西单看货，整理书画。下午造书画送库单。晚讨论博物馆发展前途。送交许质卿处画款 30 元，面交本人。

10 月 25 日 星期六

上午 7–8 时全组开组织生活会。〔……〕。上午去炼钢处〔做〕碎铁工作，下午在组内造送库单。

10 月 26 日 星期日

上午收购文物，下午在北五所砸铁。

10 月 27 日 星期一

上午见张珩处长，谈去安徽省收购画像事，并至静憩斋看宝古斋送来王振朋《鼓琴图》卷、唐寅《毅庵图》卷，徐邦达、王以坤均看过、评价。下午办理车票路费及造库单。晚听单主任讲炼钢工作任务事和讨论。

10 月 30 日 〔星期四〕

来皖日记，1958 年。

10 月 29 日下午 5 时 15 分由京搭车，于次日上午 9 时 34 分达蚌埠。下车后随即转搭 9 时 58 分开往合肥的车，该车正点到合肥应为下午 1 时 45 分，因在水家湖等车误点 1 时 20 余分，所以达合肥时已 3 时 40 分，转乘汽车至三孝口，寓居于新华旅社 10 号。在此间稍事整理，即赴文化局晤程兆麟同志，〔程〕将局函看了以后准备写介绍信，以便赴各地去看。因时间已届下班，拟明日再为洽商如何进行收集问题。

10 月 31 日　〔星期五〕

上午 8 时去文化局见程兆麟同志，谈到希望博物馆协助一同前去皖南看货问题，随即一同赴博物馆。以马馆长正值开会，于馆长患血压高进医院，即会见了该馆历史部副主任朱世力同志和保管部梁风亭主任。将来意介绍以后，允与领导研究进行，随至该部库房看了一下徐子鹤在皖南收购的影像和至裱画室见了洪秋生同志，将张耀选托带的信交他。时届中午，即与朱世力告辞，说明下午再来此接洽。

下午 3 时余去该馆，已全体去搞碎石炼铁的工作，徐子鹤因患伤风未去。晤见了马馆长，说明此来工作希贵馆协助，在收购当中拟先请贵馆择选。马馆长说，中央需要的还是归中央陈列较好。并将今后通过馆际互通有无来交换事约略谈及，他很同意这样做，并说此去皖南拟请徐子鹤同往，即感谢这样协助。由博物馆回后，复去文化局接洽〔给〕拟去的地方去县介绍信事。程即拟好稿，用打字机打出八份，分别注明予各县市文教局，这样予工作进行上即有便利了。

晚徐子鹤来旅社，又谈了要去的各地路程，分别排了一下，当即说定拟明日即行起程，先去歙县，再往其他各处。

11 月 1 日　〔星期一〕

上午复至文化局与程兆麟洽商去各县市看书画问题，以刻下各处均在集中忙于炼钢铁工作，我们到各处去，有局的介绍信，是给收购上一个大便利，可是东西的分散不集中，即须分头去各地去看，在时间上即须占去好多。为了使这项书画提前〔有〕充分的时间予以集中，我们到后即能看到，及时解决，这样就节约很多时间，而看到很多的东西。如局方能与各地先行去一信联系一下，使书画得到局部集中，我们也就更进一步便利了。程很同意这样做，答应即行作书分发各地，这真是表现了大协作的精神。

回后复去省博物馆晤徐子鹤，谈起行装已整理准备好，已向马馆长说明今日要走。据马馆长意，可以明日再行，谅当有嘱示。我就以马馆长既说明日走，即晚行半日，明早起程可也。

下午已买妥去芜湖的火车票，并去该馆看了黄山老茶农采到的古今传闻未见的灵芝，这也算是此来的眼福吧。

11 月 2 日　〔星期二〕

上午早 7 时，同徐子鹤搭由合肥来芜湖火车，下午 2 时余抵裕溪口，换乘轮渡于 3 时余抵达芜湖，即寓居于鸠江饭店。下午 4 时余即走汽车站买妥去歙县汽车票，明日早 5 时 15 分。

11 月 3 日　〔星期三〕

早 4 时 50 分抵汽车站，于 5 时三刻开车，中间路上停三次，于下午 4 时达歙县，稍停即去文教科去联系，应允下午即将介绍去区的信〔开出〕，并以电话予以联系。尚有一处去许村要看的书画，亦拟代写一信，明日来取信及接洽，电话通后〔看〕是否上次所看的画像仍在一起还是〔已〕分别交还。

11 月 4 日　〔星期四〕

上午去新华书店古籍门市部看了一些书画及绘像，在其中只选了一件清人女像轴。回后复至文教科取来了去许村的介绍信和已与岩寺通过电话。据说前次看的影像仍还集中，并未送还，这是一个很好的机会，定明日即行前往去看。

11 月 5 日　〔星期五〕

上午 9 时半，同徐同志乘汽车去岩寺区公社看书画，上午联系好以后于下午 1 时即开始看。共计看了约 200 余件，内中选了明清画像计 17 幅，还价共计 137 元，须由该社文化馆负责人向投资户出商洽，如均同意后，即可决定。请其向物主问妥以后与县文教科来电话，即可将款付下。书画其余部分多系天官、钟馗等一类的画和不知名的残画，未予收留。晚4时结束以后即赴汽车站，等了好久汽车未来，于5时即行徒步走回歙县，至旅社时已7时1刻了，拟定明日去许村看书画。

11月6日　〔星期六〕

早6时，同徐同志与仇广震乘车至许村，即住于仇大夫的许村乡民办医院内，看了仇的藏画，约计五六十件，只选了两张影像。同徐去该村大队，即上丰社许村大队，见了该队负责人及将县开的介绍信〔给他〕。据该负责人谈，有一般地主是藏有这类东西的，可是现在都在集中劳动，须要叫他们回来将这项画取出再行集中起来，须要稍迟两日。我们认为很对，拟先去其他处，拟集中后见信再行前往去看。仇同志对于这事很热心，应允收集以后定与此间古籍书店来信相约。

11月7日　〔星期日〕

早7时即行动身返回歙县，趋文教局联系。据说岩寺尚无电话来，当时叫两次电话，也未能与岩寺文化馆负责人方远同志接上话，拟以后再及时联系，并予开了一个去歙县各区的收购介绍证明，这样是便利多了。回旅社即往岩寺与方远同志去了一信，促其从速予以向社员去说，得早解决。

11月8日　〔星期一〕

上午10时30分，由歙乘汽车来屯溪，寓居中南旅社。午后即赴文教局，与王、张两同志联系。据谈，此间文物尚未能集中，多数仍在小社内。现在只成立一个屯光人民公社，下面分8个大队，可以向该社联系一下，答应明早予开一介绍信。后至黄山旅社经理姚沛然处，谈及有友人藏王僧虔卷，后有宋人题跋，并其他之件，允代取来一看。

11 月 9 日 〔星期二〕

上午 8 时，赴文教局将介绍信取来，即至古籍书店看了一些书画，就中选了三张影像，当即购妥，并允向其他方面进行采访，由此即去屯光社。经该社介绍信要去二三大队去看。即时看了一大队收投资的文物，均未有可留之件，即行返回。下午，复去阳湖二大队，也看了约计七八十件，也是属于极伪劣的东西，未予收进。今晚拟定明日赴王村去看一下，据说该处尚有这类影像画。

11 月 10 日 〔星期三〕

上午 7 时 40 搭汽车去篁墩、王村人民公社。至后遇到庄同志，看了一张明丁云鹏佛轴，款残缺，纸本，有伤损，由徐来买妥。到社内联系时方知负责人去黟县搞钢铁，致未能看，由庄同志允为代向各方面搜集一下，于十五六日送中屯溪黄山旅社看后解决。遂于中午步行返回屯溪，已下午 2 时了。在旅社稍息，即去姚沛然处看他所提的王僧虔山水卷，看后，系为明末时期人仿制。后去新华书店古籍部看了几张影和任伯年画 1 张，说定由黟县回来后再解决，今已买妥明早去黟县票。

11 月 11 日 〔星期四〕

上午 6 时 50 分搭汽车来黟县，9 时 40 分抵达。先去文化馆，得知该馆馆长下放红旗人民公社工作去了。后以电话与文教局联系，而该局负责人也下去搞钢铁生产，据说今晚可能返回，随即住于豫皖旅馆。至新华书店联系以后，给开了一个去月塘〔介绍信〕，项树屏医生处有几张容像，拟明日去看。以文化馆馆长对于这事是热心的，下放后此间门路较少，为了使群众知道我们收购这项绘画，遂写出四张收购古代字画及容像的传单，贴于文化馆等冲要地方，以期群众送上门来。在晚果然有人送来一张明末清初的像轴。晚去文教局晤负责同志，答应给写一介绍信，以便前往各处去看。

11 月 12 日　〔星期五〕

早先至局将介绍信取来，即去月塘项医生处看书画，结果书画都平常，容像也是清人画的，明人衣冠像也是普通的，因之都未收。回旅社以后，午间即去旧货铺询问，晚间收两张明季女影。

11 月 13 日　〔星期六〕

上午同新华书店汪同志去红旗社看书画及祠堂看影像，均是小名家残伤的，影是清代的，均未收购。下午收旧货铺送来影 4 张，是清人画明人装的。

11 月 14 日　〔星期日〕

上午落雨，中午收购影像 3 张，下午收清影两张，于下午 4 时即搭由黟开屯溪汽车，晚 7 时抵达，即寓居黄山旅社。

11 月 15 日　〔星期一〕

早去新华书店古籍部将汪华像、任[1]伯年《孔雀》轴等价议妥解决，下午在姚沛然〔处〕看书画，十余件多属伪件。

11 月 16 日　〔星期二〕

上午庄同志由王村来此，据说看了几件影像及其他书画，拟定 20 日送来黄山旅社。下午 1 时即搭车来休宁，以旅栈客满即住人委会文教局属的宿舍，与该局吴德朝同志接洽，拟明日写信去五城乡一看。

11 月 17 日　〔星期三〕

下午 1 时同新华书店唐同志来五城乡。下车后即趋社内看了一下投资的文物，均为普通和劣品。后至书店也看了几件及书店介绍住户藏的卷，是随便悬挂补壁的东西，未收。外有两处辛衡山都去看过，请其（书店毕同志）电知该乡，如有其他品，请其派人送来

[1]　原文作“汪”，但从画家姓及本年 11 月 23 日付“任伯年画等款”可知，此当为“任”之误，径改。

休宁，看后解决，因此即未住下，随即步行返回。下午4时由五城动身，至休宁已晚十一时矣。

11月18日　〔星期四〕

今早复去文教局与吴同志商洽开一介绍信，去上溪口乡去看，结果去了几处，均无可收之件，遂于下午1时步行返回。在走到渭桥大队即与联系，据说他〔们〕社文物未往社送，并拟今晚在开会时向大众传达，明早将文物齐集此处，以便集中去看。

11月19日　〔星期五〕

早9时因乘客多，未搭上去渭桥的汽车，遂向文教局联系借得自行车，一直〔骑〕去岩寺乡超美人民公社去了解。据该社人谈，各队文物均未集中乡公社，仍在各队存放，如要看可至各队去联系。因之复返渭桥大队，购得明人男容壹张。据说板桥杨姓尚有书画，拟定今日通信联系好再行前来去看。

11月20日　〔星期六〕

早9时半由休宁返屯溪见庄月明，购妥明影肆张及明人敕稿1张。徐子鹤即由休宁去万安区看货。下午6时归来，购得明清书画8件。据说该处尚准备动员一下，拟定后日再一同去看。

11月21日　〔星期日〕

因15号写信要款未到，早8时至邮局拍一电报，促将款速为汇下。上午在姚沛然处看了几件书画，均是平常的。在古籍书店看了两张明人影，均予以价钱，应允代为商议。下午6时京款汇到，当晚复往京去一电报，说明款已收见，免得悬念。

11月22日　〔星期一〕

上午9时去万安区大队，分别到各家看了一些书画，就中8件购妥，晚6时返回屯溪。

11月23日　〔星期二〕

上午至古籍书店，将前购妥的影像和任伯年画等款付清，庄月明后来购得明人容 3 张，万安复送来明影两张。

11 月 24 日 〔星期三〕

上午至古籍书店议妥明人影价，及在旧货部购得明万历女影 1 张。晚至章馨吾处，经其介绍，购得章声等画屏 10 条、查士标字条 1 张，画屏质地稍残，但画甚精彩，当晚包好拟明日请徐子鹤代为寄京。因定明早 6 时 20 分我先来歙县，徐待取其汇来的款后即为来歙，下余存行 400 元亦请他代取出带来。

11 月 25 日 〔星期四〕

上午 6 时 50 分由屯溪来歙县，即去文教局，询悉在岩寺选购的容像画还未送来，即请该局电知岩寺区文化馆，随搭车前往。至该馆晤方远同志，据说容像画系多人投资的，因看时是由其中选出，未记姓氏，以致须请示局以后才作决定的。当时将画名单、价格列出，即行包好携回，至旅社已下午 5 时半了。晚将该画残破处加以整理，裁去破残裱工，以便好携带和邮寄。

11 月 26 日 〔星期五〕

上午徐子鹤来歙，款已代取出，并将在屯溪的画包两包代为寄出。去文教局两次，都因公外出未晤。中午寄京画包两包，下午步行去西溪郑村，看该队投资书画，于其中选购了一张徐云汀〔?〕山水立轴，画得甚精。

11 月 27 日 〔星期六〕

上午 9 时步行去富堨红旗人民公社，看了十几件绘画，选购了肆件明代初期和中期的容像，在收购容像中，以这几件为最好。于下午 4 时三刻返回旅社。

11 月 28 日 〔星期日〕

上午 6 时 20 分搭车赴屯溪，转万安至黄澍处看书画文物，结果均属极普通的劣品，无可购留之件。遂于 11 时三刻复返屯溪，到古籍书店及旧货商店看了些书画，也无可留之件，即转搭 3 时

10 分〔车〕返回歙县，至时 4 时 30 分。稍停即去古籍书店晤汪久修先生，看他所谈的明像，是彭泽民公像，上方即弘治康君题，以 35 元价购进。

11 月 29 日 〔星期一〕

上午搭车去绩溪，与文教科汪同志接洽。兹悉该县过去对文物的投资集中未有传达下去，以致未收到关于字画等这方面的文物。兹介绍了去工商联和城厢人委员〔会〕两函，去了解后，无这类东西。复往胡翼谋〔处〕看了二十几件书画，如明黄九霄《菊石》轴、黄慎《羊》轴等，多属真迹，均不太精。兹据该画主人谈，如买这画，须要通过政府，因政府已将这批书画名单写去，及至与该科汪同志谈，也是这样讲。该县拟办博物馆，因此即进行。

11 月 30 日 〔星期二〕

上午晤该县葛县长，了解了一下文物情况。据说关于文物方面是不太多的，书籍已被古籍书店分两次购去，容像画据汪同志说是有的，但一直未发动，故未拿出来，拟今后在这方面进行工作。我们于下午 2 时车返歙县，至旅社后知有吴姓两老者持画求售，尚住了一夜，今早已走。后至古籍书店，知已将该画存于县城内他女儿处。经看后，是有仇英《罗汉》册等，东西尚可看，拟定明日前往他家去看，再行研究。

12 月 1 日 〔星期三〕

上午 8 时搭汽车去大华站，后去北岸乡，晤吴老者，由他引导至公社内和其他有文物家看了一些东西，多为劣品。中午即在该社公共食堂吃小米饭、三个素菜，大家吃得很好，遂即将昨日看到的画册洽谈价格，最后以 80 元收进。下午 2 时返回歙县，晚至文教局向负责同志辞行。

12 月 2 日 〔星期四〕

早 6 时搭赴芜湖汽车，下午 4 时余抵达，即寓鸠江饭店。赴新华书店古籍部了解了一下，该店并无收书画，看了一些书札，均属晚清人书，未收购。

12 月 3 日　〔星期五〕

早 8 时即赴芜湖轮渡运输站托运书画包裹及购火车票，9 时搭轮渡，10〔时〕余抵裕溪口。下午抵火车是 12 时 21 分，4 时余抵达合肥市，即寓居于车站附近的招待所。

12 月 4 日　〔星期六〕

早 8 时去省文化局晤唐处长，将此行的经过和收获向他介绍，并提起关于今后馆际互通有无交换问题。他认为这不成问题，通过这样可以使文物起到更大的作用。随后至博物馆晤马馆长和朱主任、梁主任等，中午在徐子鹤同志处用饭。

午后同至他书画藏库，看了最近收购的一批书画（局拨该馆），内中主要两件方以智皆属伪仿。2 时余即向诸同志告辞回栈，4 时搭火车，8 时余抵蚌埠，即去买北行快车票。当晚已无票，即买次日下午 3 时余的票，这车抵北京是后日早晨 8 时，时间是比较好的，即寓居胜利旅社，包裹存于站内。

12 月 5 日　〔星期日〕

早 8 时去古籍书店看了一些书画，多属伪劣，因该店负责人对于此项无研究，也未有见到手札。

12 月 21 日　〔星期日〕

来沪日记，1958 年。

20 日上午 8 时 55 分同马良杰同志由京搭车来沪，于 21 日上午 9 时 50 分抵此。马良杰同志在苏州下车，言定今日下午来沪，来此后即寓居中洲旅社，并与马定妥房间。

于 12 时赴古籍书店看了一些手札，多属近代，就中购了吴大澂题帖书册一本、龚巩祚字册一本。于下午 1 时半去市文化局，将来意向传达室说明以后即留下了一个旅社住址条，请马同志来局时以便知道我的住址及联系工作。在古籍书店看了几本帖，如宋拓《圣教序》、隋常府君墓志（丑奴），是陆谨庭藏本，有翁方纲、张埙题跋。

12 月 22 日　星期一

上午 8 时赴吴湖帆处洽谈四宝事。据他说，于 19 号已往故宫复电报，说明请故宫作价，并未接到还他价的电报，而他自己又未说价，因此拟等电报来后再行研究。中午与马良杰晤谈，据说已去过文化局，该处负责同志说拟将此情况回报该局领导，以便再进行办理。

下午 2 时，在古籍书店看了一批明清手札，要价 600 元，还他 300 元，因系该店取来的，拟向物主去问以后再说。4 时去吴湖帆处，因去开会未归，定明早再行洽商。

6 时马至虹桥疗养院和派出所了解丁☒☒情况。据疗养院的同志谈，丁不但是右派，而〔且〕是政治上也有问题，拟明日去文化局接洽以后直接找陈☒☒去谈，说明这次瓷价过高问题，和丁隐瞒和欺骗政府的行为，期说通以后，将款退还。

12 月 23 日　星期二

上午 8 时半同马良杰至文化局，该处负责同志讲，关于此事经过已和领导上处长谈过，拟首先和陈☒☒去谈，如能说通更好，否则关于估价问题，须要有具备的评议委员会正式议价单，可向法院提出据理交涉。马讲，拟先请文化局写一介绍信，赴公安队请其协同向陈处来说。当即给开一介绍信。及至该队以后，而该队负责同志说，此事最好仍由文化局出来说项较好，因公警人员去说，恐对对方在心情上有压力，在经济上或者可能退出，但政治上即有影响。因之即回，拟研究如何进行。最后拟定下午去至逮捕丁处的机关了解一下。马去返回后讲，主要丁是犯了政治问题，类似撞骗、买卖、拉拢，搞私人关系的事很多，应允协助在适当提问时，向其追询有关此事。

12 时 1 刻至古籍书店，据谈该札要售 600 元，因其中有晚今的剔出一小部分，拟不收，其余仍照 300 元，请其代为问。

3 时去吴湖帆处看了吴仲圭《渔父图》卷及询知电报两次已回。据回电说，吴之电报意不甚明确，具体谈到价格问题，他仍不谈，即予以说明院内拟定以 3600 元请让，而他竟对此几件看得特别重，看情况再加数千恐也不易说动，因他谈起在前两年赵万里一册《喜神谱》给他一万元，他说十万也不卖，因是不愿将这四件拆零。今拟明日 2 时前去看米册，看后拟再研究如何进行。

12 月 24 日　星期三

下午 2 时至吴湖帆处，当将米书《大字诗》册和宋拓《永阳王墓志》取出看过。米书尚属精品，谈到价值问题，因他将吴仲圭《渔父图》卷看得很高，即以四宝作价四万元，如可让，我即复电征求大家意见，而他仍表示不甚满意，即予以去信回音后再说亦可。总之，他不是对物的恋恋不舍，而是为了争取高价。故此我意，此数如不成，即可暂缓收购，不必再为增价，并将此意在晚间复信京领导。

晚间马良杰返回后，据说派出所开了一个与居民委员会联系的条，通过里弄居委会来协助了解进行是较便当的，拟定明日前去进行接头了解。

12 月 25 日　星期四

上午等马良杰，至中午未归，即赴古籍书店看了一册钱杜《山水》册，还价五十元。书札事仍未落价，拟便中详细予以一一估价后再行决定。12 时半去孙煜峰处晤谈后，即将留给徐邦达的住址条请他转交，说明徐可明日来抵。

4 时同良杰赴居委会晤钱若箴同志，向其了解陈☒☒的情况，先将我们来意向他说明。据他谈，陈的为人其初在未与丁离婚前，在妇联尚似进步，及离婚后即很少参与妇联工作，〔……〕。前者里弄响应号召买公债，他〔注：指丁某〕只买了十元，而口口声称生活困难，但在后一时期突然又买了一千元的公债，这使我和公安部门引起怀疑，现在方知售了这些瓷器的得价。关于这项文物款，既是物价不符，政府吃亏是不应当的，允为明日一同去陈处来说服她。回时接唐兰电话，即去和平饭店四楼 430 号晤谈，将此间事经过谈了一下。关于吴湖帆处的四件东西和最后给他四数的价格说明，而吴似尚不同意，我意如不售，即可暂缓收购，唐主任也同意这意见。兹拟定明日下午一时同去孙煜峰处看书画。

12 月 26 日　星期五

9 时，至钱若箴处即会同去陈☒☒处与其接谈（钱同志返回）。首先我们说明有关收购的一批瓷器，因此中物价方面超值甚大，是经我院三次评议，认为此中有问题，故现在还未报销手续，再即你也未开正式出让书，请将在这议价前后当中的过程讲一下。据她说，这瓷器是她和丁离婚时归她所有。在前二年，丁说故宫出价三万元要我出售，我未肯，因今年在医院方面拿不到钱（是丁右派的其初），所以想卖了，丁与我说还是三万元。及成交取货付款时，冯先生说我知道是多少钱吗？我说是三万元，冯说你受了丁的骗了，是四万元说妥的，故此交我四万元。后来丁来过要要一万元，我说此物是我的，你不应要这钱，我没给他。只是丁的父亲遗尸在苏州，移回费 600 元是我来付的。我们讲此来任务是了解这项瓷器前后成交的一切过程，再即是以物值超出过高，大家认为有问题，尚未接收保管，财务上因你一直未开给出售的正式单据。现在是这样，瓷器是要合理来评价，政府还是可收的，否则如不同意，或暂不拟出售，我们即将原物送还，请研究考虑。陈表示这文物一定要卖给政府，怎么办……过去的一切不合理，现在是要纠正过来……通过她的谈话，多付的超价万元是可以追回的，但我们尚请她多多考虑，过几日再来。晚见唐兰主任，说明此事经过。在下午同唐主任、徐邦达同去孙煜峰处看书画。

12月27日 〔星期六〕

上午8时即去孙处，唐、徐相继来此，将找去的书画多部看完，拟下午看以往准备留的24件书画。下午2时即开始看选购的书画，并予以一一列价，其中四王只有王时敏较精，余者都平常，唐主任意见可以不要。又剔出吴历、钱杜、改琦等几件，予以重行估价，最后比较，过去拉的价也稍高。今拟将以前和昨今两日选的书画总在一起来算价（每件仍有单价），而估出的价值和以前都有所降低，如此情形，在此次成交上要费一些时日。晚至古籍书店将还价的书札和碑帖两本送和平饭店，以便重新作价，再行洽谈。

12月28日 〔星期日〕

早8时去和平饭店晤唐主任、徐邦达，洽谈昨日看孙的书画议价问题。最后决定前选的24件现留17件，后选24件，总在一起计价18000元，分计17件13000元，后24件5000元。将此单据与孙看后，他意，愿意在以往原议价的基础上再行商洽，如今相距很多，可以慢慢再讲。因此事和孙的原意不相适合，他希望我们多选一部分，仍在原议三万（还价）的基础上，再行增物添价是可以的，但是我们恰恰在原选件中又剔出几件不要，而价值也就降低，所以是不易成交的。

12月29日 〔星期一〕

下午同徐邦达赴南闸路三元坊杨文萼处看书画，从中选了任伯年、程璋等画一部分，定次日早仍来看。上午在徐邦达家中看了有人送来的画30件，只选谢时臣《山水》册1本，还价200元。晚9时晤徐子鹤同志，在店畅谈。

12月30日 〔星期二〕

上午在和平饭店看了一些书画，下午仍去杨文萼处复选出一部分，前后共计120件，除任颐、程璋予以平均议值外，其余均一一予以议值，最后初步结算约计13150元，已将这情况写信汇报。

12 月 31 日 〔星期三〕

今日早 9 时同唐主任、徐邦达赴杨氏处，将较珍贵的书画选看了一些，并与杨说过两日再前来清点装箱。下午去古籍书店取回前购妥的吴、龚字册 2 本和古玩市场购妥的书画扇面 30 个，均送和平饭店。

1959 年

1月1日 〔星期四〕

1959 年元旦，休息。

1月2日 〔星期五〕

上午退回古籍书店书札，将中洲旅社房辞退，移至和平饭店，因唐主任去杭州。下午 1 时半去钱镜塘处看了些书画，选了一部分。回时去孙□□处，因盛君生病未看，拟明早或中午送来旅社。晚 11 时 30 分往安徽去一电报，约刘肃曾前来看苏东坡卷事。

1月3日 〔星期六〕

上午同徐去潘仲麟处，经其介绍同至周□□处看了几件书画，内有赵子昂册长方轴，是较好的，尚有沈周山水卷、文徵明山水卷、恽南田仿郭熙山水轴，赵轴索价 7500 元，拟研究后再回复。下午 1 时去税务局，陈将完税单交来，回时将潘仲麟的任颐画册轴取回店内。5 时去古玩商店，将吴昌硕字取来。晚买妥箱子以备明日装画用。

1月4日 〔星期日〕

上午 9 时同马良杰去杨文萼处点收书画，12 时运回。午后即行清点装箱。3 时马赴东站，因书画提箱量重须款，即去十元交他，回店后即行清点包装，拟交邮邮京。晚严长卿、陈子受、孙定一、徐子鹤来此，10 时余刘肃曾同志来此，拟明日去看苏书卷。张渔庄、于振明协同包装书画，至谢。

1月21日 〔星期三〕

下午2时去历史博物馆开会，由王冶秋局长主持，主要是为了今年国庆建馆时，在历史馆要绘制一些有关中国自古迄今历代的革命英雄及举凡创造发明家的肖像，因之征求各方面如有这项材料予以支持。兹将故宫关于肖像类的目录送交该馆，拟由其中选出一些需要的予以记录下来，再行将该目录送还。是日原拟也请王以坤同志前去，因须将静憩斋历次院购书画已造好送库单待送延库，所以即由王同志会同王南访等运往延库。计送去：

1958 年收购书画（送库日记）：

第 11 期　　130 件

第 12 期　　99 件

第 13 期　　230 件

第 15 期　　212 件

“专”字号书画　　46 件（手卷）

59 年 1 月 21 日送延库书画计 717 件。

1月22日 星期四

上下午仍编沪购书画，晚间讨论此次被提名的优秀工作者的优缺点，作为对某一个同志的材料补充。

1月23日 星期五

上下午仍编“沪”字号书画，晚间由丁组长介绍了各组对我们所提出的关于缺点方面〔的问题〕。此次对贾同志提得较多，对我只提说是对徐邦达有些迁就，〔……〕。今日复提到此事，对我今后的遇这类事时，还是有帮助的，并说拟定明日以不记名方式进行投票。

1月24日 星期六

上午仍造单，下午1时开始无记名式的投票，最多64票马玉良同志，李文善同志61票，我是53票，共计15人，12人中选。

会后由单主任讲当选后应更加在工作学习等方面作出榜样，不要骄傲，来达到党和同志们的要求。会后即讨论六中全会文件。晚开文娱晚会。

1月31日 〔星期六〕

“沪”字书画要号计750个，100569—101318止。

至1月30日上午，造单计44张，编号为528件，至101096号，内分计绘画轴、屏、册482件，肖像36件。

北京收购“专”字号50件。

59–1–31书画送库总计578件(分计“沪”字528件,“专”字50件)。

2月6日 〔星期五〕

书画送库,分计“沪”字140号,“专”字50件。文物局拨交（58）局55号文电传书画21件，（59）第1次收购计103件，总计314件。

首都建设博物馆拨交（黄威庭捐献部分）书画要号102444—102543，计100件。

2月6日送延库书画分批计件详列表：

沪	画轴卷册类	44件	外余集画1件，送漱芳斋
沪	书轴卷册类	24件又4件	
沪	尺牍	6件	
沪	肖像	1件	
沪	画扇	50件	
沪	书扇	2件	
沪	刺绣	5件	
沪	缂丝	3件	

以上总计140件。

专	刺绣	38件
专	缂丝	11件
专	画轴	1件

总计 50 件。

第一次收购：

画	轴卷册类	49 件
画	火笔画	1 件
书		18 件
札		1 件
书扇		21 件
画扇		9 件
纸		4 件

总计 103 件。

局拨（58）局 55 号文电传：

画	18 件
札	2 件
铭拓	1 件

以上总计 21 件。

2 月 13 日　〔星期五〕

文物局拨交（57 年底收购）书画要号 103780—104329，计 550〔件送库〕[1]。

2 月 19 日　〔星期四〕

文物局拨交（57 年底收购）书画要号 105333—105382，计 50 个〔送库〕[2]。

2 月 20 日　〔星期五〕

书画送库分总计：

（1）57 年底收购部分计 574 件；

（2）对外文联转入“专”字号计 12 件；

（3）首都历史与建设博物馆拨交计 100 件（黄威庭捐献）；

[1][2]　2 月 13 日、19 日日记均摘自笔记中的“送库日记”。

（4）代对外文联转入院“沪”字号绣16件。

总计柒百零贰件。

3月9日 〔星期一〕

绘画组提章锦香笔画册1本，据说综合组要陈列，如选中即办手续。

3月10日 〔星期二〕

送往资料室宋版《通鉴总类》三套（计16册），交王超同志手，据说研究后再行决定收否，因院中这类书已送拨图书馆了。

交贾玉田手关于上海陈子受捐献元经纸20张，是〔19〕56年底徐邦达由上海同书画箱内寄来〔的〕。

3月12日 〔星期四〕

“沪”字书画要号计（26个）105970—105995〔送库〕。[1]

3月15日 〔星期日〕

收购文物。晚回家后见保府来信及电报，说明姑母病危情况。当晚即走晤丁组长说明来意，拟请假两日（十六、十七）去保府探望，当蒙照准。

3月16日—17日 〔星期一—星期二〕

16日搭早5时38分车赴保，于9时抵达。姑母病情已甚危极，予以注射强心针和葡萄糖针，精神稍苏，询知后事已经备好，但仍期万一得到恢复，遂在保停一夜。次日十七搭下午2时25分车返京，于5时半达永定门，6时余抵家。

3月18日 星期三

上午来院后即将静憩斋柜橱移至西大房。下午晤徐邦达、吴院长，拟由院出介绍信去吉林省长春市〔省〕文物局联系关于收购故宫佚目的书画部分，去时拟同宝古斋靳某前往。

[1] 此摘自笔记中的“送库日记”。

3 月 19 日　星期四

上午徐邦达将拟与吉林省文物局函稿交来，请院办公室看过。据于敏同志讲，前几日与文物局王毅同志谈过，请局方出一介绍函，但欲知此去进行〔的〕方法，了解一下，达到与该地搞好关系。后将该函稿转请吴院长阅过，稍为修改，即由办公室出函与局方，请〔示〕其对我院拟稿有无意见。至局因值开会未晤，将该函交傅忠谟转交，请其如有询问事项来电，以便前去洽谈。

兹将绘画组提陈与装裱等书画单据和造妥送库表一同交王以坤同志，请其核对，以便结束此项书画移交事项。

要照相的恽寿平《高崖溅瀑》轴，中午携出交王以坤，同时并将王礼花鸟册、胡锡珪花鸟册一同交王，因后两册是“沪”字号收购部分，其中各有几开在陈列着，点交后即作送库手续了。

3 月 20 日　星期五

上午同乔友声往延西库，送第二次收购书画计 90 件，外刺绣 2 件，又“专”字号绣屏 4 条，总计 96 件，并将前局拨墨缘阁书画部分 60 件送去，这是前次送局拨书画时下剩部分，数目前已报过。

3 月 21 日　星期六

3 月 22 日　星期日

上午收购文物，下午去宝古斋选书画 20 余件，复至西单选了一些，并和靳伯声谈了去东北的事。

3 月 23 日　星期一

上午 10 时前整理送库单据，10 时后同徐邦达、王以坤去文物局看了八种书画，均属元明精品，是潘姓拟捐赠，予以每件估价，局方拟予以奖金。下午赴延西库协助绘画组看关于要处理的书画部分，并与局联系去东北开介绍信事，据傅讲，信写好即为通知。

3月24日　星期二

上午去文物局联系去东北介绍信事。据王毅同志讲，拟今日下午与张珩研究后再行回复。十时半书画评价。

下午开组后，即将代对外文联收购转入院的“沪”字、“专”字书画、缂绣单据和〔19〕57年收购琉璃厂、西单等处的书画部分，也按局拨手续送库单一同交贾玉田同志手，黄威庭捐献部分书画单据交汤有恩先生。

3月25日　星期三

上午与局傅忠谟联系，信尚未写好，在静憩斋造文物定名单。下午在绘画组鉴定书画。

3月26日　星期四

上下午在静憩斋造第3次书画评价表及送库单。

3月27日　星期五

上午造书画送库单。下午……

3月28日　星期六

上下午书画定名。

3月29日　星期日

上午收文物，下午去公园看兰花展。

3月30日　星期一

上午造评价表（书画评价）。下午在绘画组看鉴书画。

3月31日　星期二

上下午造书画评价表及送库单。

4月1日　星期三

上下午造第3次收购书画送库表。晚学习马、恩、列、斯论共产主义社会。

4月2日　星期四

上下午造书画送库单。

4 月 3 日　星期五

上午粘书画号，下午同政协□老去和平画店、懋隆、宝古斋、西单特艺看书画。在宝古选了一些，据说是准备在政协礼堂布置。

4 月 4 日　星期六

上下午粘碑帖的“新”字号。

4 月 5 日　星期日

上午收购文物，11 时后去小汤山疗养院询问关于气功疗治病症及入院手续事。

4 月 6 日　星期一

上午去宣武区政协人委会，看魏长青同志拟捐赠的王原祁画设色《西湖图》卷和田黄鸡血石章。据介绍人田中润同志说，拟先行办一信，说明有收藏陈列的艺术价值，再行与魏谈办理捐赠手续。已写报告交贾玉田。

下午在组内粘帖号，4 时后即去兵马司胡同内水大院贾姓〔处〕，看了一部《三希堂帖》及伪沈周画等，未予收。

4 月 7 日　星期二

上下午粘书画号，下午并写局拨书画号签及将（58）局 55 电文传局拨交书画送库单 4 张，计 21 件，交贾玉田同志手。

4 月 8 日　星期三

上下午在重华宫造局拨（上海收购书画）送库单（定名、粘号等手续）。晚听郑组长关于学习文件名辞解答。

4 月 9 日　星期四

上午在重华宫继续编造局拨书画送库单，上午即完毕。下午在静憩斋写（58）9 月接局书画、墨等文物的“新”字号签，准备编造这项文物。

4 月 10 日　星期五

上午仍写号签，下午将这项文物的书画部分一箱，由重华宫移来西大房，即将正式造送库单。

4 月 11 日　星期六

4 月 12 日　星期日

4 月 13 日　星期一

上午送书画延西库 2 次，11 时书画评价，下午续送 3 次，计 3 月份收购书画 128 件，碑帖 100 件。

4 月 14 日　星期二

上午同徐邦达、王以坤、张耀选看上海寄来裱的书画扇面，总计 200 件，内有 96 件较好，104 件裱得甚差。下午往延西库送瓷器两抬，回后即打扫新的收购小组房舍，〔做〕清洁工作。

4 月 15 日　星期三

上午迁移来库务组旁屋来办公，全日挪移整理工作。

4 月 16 日　星期四

上午仍进行整理及糊门窗孔隙〔工作〕。十时余去革命博物馆看赵子昂书《小园赋》卷，系明人伪书，即写书面文告知王局长，回仍整理。下午即造送库单（局拨书画）。晚听卫生突击宣传报告。

4 月 17 日　星期五

上午仍造送库单。

4 月 29 日　〔星期三〕

1959 年 4 月 20 日，参加干部下放劳动锻炼，共 6 个同志，由工程队负责同志分派至保东庑翻修房顶。开始即在房上铲沙子、灰，搬底盖瓦等，计 3 日；后即在下边推送盖瓦和灰等，计 2 日；再后即派和焦子灰，计 4 日；今日改为筛焦子。

在这一工作中看到了工作程序是应该予以改革的，原因在筛的时候，是两个人一组来铲焦过筛，细砂即过去，大的焦碴石块等即遗落在筛外边（主要是用细砂和灰），这种大的焦碴仍需再行铲于推车内移送他处，在这个过程中，细砂和粗块各半，粗块的一半，仍需用铲装车推运，这就费了一半的手续，如来简化一下，将筛底置于木长方浅箱，经扬粗细砂时，粗的自然遗于外边箱内，待满以后即可抬走，不必另行一锨一锨地再为装车，这样就能提高工作效率一倍，也能简省了人力的一半。

5 月 6 日　星期三

1959 年 5 月 6 日由保管部调来绘画组。

上午仍去收购小组编第 4 次收购书画，造名。下午在延库鉴定“臣”字款绘画，作存藏拨掉〔调〕准备。

5 月 7 日　星期四

上午书画评价，及看吴院长友人书画，下午照赵伯骕卷。

5 月 8 日　星期五

上午在库房选拨掉〔调〕书画，下午仍选这一部分。

5 月 9 日　星期六

上午保管部编目组邀看古物馆学员临摹的绘画，均属平庸一般，拟即由编目组处理。十时后即定吴院长友人书画，予以分别鉴定。

5 月 10 日　星期日

上午收购书画。

5 月 11 日　星期一

上午在库房选出准备参加美协〔展览〕的肖像画。下午 2 时听李副院长的报告，内容是传达周扬同志“周恩来总理关于文艺的十大纲领问题”〔报告〕。4 时进库仍选肖像画，备齐。

5 月 12 日　星期二

上午人民美术出版社照相，黄筌《珍禽图》卷、曾鲸画《葛震甫像》卷。下午写美协拟借陈肖像画提单。4 时 3 刻，去静憩斋打扫清洁，准备请美协来选拟展的肖像画。

5 月 13 日　星期三

上午进库后，先将备选美协展览的肖像画予以写一名目清单，即去东库整理法书排架。中午将备选画单请吴院长看过，据院指示，予美协电话，请其星期五前来我保管部审查。兹据张谔同志讲，既经徐邦达、吴院长选看，拟不再行前来看。拟于星期五即前来取走，拟将此情转院长后再行复电如何进行。下午仍去东库排架对卡片。晚学习讨论院布置的关于周总理十项纲领的报告。

5 月 14 日　星期四

上下午照相，计照胡瓌《卓歇图》卷 11 版、跋 3 版，展子虔《游春图》卷 3 版。

5 月 15 日　星期五

上午将吴院长友人的书画予以分别定名，区分留与处理。10 时余即将美协肖像画装箱移于收购小组悬挂。下午 1 时半，美协池星同志来看了一下，计选出 44 件可以展览〔的〕，拟在 6 月中旬展出，拟〔届〕时再行联系。晚开业务会，由杨主任传达院工作学习的指示。

5 月 16 日　星期六

上午进库整理法书排架、登账事。下午学习关于印度干涉西藏问题。

5 月 17 日　星期日

上午在收发室收购书画。下午去赵公绂处看石涛《墨梅》轴，题署及画法皆类俗所谓皮匠刀法，未予取回。

5 月 18 日　星期一

上下午陪同开封文化局井鸿钧同志及国画研究组和刺绣厂的同志五人看《清明上河图》，将构图、设色分别予以注出，拟回开封后将画图予以加工刺绣成卷图向国庆献礼。晚 5 时半，即将该图送延西库交王南访同志收起。

5 月 19 日　星期二

上午照孙逸山水轴，及将肖像画予以摘取下来。下午进库时即将此项肖像画移送库房，随提出沈周卷、文徵明册照相。任仁发卷已照齐全，未再拍照。5 时送进库房，并在库房整理一些书画。晚与王南访、杨臣彬讨论今后工作计划。

5 月 20 日　星期三

上午先将陈叔通捐献《梅花》卷册 18 件予以定名。进库后即将拟与南京博物院交换书画造单。下午即鉴别“臣”字款大幅绘画，分别存藏、拨出、处理三种。晚部内组织学习周总理政府工作报告，为期一月，即要自即日起学习起来。

5 月 21 日　星期四

上午人美来照相。上午照画轴 8 件，下午照杜堇画卷 2 版，回后即书画评价。晚听崔玉棠〔讲〕关于文物安全问题。

5 月 22 日　星期五

上下午照唐寅《孟蜀宫妓图》轴，晚赴首都剧院看话剧《蔡文姬》。

5 月 23 日　星期六

照宋徽宗《听琴图》轴，据王琦谈，唐寅《四美图》轴未照好，拟星期一仍须取来重照。下午 5 时回组学习周总理的政府工作报告。

5 月 24 日　星期日

上午收购。

5 月 25 日　星期一

上下午重照唐寅《四美图》轴。下午 4 时入库，以开会，随即退出，关于今后工作计划及制度问题的讨论，6 时半继续进行。

5 月 26 日　星期二

上下午在院照相室照顾恺之《列女图》卷，计上午照 3 段，下午照 12 段。晚学习时事，关于老挝事件。

5月27日　星期三

上午将《列女图》卷照完，总计画23段、跋5段。下午在延东库整理法书，晚学习周总理报告文件。

5月28日　星期四

上午去历代馆艺术预展，是中古时代魏晋南北朝—唐宋。中午讨论分类大纲，下午在东库法书排架。

5月29日　星期五

上下午点收库务组送来漱芳斋书画404件（赵玉秀送部分）又58件（刘奇胜送来），照展〔子虔〕《游春图》卷。

5月30日　星期六

续照《游春图》卷，中午取回即存组内小库。下午学习讨论周总理报告。

5月31日　星期日

上午请王以坤同志代看书画，我去西苑梁世美处祝贺他结婚事。下午与邓叔存先生晤谈。

6月1日　星期一

上午将仇〔英〕画《玉洞仙源》轴送往文物出版社照相室，以仇画长，原照相机器的距离太近，因此须要更改后方才能照，因之将画持回存组内，约定明日再行拍照。即在东库整理法书。下午同。

6月2日　星期二

上午照仇〔英〕画，并将宋徽宗《听琴图》轴、唐寅《孟蜀宫妓图》轴挂于照相制版室，以进行看着修版，并写上月末送库书画藏卡。下午仍写一部分，完后即去延库，选了6件法书，准备在综合馆陈列。5时天秀来电，拟招待邓拓同志看周文矩《重屏会棋图》卷，即持出，看后即行退库。

6月3日　星期三

上午在院长室开分类大纲的会，下午去延东库点核法书至第

5 柜。

6 月 4 日　星期四

上午在院照相室照宗克巴像三幅，下午招待德意志民主共和国博物馆馆长在绛雪轩看宋元明绘画 10 件。

6 月 5 日　星期五

上午在收购组将 5 月份收购的书画全部 51 件定名完毕，下午去静憩斋鉴定没收靳伯声部分书画。

6 月 6 日　星期六

上午同沈阳故宫两同志去琉璃厂选该处要拟购的书画，下午学习。

6 月 7 日　星期日

收购书画。

6 月 8 日　星期一

上午在库房搞清点查核法书。下午在静憩斋看书画。

6 月 9 日　星期二

上下午与上日同。

6 月 10 日　星期三

上午与上日同，下午去静憩斋看审书画。

6 月 13 日[1]　星期六

上午在院照相室拍照三件绘画，与历史博物馆照的，计赵佶《祥龙石》卷、王蒙《夏日山居图》轴、夏圭《遥岑烟霭图》册一页，照完后即行退库。整理法书。下午讨论周总理报告，关于“百花齐放，百家争鸣”的讨论。

6 月 14 日　星期日

上午收购文物。下午去图书馆看书 4 小时。

[1] 此 6 月 13 日至 9 月 14 日接续排列的日记原无年份，但其 7 月 28 日一段对 7 月 16 日至 7 月 28 日赴南京行程的简略追记，与另一笔记本里准确日期为 1959 年 7 月 16 日至 7 月 27 日赴南京工作详细日记的内容完全吻合，故此原无年份的日记可确定为 1959 年。

6月15日　星期一

上午在东库整理法书第15柜。下午去静憩斋鉴定书画，分别留、处，基本完毕。

6月16日　星期二

上午下午去美协代其陈列肖像画。院中出品计44件，计悬陈41件，有三件手卷因无柜未能展出，即行携回。计：(1) 明《五同会图》卷；(2)《尹继善上任图》卷；(3)《宣宗行乐图》卷。

6月17日　星期三

上午在库房写法书号。下午去绘画馆鉴定绘画，多数可划归藏品。4时，书画评价。5时，去库房复行整理法书。晚讨论增产节约问题。

6月18日　星期四

上午，7时半讨论关于增产节约问题。9时，去东库整理法书。下午，2时，讨论绘画说明。3时，去东库继续整理法书。

6月19日　星期五

上下午去东库整理法书。

6月20日　星期六

上午东库整理法书。下午学习讨论。

6月21日　星期日

上午收购文物。下午，同王南访去美协看明清肖像画展览。

6月22日　星期一

上下午去东库整理法书。

6月23日　星期二

照相，计照画轴4件、卷2件，当日即行送库。郭、《大傩》、马远、马麟、李嵩《货郎图》，刘松年山水卷。

6月24日　星期三

上午照相，顾恺之《洛神赋》卷6寸18版，赵霖《昭陵六骏图》

卷 6 寸 14 版，题 5 版。下午，照了贰件，计陆机《平复帖》一版 12 寸、国诠《善见律》卷 2 版。4 时半即还库。去东楼整理法书。

7 月 1 日　星期三

7 月 2 日　星期四

7 月 3 日　星期五

上下午在延东楼书札写签、排架，书画评价一次。

7 月 4 日　星期六

上午，在延东楼书札排架，去收购组书画定名。下午，学习讨论，〔……〕。

7 月 5 日　星期日

上午在收发室收文物书画。下午去北海看国画展览。

7 月 6 日　星期一

上下午，在延东楼同刘绍华、王文安书札造表和粘签、排架，计 86 件。

7 月 7 日　星期二

上下午在东楼同刘绍华、王文安书札排架，计 123 件。

7 月 8 日　星期三

上午，在东楼仍同刘、王书札排架 65 件。下午，在组内书画陈列说明讨论。

7 月 9 日　星期四

上午，书札排架 7 件，造卡片 11 张，中间去保管部开关于库房和陈列的提取文物的一些制度等问题〔的会议〕。下午，历史博物馆来照张择端《清明上河图》卷，照毕即行送库。

7 月 10 日　星期五

上午提回印刷厂赵、唐、仇三画。绛雪轩招待参观，李初黎、李一氓、钱杏邨三人。

7月11日　星期六

上午书札排架。下午全体库房拨草。

7月12日　星期日

收购文物。

7月13日　星期一

上午书札排架19件。下午法帖分类，在西库。2时20分回组总结这一星期的工作。

7月14日　星期二

上下午，在西库法帖分类。上午10时，去收购小组，请张珩审定张伯驹拟售绢本山水轴。据张认为，是明末时期作品，画得不够好，不拟收购。同时，将拨南京博物馆的绘画，调换的钱维城花卉、山水各一轴，文嘉山水轴，请张珩看过，选出了三件即行决定拨换。

7月15日　星期三

上午，南京博物馆许、张二同志来此，接洽了一些有关交换调替绘画问题，钱维城、文嘉画。随后即将前艺术局出国画展览征借该馆和江〔苏〕博物馆等的绘画13件，点交许、张，拟俟张返回时带去。

7月16日　星期四

赴南京博物院工作日记，1959年7月。

上午9时由北京东站搭车，与南博许莘农同志同行，藉得畅谈，并领略沿途风景的绿化。在前一日因普遍降雨，车中凉风习习，毫不感到炎热，车道两旁的树木迎风摇曳，树巅知了在歌唱，正好似欢迎我们在旅途的人们。下午9时大家即行休息。

7月17日　星期五

上午5时起床，9时余车抵浦口，即换轮渡过江，9时二十几分车抵南京站，即与许同志搭三轮车直接来博物馆，会见了曾院长、□□□、尹焕章等同志。承他们热情的招待，并在宿舍的地方予以安置了住处，曾院长并陪同去食堂用饭，这种热情的招待真使我衷心地感谢，也更体现党的领导下大家庭的温暖。

下午 3 时去紫金山瞻谒了孙中山先生的遗像。中山陵的设计建筑是宏伟的，其修建是由紫金山山根下逐渐向上来建造的。首先第一是石牌坊，前进是大门，再前是牌坊，中竖一石碑，上刻“中国国民党葬　总理孙先生于此　中华民国十八年六月一日立”。再向上行即为多级石阶，计合八级二百九十磴，最上层即是中山先生陵室，白石的墙壁，蓝色的瓦顶，前额横刻“民族、民生、民权”的三民主义标志。室内以黑色的十二根立柱构造，墙壁以灰色石筑成，两侧刻中山先生手书《国民政府建国大纲》全文，室的正中是孙中山先生坐像，两手作抚卷状，想是拟的即是建国大纲。像的雕刻非常工致，马褂长袍将衣服上花纹完全雕出，而面容的庄严肃穆使人见而起敬。后室即孙先生死后仰卧的像，停放于地下室，是一圆圈，周围绕有栏杆，拜谒的人可扶栏杆俯视总理遗像。室内灯光和墙壁的色调看起来有一种宁静肃穆的感觉。六时即返回院内。

7 月 18 日　星期六

上午六时半起床。约计徐邦达先生要到须在下午，故于 8 时赴雨花台参观了这一革命圣地。尤其在近代史上，在这一地方，真是有很多革命烈士可歌可泣的史迹。登上了烈士墓，在碑上有“殉难烈士万岁”碑，字迹似毛主席写的。由山下行，将近二泉亭附近，有一个陈列，是关于国民党统治二十多年中，有关共产党员被惨杀的烈士照片遗像。前部是每人照片，第二室即是有关这些烈士生前的遗物及来往的书信。内中有许多致柳亚子的信。其中有致友人的、师长的、父母的、兄弟姊妹的。在这所有信中都充满了革命的坚强意志，忠于党，忠于革命事业。能看到这种遗札，真是能使参观者激发起爱国热忱和痛恨反动派的残酷。尚有方孝孺墓是准备要去看的，以时间关系，即急速赶回。

下午2时余见曾院长，询知徐公还未来，当即说明我就在院内参观陈列的钟表和织绣品，因这样徐公来后好联系。至下午6时半回宿舍，由许莘农同志送来徐邦达由沪发的信，阅后始知来此已经改期为21日上午，原因是有人介绍去苏州看一批书画，致不能如期来此。当晚即将这种情况写信与天秀同志说明，并着重提出，关于此间院内书画如经我们选后，能即时带走最好，如仍须报局批准，就要稍为耽搁时日，是等待还是先回去，请速赐知，以便遵行。

7月19日　星期日

早6时半即将昨晚写与天秀同志的信发出，遂去玄武湖游览了半周。湖光山色、柳浪荷风，极自然风景之美，湖中一侧满植荷花，两堤柳桐遮满道荫。这是宁地劳动人民假时最好的游览之所。今日前来者真有山阴道上之势。

9时半即去夫子庙，关于这个地方，在过去解放前比之北京的天桥，一切的非法罪恶活动为尤甚。解放后经政府加以彻底整顿，改换了过去的面貌，一切行业组织起来，成为人民的正当娱乐场所，有影剧院、茶社、古玩商店，供参观者的欣赏选择。抵该处后找到了一家和平古玩店，据了解，过去经营字画的经古斋也参加到一起了。当即看了一些书画，多属极普通的，但他们答应可以代为向各处搜罗一些，准备明早八时前往该店去看。11时半返回。

下午去大行宫南京火车售票所又问了一次关于北行车次及预售票办法。据说22〔日〕票售完，23日卧铺票另有任务不售，24日票可于21日前来看看。据此情形，拟与院方总务上联系一下，看看是否能代办。

7月20日　星期一

上午7时半与许莘农晤面，谈起购票的事，他答应和总务上代为联系办理。即去夫子庙和平古玩店找曹龙友，即一同去陈姓处看了些清代书画扇面，多属真迹，然均有剥伤，未予选购。复去汤执中处看了约三十件左右书画。内中真的多，也是有质地疲伤的情形，就中选了祝允明《行书滕王阁序》卷、张瑞图《行书》卷、邵弥山水册方两页与文嘉行书扇面装一轴、金农漆书长条，这四件问了一下价钱，拟待考虑以后，再向他回话。此人是汤雨生的后人，所以在他藏的书画上钤有“小琴隐园”章。这两处看完以后回院已 12 时。

下午 2 时半先与许莘农同志接头洽及购票事。据他说总务上可以代办不成问题，最后再决定日期上 23 日比较恰当一些，因徐公明日（21 日）到此，下午或第二天将书画看后再进行一些应办手续，23 日返回，时间上不致过于忙迫，即定购 23 日的票。倘这日确不能买到，即购 24 日的，不必再行接洽。

3 时去太平天国纪念馆，到后仍值该馆的休息日（每星期一）。兹向其说明来意，承这位同志的热心，可以自行参观。在这里看到太平天国由起义起到失败止，系统地予以陈列，并结合文字的说明，这样看后能得到较多的收获。在那时的政治、经济、军事、外交、田亩制度、文教卫生等等，起初是做到耕者有其田，得到农民拥护，最后田地又多归到权贵大地主手里来进行剥削。而领导内部起了矛盾不能团结，翼王石达开的行动，即有一种个人英雄主义。在这全部陈列看完以后有一段结束语，说明了以上成功和失败的过程原因，着重说明一点，是农民起义的运动组织没有工人阶级来领导以致如此，但这一运动于中国革命史上确起了很大作用。

7 月 21 日　星期二

上下午都在院内等候徐邦达先生的到来，直至下午 4 时余接电报，内云“事延明晨 5 点 30 分到宁”。兹将这迟来的情形向蒯主任、许莘农等同志说明，并即询及购车票事。据许谈，总务科已去办二十三四〔日〕的车票，因有任务不售，兹买的二十五日晚八时车票。因此，提前不能买，也就只好有哪天买哪天的车票了。这也说明，工作上是想要来抓紧时间和争取时间的，但客观的条件有时却不能符合这一要求，所以要作计划时也要把这种情况计划在内，不然即会到临时遇到类似的矛盾。

6时遇到李超凡，询知他的近况，现仍个人来经营书画生意，未参加合营进去，这也说明仍有资本主义的经营方式和个人自由散漫的思想。他近日还收些晚清时期的名人手札，到处搜罗，颇有收获。清初和明季的书札他是很少收的，这也限于他的目力鉴别问题。请其在收这项手札的同时，如遇有明季清初这一类的书札，可以向我院介绍一下，他很同意这样做。

7月22日　星期三

上午7时余，徐邦达先生来此。据谈在沪经徐子鹤同志介绍，看到了一幅元高克恭纸本《竹石》轴，在本幅上有赵子昂题，高江村《书画目》有记载，这确是一件少见的东西。在苏州看了一件宋人长札卷，尾首有程南云题，惜首尾将款挖去，想是在当时写这信的人在政治上有问题，存的人惧祸而将款识裁割，类似这种情状后期还是有的。在十时半共同会见了曾院长，略致寒暄后，即谈到来看一下关于非苏州画家的作品，和最近庞氏捐献的绘画部分与江苏博物馆拨来书画，曾院长表示同意和欢迎。

下午3时即开始进库鉴阅。在名单所列的七十几件画品中只选出五件较上中的，余者多属一般性的，还有一些伪品。下午6时半结束。在看以前，向该部王敦化先生（该部书画方面负责者）了解了一下关于南博院藏的书画情形。据王谈，南博书画收存很薄弱，旧存和五六、五七年上海的代购总起来不过200多件，现在江苏省博物馆的藏画送来院内，数量上是增加了不少，但是没有什么出色的，尤其是晚清部分为大多数。

7月23日　星期四

早5时去大行宫南京火车票售票所等待购票。待至7时半，询悉26日的票因另有任务全部停售，只得次日再行前来购27日的票。

当即回该院部，继续看关于庞氏捐献的部分。上午看了七八十件，内中明清部分确有些出色的，例如沈周《东山图》册、文徵明《中庭步月图》轴等，恽寿平《锦石秋花》轴等等，均属真精新之品。11 时半结束。

下午因该院全部听课，只得暂停半日。下午 2 时余，同赴夫子庙和平古玩商店，看了前看的齐白石《雏鸡》轴，以四十元代价购之。又去该分店曹龙友处，三人共同去汤执中处看了以前看过的四件书画，就中选购了叁件：(1) 祝允明字卷，(2) 张瑞图字卷，(3) 金农书轴，总价 264 元。并征询何的法常画轴，据说画在镇江，俟取来后可以看看。6 时在外用饭后去玄武湖走了一下，即返回院舍。

7 月 24 日　星期五

早 5 时去买票，去时已前排十五人。待七时发号时，只售 21 个票。真算万幸，不然又须推迟日了。7 时半开始售票，很快即买到。至院仍同看江苏省拨来和借陈部分，江博伪者特多，真选不出出色的东西，借陈部分确有些较比精的，如仇英纸本墨笔人物，用笔挺劲，精神奕奕。周臣《渔父桃源图》轴等等，和苏州画家备陈品部分，其中大致还不错，然亦有由沪代购的绘画中伪品，如吴历《山水》轴。

中午用饭回后，即拟出了一张拟借古画清单，拟在上班时交与曾院长。下午 3 时即将拟好的画单交与曾院长，她很表同意，亦拟将这品名报局，下来可能快。但是就将我们已买好廿七日北返的票向其说明，因而计算了一下，26 日是星期〔日〕，日期短促，恐不能这样快，当即说就以后请其寄去，或者俟该院借故宫备国庆陈列的十件画送来时再行取回这几件画亦可。就此决定。随后复看了一些尚未看过的，有的是征购的或捐献的。

原拟在今日下午去南京大学图书馆看宋人书札，因徐公感时间〔紧〕或精神上有些疲劳，即不去了，拟明日我去看看。6 时余回宿舍，略休息，徐即整理一下要带的东西，皮箱要我走时带回，9 时半即行乘车赴车站。我即送至院外，返宿舍稍凉休息。

7月25日　星期六

上午6时半写寄北京天秀同志信一件。9时半去南京大学图书馆会见该馆李小缘同志，说明来意后，即将宋人《十六家札》卷取来。开卷是刘光世、李纲—王安礼，计16家。总的看来，这卷名家书法气息是有些貌似而神不足，纸质地也不似宋代，怀疑这是明朝人的伪作。后有吴荣光题，真迹，只叙述了这卷的收藏过程，并未道及书者在书法艺术上的赞语，想也是看出这一问题，故以一般题之。后又看王齐翰《挑耳图》，这真是一件艺术很高的画作，画中主题是画了一个主人公在勘书之余，感到耳内作痒，用物来挑耳的状态，表现了这一刹那的精神、动作，使人感到真实。在座旁画了一个屏障，屏障内的山水，是以无皴擦的没骨法青绿来描绘的，与展子虔的《游春图》卷笔法是接近的。卷后有苏辙、苏轼、王晋卿等题在绢上题咏。东坡写的风神潇洒，特精，而王诜题犹如苏字，可能如诗中所〔云〕王诗苏书。再后是董其昌、文震孟及清人的题识。卷在为安桂坡"国"所收藏，清耿信公藏，宋徽宗开首书"勘书图"三字，后书"王齐翰妙笔"，此画也是国内仅有一件。兹据李小缘同志讲，对这画是十分珍护的，有很多人来宁都要看这件画，还有学校临摹。关于这一节，曾问他临摹的情形，〔他说，〕画轴是挂起，距离一定地方拦一绳，画卷即放于玻璃柜内，但是有的对卷舒方面缺少常识，有时也是很担心的。对他的珍护和妥善保管感到敬意，同时也提出了要看时应注意的事项。看后当致谢意。下午3时去夫子庙和平商店，将收购的书画请该店将发票开好。

7月26日　星期日

上午七时赴和平文物店，同曹龙友至马路街沈姓〔处〕看了五件绘画，主要是据说有程正揆设色山水卷，并有题跋，但看了以后是伪迹，余亦皆伪品，只一郑珊轴是真迹。汤执中处法常画尚未取来，并与曹龙友约定，请其将购该店的几件书画，于廿七日予以直接送往车站。

下午去明孝陵看了一下。在这将近孝陵的道路上，延长排列二十四只石兽，分为六种，每种是两伏两立，雕刻艺术是有些不及六朝陵墓雕的那样好，但是却有一种更接近真实感。渐至墓前原有些当时建筑，据说在清朝围攻太平天国军时毁伤殆尽，所以其中多是清政府补修的。在牌坊有清康熙书“治隆唐宋”四字，据旁侧碑上记载，康熙巡视江南时来谒陵，看到陵园有些荒芜，特诏谕宋荦（江南巡抚）、曹寅（苏州织造）来动工修整，并颂扬了明太祖的开基伟迹，以及明末的政纲衰〔败〕，由此说明是借此谒陵，一方面对明太祖创业的称赞，一方面贬明末主的昏庸，而他如何如何关心人民生活（这次赈水灾）等等，来收买人心，使对他的异族侵华思想削弱，这也是别有用心的。随从臣下也借此事附和称颂。康熙谒陵的事，是过去历来皇帝未有做过的事，所以人民称道不置，这纯是一种为巩固异族政权而讲出来的。

7 月 27 日　星期一

上午在南博保管部看了所藏的法书。这个数量较画是少的，明人少数，清人较多，其中看到有明孙临《草书》册、文徵明家书付与彭、嘉者、黄宗羲书、黄道周召对稿，最好者要以清初人致夏峰先生上款札册，都是长篇累牍，尚有孙夏峰的批，后有端方、袁克文题。这部分法书看完以后，即与王敦化、许莘农两先生道辞。前购之李待问书卷原存于该部库房办公室，携出时曾问及王、许两先生，是否你部要办出门手续。兹据王、许说，这是外方面送来出售的，不是库房的东西，就不要办手续了。

出该部后即至院长室晤曾院长，说明定于今晚八时余北返。这次各方面多承照顾支持，向其表示谢意。曾院长谈到故宫的大力支持，向吴、李两院长致谢意。关于借与南博珍贵绘画希望能在九月上中旬送来南博最好，以便计划进行陈列。余件更希提早寄来，此间选就之件可以于送画来南博时即可携去或装寄。许莘农并抄以拟续借江苏画品单，拟请徐邦达先生看看有哪些有的能借，注出，以便再行去公函联系借陈事宜。更希望前借之件，局方批下，即予装箱运京。

7 月 28 日 〔星期二〕

7 月 16 日星期四，早九时，同南博许莘农同志搭车去南京，于十七日晨九时即达宁。去南京博物院，晤曾院长、蒯主任等同志，即在该院内宿舍住下。18 日，徐邦达同志未到宁，接来电报，据说以去苏州看一批书画，拟在 22〔日〕早来宁。是日到后，下午，即看该院藏非江苏画家的作品。看完以后，拟定明日看江苏博物馆拨来和征集到的绘画。23 日，即看了以上的部分。下午，因该馆工作同志全体开会，即行去夫子庙文物商店曹龙友处，同至汤执中处购买了三件法书。24 日，继续看了一日，即将拟要看的书画均行看完，并将拟借的单写妥，计 8 件，外有 1 件王原祁画卷。据曾院长表示同意，亦拟请示局一下，届时想不易批下，拟以后照准即寄，或届时送南博借我院画同时将选他院的画取回。今〔是日〕晨已买妥廿七日北返票。因前两日有任务停售，徐公是日亦去电报往申请代购 27 日北返票。徐公是日晚 11 时余去申，25 日上午去南京大学图书馆看了宋人《十六家手札》卷、王齐翰《挑耳图》卷。26 日，去文物商店接洽了购进的法书邮寄问题。27 日，上午，看了南博藏的法书部分。有些明清人书，不多，但尚还不错，如黄宗羲书、黄道周奏稿，和孙奇逢上款的手札册，很精。下午 7 时即行赴南京下关站，9 时 40 分开车。次日 28 日晚 9 时余抵京。

7 月 29 日　星期三

上午，在组内整理了一下外出单据，并将此行经过汇报给组长与院长。下午，在收购组书画评价一次。

7 月 30 日　星期四

上午，中国画院拍照赵芾《江山万里图》长卷，李智超来此协同进行。在 11 时半即照完交库王以坤手。下午，去美协看画展（明清），其中展品真伪杂陈，不够真确（明末清初之间）。临来时，借来铜画叉一件。暂借两日，即行送还。

8 月 3 日—4 日　〔星期一——星期二〕

赴沈阳、长春日记，1959 年 8 月。

8 月 3 日星期一。上午 10 时 58 分搭赴沈阳直达车，于次日晨 4 时余抵此（正点应为 3 日晚 11 时余，因路基被水冲，方修好，故行车较慢）。在车站稍休息，至七时，即行去沈阳故宫博物馆，见杨臣彬与杨馆长、李馆长，即在其宿舍住下。询悉了杨臣彬清点文物及装箱情况，稍休息后，在 10 时即去陈列室协同装箱工作。下午仍进行装箱。因与辽博去电话联系，在六日上午与我们洽谈借点的手续问题，因之即去买赴长春的车票。拟先看看宋人《百花图》卷事，事毕好提前返沈，当即买妥五日下午的车票。在下午六时饭后，祖珂同志给看了三个手卷：（1）张瑞图《行书赤壁赋》前后两卷，（2）王铎《行书》卷一件，均属精品，请他们馆可以留下。

8 月 5 日　星期三

上午赴中山路珠宝玉器古玩商店看了几件书画，均属一般品，并了解到去年院购王振鹏《听琴图》卷、唐寅《毅庵图》卷，均是该店售与靳伯声的。已和他们作了联系，请他们以后遇到这类书画请其寄与我院，他们很同意这样做。

11 时返该馆与杨臣彬接洽了今后的工作问题，装箱事待钉妥后即由该馆代为与车站联系托运问题；六日上午先去辽博接洽，点收借的绘画等手续问题，并问故宫博物馆关于美国的文物侵略图片的事，是去年借故宫博物院的，检查一下情况，如不陈列，即拟同时装箱运回。

12 时半即去车站，下午 1 时 35 分正点开车，因路途中又形〔成〕误点，在 2 时余方进站，故抵达长春已七时 50 多分了，即住于新新旅社。

8 月 6 日　星期四

早 8 时即去文化服务社，晤马经理与孙坤一先生。询悉焦序生已于两星期前去北京采购文教用品。关于《百花图》卷的消息事，马、孙等均不接头，焦住北京三元店，当即写信给天秀同志，说明情况，请其通知焦某来我院进行研究这一图卷事。该社孙坤一在外找了一本恽、王合璧画册，恽书画较精，但质地稍有残伤；王画一般。尚有沈周画山水大册一本，署款及画看去还好，但画中有两开较差，可是很值得研究，即行与孙说妥，带京研究后再定留否。他与马经理研究后认为同意，即行带旅社。

8 月 7 日　星期五

由长春搭零点 11 分车，于 4 时半抵沈阳车站。候至 6 时即来沈博与杨臣彬晤谈近日装箱〔及〕与辽博接头情况。据谈，箱已装完，尚待核对一下单据。辽博去过，谓我来后可同去点收。上午稍息，于 10 时协同装说明部分的……并通知辽博下午前去点收书画，彼允在下午 2 时上班即可。中午并与沈博李馆长会谈，请其代购两件硬席卧铺票，当即慨允。

下午 2 时即去辽博晤保管部郭文宣同志。兹将文化部的来文借我院文物展期三个月〔的〕文件看过，当即向其说明，这次文物拟借时期长一些，以使观众得到这种机会。如果三个月的问题，亦须从陈列时〔算〕起，因现在取走不能即时陈列，仍以按陈列期较妥当。郭说这不成问题，当然要按实际情况，因这里局批是展陈三个月，如欲较长些时，可以来信说明原委，自然可以照办。我说希望请将这情况说与馆领导，他表同意。是日下午点收了 6 件，拟定明早七时前来接续点收。晚八时往北京与杨主任去一电报，说明沈博物装箱毕，杨留或返请速电示。辽博物在点收中，刘约十号返，这样，如回电要杨等，即退一票，如同返，即可提前来走。

8 月 8 日　星期六

上午仍去辽博点收，杨臣彬同往，于 11 时半即行点收注明现状，约定下午前往抄写文物现况清单。

中午返沈博见李馆长，说票买来，因硬卧票已早售完，可以设法进行软席，当与杨臣彬研究（因复接杨主任电报，命同返京，工艺品托沈博代运），只好买软席了，这样是更能保文物的安全。饭后据□□□，马鞍珠子由汉口来时开箱确是落下了不少，但将落下的珠子和挂屏落的零件放在一起，因挂屏零件已装箱，但不记内有珠子，故此使杨臣彬仍会同开箱检查一下有无。我即去辽博，会同造文物现况单表，造至 6 时尚未完，郭要求可否晚走一下，等待造完再走，我表同意。7 时方完，仍将这陈列日期事和现在提走的日期分开来写的事向郭说明，请他转向领导说明，因张、李馆长患病，故未会见。他答应问问。拟定后日再来装箱。

8 月 11 日　〔星期二〕

8 月 3 日，奉派去沈阳辽宁省博物馆接收借该馆的珍贵书画等十九件，拟在国庆节前展出。同时，与杨臣彬同志包装了沈阳故宫博物馆借的艺术品，备箱装好，已行运京。前后共去了九天，于八月十一日下午一时余返京。所借书画即自行带来，艺术品交运事，即请沈博代为办理进行。11 日下午，即去绘画馆将撤陈的画用箱移来绘画组。

8 月 12 日　星期三

上下午在绘画馆审核绘画的标签说明等工作，并将在沈购的张瑞图字卷、董字卷交征集组。

8 月 13 日　星期四

上午，徐邦达先生将辽博的书画均进行看了一下，看后即行送库。下午，先将齐白石《秋景山水》照相，并写了一些说明牌。

8 月 14 日　星期五

上午，在库内找了准备陈列〔的〕清代绘画。下午，去绘画馆撤了一部分绘画。上午将与天津艺术博物馆互借的绘画，送进五件（天津的），取出 13 件，即在征集组点交该馆张同志。

8 月 15 日　星期六

上午，在绘画馆布陈清代绘画。下午，部内开会，关于蔬菜紧张的原因问题，和我们要克服这种现象，不去排队，及有关反对保守右倾等问题。回组后即自行讨论。

8 月 16 日　星期日

上午收购。下午去绘画馆陈列绘画，返时将撤换的画同王以坤同志移抬库房。

8 月 17 日　星期一

上午，在库房将最近收各处博物馆的书画予以造册，及要修整的书画写修复单，请批后送修。

下午去文物出版社，补照展子虔《游春图》卷的前后题跋。照完以后，该社要求重照小底片，我认为以前拍过是通过院内许可，今复重照也须要与院内接洽好，方可拍照，这样也合乎手续。他们也认为这样对，即与院办公室电话，经薛峰同志与院长说后认为可以，即行复照一彩片，并将前后题跋也照了四版。照完是 5 时 20 分，随即送库交王以坤同志点收。同时，将虚谷《金鱼》轴也取来退库。

8 月 18 日　星期二

上下午，去绘画馆布置陈列绘画，准备请有关单位和个人前来参观指导。

8 月 19 日　星期三

上下午，招待美术界各单位人士前来参观，并提出修改和改进意见，主要是有集中和突出问题。

8 月 20 日　星期四

上午研究一些陈列的问题，晚听部内报告，说明陈列上的问题要大力修改。

8 月 21 日　星期五

上下午，去绘画馆审查要更换的绘画，予以记录下来，以便更换。

8 月 22 日　星期六

上午在绘画馆撤换东庑北屋绘画。下午撤换南屋的绘画。

8 月 23 日　星期日

上午收购文物。下午去绘画馆撤换要更换的绘画。

8 月 24 日　星期一

上午去延库选绘画馆要补陈的绘画。下午二时，去文物出版社取回局拨书画四件（该社借局照相）：宋文彦博札卷、宋米芾《太后挽词》册、元倪瓒诗轴、清恽寿平山水花卉册。复去延库将要补陈的画抬于绘画馆，挂西庑南屋。

8 月 25 日　星期二

上午去文物出版社照相，计照了郭熙《窠石平远图》轴 1 张、王渊《桃花锦鸡》一张。下午去绘画馆，补充陈列，予以调整。晚薰蚊子。

8 月 26 日　星期三

早 3 点 3 刻起床后即来故宫，即至时，大家已开始布置好准备要薰蚊子工作。只问明了许组长慈宁宫在陶瓷馆，去后因旁门开，内无听到动静，复返回办公室，将手提雨衣包放下。二次复问杨泽生，据说即从前的陶瓷馆（慈宁宫）。第二次复去，首先看到金震、天秀、杨臣彬等同志，但已薰完，正清理灰烬。我此行是未能做到及时参与这一工作，总结原因，在思想上是重视的，但醒来即走而时间已稍迟了。在工作的地点，虽已记下宫殿名，但未及时问清在何处，其初思想是明日来后一同前往，即无须问地点了，以致到后达其工作地，以不太清楚仍行返回，这样就耽误了时刻。在这一工作中要吸取教训，即是第一要提前来，第二要问明地点，来后即直奔前往，也就不会误了。

文学出版社要照毛益《牧牛图》卷，而事先未把照的尺寸与文物出版社联系好，以致送去照时，以不知要照的要求，所以仍行带回，请其将尺寸等说定，明日再行送往。

9时余来绘画馆挂画，〔……〕。下午及晚，均在绘画馆搞改换说明等工作。

8月27日　星期四

上午去绘画馆布置和调整绘画工作。下午同王南访去保东西庑陈列唐宋元部分法书绘画。晚去绘画馆补换调陈工作。中午，去文物出版社封好毛益《牧牛图》制版，取回元人《人物故事》册一页。

〔……〕。

8月28日　星期五

上午七时，同王南访仍去保西庑陈列近百年书画和补陈元代书画。十时三刻，去绘画馆招待参观。下午仍在绘画馆，复去保东庑同高和同志等进行了近百年的书画发展情况研究。

8月29日　星期六

在绘画馆招待参观。

8月30日　星期日

去绘画馆招待参观的时刻是在下午，上午仍在收发室收购文物。

8月31日　星期一

上下午，仍在绘画馆招待参观。是日，邓拓同志、陈半丁、傅抱石、关山月等均前来参观，并提了一些改进意见。是日即行招待参观完毕。

9 月 1 日　星期二

上午去保东庑，由许忠陵手提取欧阳询《卜商帖》、柳公权《蒙诏帖》贰件，提往照相室，给历史博物馆拍照。照毕即仍送艺术馆陈列，仍交许忠陵手。回后即去库房对了些绘画馆撤陈的绘画。下午，仍进库清点注退 8 月 20 日后退库的画。

晚 6 时半部内开会：1. 杨伯达主任介绍了这次的陈列招待有关美术专家的参观，予以提了些意见，须要抓紧时刻进行修改。2. 即关于珍宝馆失盗问题。据分析，院内的人员是值得考虑的，因之回组共同将十五、十六那两天的个人的动态均自述一下，尚有待于大家引起对这事的注意和协助予以提供线索。

9 月 2 日　星期三

上午，原拟去文物出版社照米芾《破羌》和米跋褚摹《兰亭》，后与尹润生以电话联系，谓照相室上下午无时间，故暂止照。即将绘画馆要撤补的绘画 20 件（宋人画册 16 开，李成、枝山图两卷，赵之谦两副，张鋆一件）由库房送绘画馆安排，轴卷部分要撤的撤完并及时补上。中午，将撤回的画送来组内小库房。下午，将撤画送延西库（退两卷李嵩、元人集绘）三画，及又加颜真卿字册页一开，梁楷、夏珪册页各一开，赵之谦对，均补陈保西庑，并撤回沈周画、改琦《天女》轴，及三册陈、郎、冷，即时退库。晚学习八中文件。

9 月 8 日　星期二

上午，在荣宝斋选看了要借展的齐白石画册和其他各件，内中以齐册为精，拟即进行写信取来。10 时去绘画馆照料。下午，携米芾书《破羌帖跋尾》卷和米跋褚摹《兰亭叙》卷，去文物出版社拍照。照毕即行送库。复去绘画馆补挂新裱的绘画。

晚上六时半，开部的会，由老魏介绍关于院内职工低薪调整的问题，和防火□□□□，以前几日多在绘画馆招待参观等事。

9月9日　星期三

上午，在组内将拟借参加南京博物院〔展览〕绘画，请部内唐、杨两主任审核。其中杜堇山水大轴，因质地有折伤，即决定去掉此件，其余均同意。即行取下放于柜内。江西八大山人纪念馆李同志来此，看了院藏的五张八大绘画，小像画他很注意。下午，代山东拍照辛弃疾书札一通（一开），照完即送库。在库内核对前送库的书画单据（同王南访）。

9月10日　星期四

上下午均打扫清洁。早，坤宁宫西暖阁。下午，昭仁〔殿〕移国际礼品和清除后院尘土等。今晨七时，并开对谭晚成的改造看法〔会议〕。

9月11日　星期五

上午，在组内开收购问题的会，李院长、杨主任、单煜主任、张珩、徐邦达、陈万里、天秀、王以坤、李文善参加。首先评了要购的牧溪《墨花》卷的价格，拟在还价六千元的基础上，再酌增五百元。宋人《婴戏》和《山水》册二页，拟先还价六百元，去信商酌。最后谈到宋人绢本《百花图》卷，大家一致认为这画艺术技法不高，徐邦达先生主张六千元购进，一致认为价格过高。初据张珩讲，他对这件画是不感兴趣的，局方不拟购，并表示此画即六百元，亦不易很快售出。杨、唐主任看过，其初估价一千多二千元之间，王以坤估价二千～三千之间。我的看法与王相同。最后由李院长说，总的看起来，价格似过高了，该画只能作资料，陈列不能，意见还是退还对方，拟等院长通过后即决定如何。徐先生在会上也承认手续上不合制度（一个人讲价），但〔对〕画的看法，认为南宋画，虽贵了一些，但还不算太贵，也还能陈列。这问题要留待以后研究。

在上午十一时，同王以坤同志去延库提出两开元人纨扇册，是准备由宁寿宫撤换原挂的元人故事册二开（文物出版社要制版），是由我一人前去撤换的。〔……〕。

下午三时，去琉璃厂荣宝斋取来向该处借陈的齐白石画册（十开）一本，又《芦鸭》轴壹张。由该处去王府井美协送还画叉，复去和平画店选了三张齐白石画轴，一张徐悲鸿《松》。6 时半，组内开了一个会，〔……〕。

9 月 12 日　星期六

上午去文物局，与张珩联系去上海取回高房山《竹》轴事（吴院长首先指定要先与张处长联系）。据张谈，该画可以用白条，要写明品名、价值、姓氏、住址，款由文物局直接汇去。返回后去库房楼上排架。下午 2 时，吴院长来此看齐白石画，随后去库房又看了一下，选出三件齐画，拟送历代馆更换，随后将看过的画均行取下，包好送入庋藏柜。

9 月 13 日　星期日

上午在收发室收购文物。下午沐浴后即行回家。

9 月 14 日　星期一

上午将要借与南京博物院的绘画 31 件部分，均予以注明伤损情况，并由延库取回手提箱。下午去绘画馆撤换齐白石画，计撤下五件，齐四件徐悲鸿一件，又齐册五开，及拟照相的宋人《盘车图》轴、道济《搜尽奇峰图》卷。齐画当即送库，余者即存组内库房。

9 月 17 日　星期四

奉派来沪工作日记，1959年 9 月 17 日。

上午 9 时，搭京沪车起程。

9 月 18 日　星期五

下午抵沪，即寓居中洲旅社二楼 235 号。

9 月 19 日　星期六

上午，去新昌路徐邦达先生老太太处，将托带的书刊、二包点心及信两封均送交。老太太精神很好。回来后，分别去古籍书店及古物市场，在市场购进一本石颐《花卉》册，价八元，书画与扬州八家同一风格，书店未发现旧书画。

9月20日　星期日

早八时余，去北四川路851号钱定一处。晤后谈及取画事宜，并将徐先生写的介绍信[1]交彼看过。他说这画是友人的，据本人意见要款物两交，过去已和徐先生约定，看来还是照这样做好，如果这画是我个人的也就不为问题了。因之，拟往京去电报述明情况，再为前来洽商。同时钱君交来由京发电报一份，内示命我暂留沪，等天秀来此，但不悉有何故，故未即时复电。拟过下午三时后再发，是为了看看天秀这次车能达此否。及至四时，复接徐邦达书信，内提及在十月一〔日〕前后荣宝及市场有批旧书画展览，届时可以选购，已请示院长同意，并拟派天秀同志来此，会同商洽。这样很好，也就即时去荣宝斋新址（南京路）今日开幕的展览会看了一下。内中虽有十几件旧的书画，但均不够精，又属非卖品。新的较多，出售者没有什么好的。其中有二件，唐寅山水卷，文题；仇英《秋江垂钓图》卷。这两件我认都不真，但据此间文管会认为是真的。

荣宝算是借展，以后要归文管会所有。其中有一高简山水卷，王时敏题，算是好的。徐天池行书卷、齐白石松竹鹰鸡等大屏四幅，齐画亦算好的。这个均属展览品，及至问该店负责人梁子衡，今后是否要增加一些旧书画的展出，他说，这次好的均已陈出，以后也不会多。根据这种情况，等在此处，希望似不太大。而徐信最后天秀曾署数字，来沪须二十几号才到。因此，往故宫拍一电报[2]，说明这里荣宝及古玩市场的情况，请院内可重新考虑天秀是否仍来。

[1] 徐邦达致钱定一先生札："定一吾兄：兹介绍刘九庵同志趋前奉谒，请将高房山《竹石》轴及出售'白条'上款书'文物局'，交予刘君。随偕刘君同去电报局发出一电致中央文化部文物局文物处张珩处长，告知一切，即嘱其将画款壹万伍仟元邮汇尊处。此事承鼎力玉成，公私均感。特此致谢。不一。敬礼。徐邦达。9.14"

[2] 去故宫博物院电文："电信均悉，高画要款物互交。两处画展看过，无出色的，询悉近期未定更换。天秀来否？请复酌示。山东中路中洲旅社。庵。59.9.20 晚8时"

并拍给文物局张珩一个电报[1]，说明钱处高画事，物主要履行款物两交事，请定夺。已买妥 22 号北返车票退了。

9 月 21 日　星期一

上午徐子鹤来此，谈了博物馆的工作情况和陈列〔品〕互借等问题。据他讲，与安徽省博物馆交换的事可不成问题。同去荣宝斋看了展出的书画，亦认为精品不多，又未定价，多属展陈非售品，也就使观者感到兴趣不大。

下午复去市场看了一下，并和该场负责人张洪生谈了一下收购的问题。据张谈，我院要买的书画，以该企业现行的制度须先通过市文化局写信给市贸易信托公司，再由该公司出采购证明和采购的地点、单位，这样该场根据这证即可售出，否则即不合手续。最后复谈到国庆节前后是否有一次画展。据说过节后可能有一次，但是件数不多。在供应方面，首先是本地博物馆和各地博物馆及私人爱好者，最后售给同业者。如我们要收，届时可先选出，再行办一切手续，也可这样就心中有数了，不然办好手续，但是无可收的，即未免有些徒劳。复去古籍书店看了一批明清手札名单。据该店讲，拟找出物主的住址以后要我们直接去商洽，拟过一二日前去询问。北京尚未有电、信来。

9 月 22 日　星期二

上下午去上海博物馆参观了该馆综合陈列。由原始至清末和现代工艺。绘画、法书各期也陈列了一些，其中有些精彩的。

晚 10 时，接京组天秀来电报，命再询“十一”节是否有佳画展出，再决定来否。拟明早将最近询知的情况电知。局方尚未来电，以致未与钱君接头。

[1] 去文物局电报文：“画看过，据钱说物主要照原议款物两交。如何？请酌速复。九庵。文化部文物局张珩。59.9.20 晚 8 时”

9月23日　星期三

上午早6时半，去电报局，往京与天秀拍一电（电文见另页）[1]，说明此间画展情况，请其考虑决定来否，并促局高画款事。回后，同张渔庄复看了上博陈列品。回后，见徐邦达先生来信，藉悉高画款请局汇出，并附来工作证明及去许质卿处看书画的信。

午后，去古籍书店，同王兆鸿同志去复兴中路王凤琦处看书札。至时因出门未晤，拟明早再行前往。并拟与孙祖勃联系，以便去严小舫处看钱杜册。晚7时，去钱定一处与其说明京已回信，钱即将汇来，俟到即行联系，并看了他存的焦秉贞画王原祁画，肖像确似王像，但焦的题款仍似尚有问题。

9月24日　星期四

早7时半去王凤琦处，因已上班，未晤。据其媬母讲，下午4时后在家，当即约定届时前来。返回复去连云路许质卿处看书画。上午约看百余件，多数是伪作，只由其中选出两本项圣谟山水册、查士标山水册。中午返旅社未见信来，即去古籍书店，向王兆鸿说明今日下午去王凤琦处看书札事。适值孙祖勃同志来此，即将去严小舫处的住址交我，以便适时去看严藏的钱杜山水册。

下午2时复至许处看书画，以王、吴、恽画为多，但无一真迹，复选出一项孔彰《荷花》轴，很精。5时由许处转赴王处，晤谈后甚融洽，当〔即〕将其所藏书札取出。所〔藏〕明人数少，清人最多，总之看来还好（也有几通伪的）。尚看了几件书画卷轴，约定明4时继续看未竟的书札，以便再商酌价格。回时已9时余矣。尚未见复信，约计明日京信当可到来。今日中午钱定一曾来社晤谈。

9月25日　星期五

上午去许质卿处看书画，选出钱选花卉轴一件，乾隆题真，而

[1] 去故宫与天秀电报文："询悉有少许更换，先供上博选后再及一般。高画促局复示。你来否？我留返？电复。庵。59.9.23早7时"

画还值得研究。下午继续看，未选出什么。于 4 时半即去王凤琦处后看了清代的手札，询悉明清总计约二千通，而明及清初部分约二百通左右。请其将这部分的目录抄出，以便进行研究价钱。他起初愿一同售出，最后同意我们的要求，答应在下星期二上午在他处来洽商。晚尚未接京局来信，当即写与天秀一信，请其催询。

9 月 26 日　星期六

上午在许质卿处选出张洽等合画山水轴，王绂《秋林醉归图》轴，画的用笔是王的风格，但署款的字却矜持一些。杜琼题、谢葵丘题似真，只题这个图意而未谈到王画。

下午许开会，故同张渔庄去博物馆，看了历代绘画的陈列展览。其中多数还算精品，但亦有几件有可疑之处，如周臣、唐寅、徐贲、黄道周画卷，董其昌画册等。董源《夏山图》卷，面貌风格是属于《潇湘》《待渡图》一类，但是没有这两图的精神，主要山川不够浑厚，缺乏精神。王诜《烟江叠嶂图》卷，细看笔墨还很好，但不及《渔村小雪》精彩耳。孙位《高逸图》卷、王蒙《青卞隐居图》轴、郭熙《幽谷图》轴、倪瓒《溪亭山色》，精绝之至。明朝文徵明《真赏斋图》卷、仇英《剑阁图》轴、沈周《仿董巨墨山水》轴、丁云鹏《渊明漉酒图》轴、道济《荷花》轴，皆属于杰作。

5 时半，去古玩市场选购了六件画，查士标等。据该店讲，要到市贸易公司开证明，方可开出售凭单。拟与京去电联系此事。今日中午接徐邦达来信，局尚未来信。

9 月 27 日　星期日

上午去许质卿处将所藏的书画全部看完，初步选出了计 19 件，内中有九件是可以要的，其余即须要研究考虑。这项画拟在返京时选一部分带走，余者以后再行考虑决定。许同意我们将选出的全部带走，因中有不太需要的，故拟迟迟再说。

中午回社后见钱定一同志来此留言，邀今后去他处一谈（有关高画款事）。下午去郑容学处，因出门未晤，约定四五时再来，即去艺术展览馆看近代人画展和肖像展览。肖像部分是有一些不错的，如曾鲸画《侯峒曾像》、陈洪绶等画《何天章行乐图》卷等等，仇英画《云林像》卷，罗两峰画《金农蕉阴午睡图》轴等等，及近代任画《吴昌硕画像》轴等，均还精彩，这是多方征集来的。

五时，去郑君处晤谈。据说，陆培之藏画不拟出售，但是可以再行问问，并答应给设法找些东西。七时，去钱定一处，向其说明回电和信均提该款由局汇来，可能因汇款多，日期稍迟一二日，拟再用电催询一下，并请转告对方，请其稍等几日，款汇来当不成问题。

9 月 28 日　星期一

上午去古玩市场将买妥的查士标书画计柒件，价玖拾肆元，付清开票。中午接到高画款的汇票，下午去黄浦区人民银行联系，说明此款要转付物主。该行服务员讲，如此巨额，要到市财贸信托公司，指明提或存的过程，再同物主前来办理手续。到该公司后，问及购买的过程和通过此间文化局否，以收购文物须要当地文化局与此间有信，照规章来进行。文物更须通过此间文物管理会，东西好坏与价格的高低，要与文化局来联系。当与其说明该画是早已买好，经过文物局的同意收购的，但他们认为是私人收藏，即要办这种手续。今拟明日同钱君商洽一下来进行（今晚七时去钱处，据悉因值夜班不归），再行往京去信述及。

9 月 29 日　星期二

上午八时去王凤琦处，将上次所看过的明清手札，均按照时代计分为明、清两部分，明代为 60 通，清代为 64 通，共计为 124 通。据其说，价明一通 15 元，清一通 10 元，价值似乎高了一些，故将名目单回取，拟按通计价以后再为告知。

中午 12 时多去钱定一处，未晤，当与其爱人说定，今晚我旅社等候，请其前来。八时，钱来后，即约定明 10 时或下午 2 时来此一同去银行办理手续。

在下午2时去古玩市场买进费丹旭人物轴、高邕山水轴各一件，共价28元。

9月30日 星期三

上午10时，钱定一同志来此，稍坐即一同去外滩中国人民银行办事处。及交汇票后，该行职员仍要市贸信，批了以后方可付款。当即与钱同志向其介绍这事的情况，〔问〕要暂不发展，亦不拟通过市贸信和文化局尚有何其他办法。因之该行另一负责同志“沙”〔?〕谈，这样巨额，是须要经过当地市贸信批下一咨〔?〕来付款，但不愿这样做，可以代报京行与汇款的局方，了解情况后认为可以付，我这里就可以照付，这办法请考虑。但钱的意见还要去市贸信联系一下，希图能批下来。但是谈的结果，仍须要去局联系（文化局）。我当时向他讲，这画已寄去北京，看好谈定后，将款寄来我处要我转交，我是代办这一手续的，并不是我来采购的。他说这汇票即是采购书画的事，所以须要到文化局取得联系，该局认为可以，我们这里是无问题的。因最近一星期左右，也是故宫买了六百元两个画，我们曾开过会以后方才取走款的。因之，他不给证明，银行即不付。在12时半，钱的意见约徐子鹤来社谈谈。届时即共同议定（钱主张），不拟使此间多人知道，即决定由银行直接与京行拍电报，使京行与局联系，如说明物主这一情况，同意这样做，由京行复电沪行知，即不通过市贸信等将款付出。与该行洽好后，使在五号下午来行接回头。随即复去电报局与局及院各拍一电报[1][2]，说明情况，请院与局速为联系，以便提前指示决定如何办。晚并将这拍电情况说钱知，请其向友人说知，再等几日。

---

[1] 去局电报：“高画无当地有关证明，款沪行不付。另一办法，今已由沪行去电京行，直接与局联系了解情况，再由京行电沪行，方可付。文化部文物局张珩。59.9.30”

[2] 去故宫天秀电文：“款到，无当地文管证明，银行不付。另一办法已与局去电，请速联系。待复。故宫博物院天秀。59.9.30”

10月1日　星期四

国庆节，全市在欢欣鼓舞地度佳节。上午未出门，下午去人民公园广场游了一下。晚饭徐子鹤约在他家用饭，后去外滩看了节日的点缀灯光，真如白昼，游人接踵并肩，喜笑颜开。

10月2日　星期五

上午去古玩市场，未开门，据说改在三号开市。中午接到天秀来信，得悉将此间主要事办妥后，即去南京取画，然后返京。拟回电后收付清即作北返计。

10月3日　星期六

上午去古玩市场去看了一下挂的绘画，主要是两张王翚画，华嵒画，两张陆治山水，道济山水轴不精。刘彦冲、任熊、任颐、齐白石等总计明清旧画八件，晚清计二十余件，均标为展览品，未定价。询悉这次画拟先供文管会、博物馆选购，再即外地博物馆，后及私人与文物采购商店，文物价格按节前均加两倍。据该店人谈，如我们要留，仍照原来的定价，但须过去这展览时期，因拟招待外宾参观耳。当时已约定，俟此间博物馆选后不留之件请通知我们，可能选购一些。他答应可以这样做。

下午去许质卿处谈及过两日即拟返，头走时前此将拟带走之件取走，余者亦可续寄。后去郑容学处，询悉陆培之处的藏画已问过，据说已售出，郑因血压过高，精力已有些达不到了。

10月4日　星期日

上午去金陵路售票所预买七日北返车票，期在这两日内将事办完即好启程。去古玩市场将购妥的七件绘画法书取回旅社内包装好，三个包计六件，即交邮寄走。下午去博物馆看了一下，中午接徐先生来信，悉一切，等明日电信藉得解决耳。

10月5日　星期一

上午9时去市场。据悉，上博还未来选，可能即来。10时去博物馆看了历代绘画展。中午 12 时半，钱定一来此，当即约定在 3 时我先去银行看看京电回否，四时可来旅社电话相询。如已到，即速前来去办手续，否则五时余再去问问。届三时问时，据银行查询，电已复，考虑可支付，并问我是否开支票或立折，我说四时前来办理。回寓路上我想，还是将汇票转给钱君，即请银行与他办理手续，可省却我们提存再转的过程。届时钱来电话，即告之京电已到，可同往提取办理。来后即前往，说明此汇票款转与钱君名下，即先由我来在汇票上钤盖印章，并注工作证号数，随即更易存于钱的名下。此事办妥以后即随同钱去他家，将高画重行看后，连同出让单一同携回。此事即算告一段落，结束。晚将此间一切情形信告天秀、徐邦达，拟明日发出电报，说明款付画取赴宁返京的情况。

10 月 6 日　星期二

早六时去电报局发出与京天秀一电[1]，说明画办妥善的情况。

11 月 16 日　星期一

来广日记，1959 年 11 月 16 日。

上午 7 时 10 分搭京广直达车，于 19 时 50 分抵郑州站。这一段路天气是比较凉的。

11 月 17 日　星期二

早七时 05 分到孝感，天气已渐暖和了。

11 月 18 日　星期三

早七时 15 分至英德站后，顿然更为两个季节的现象，犹如春末夏初时光，满山苍松和路旁的翠竹及奇花异草的茂密，田间的三季稻方在收割，劳动群众都穿着单衣在紧张地工作着，只短短的两日行程即有这样的偌大变化。祖国的辽阔也正显示了地大物博，〔是〕资源丰富的象征。于上午 10 时 18 分钟正点抵达广州市，下车后即乘四路汽车至爱群大厦。以唐老出门，至 11 时 40 分唐老回后，即

[1] 去故宫天秀电文："款提付，画取到。明赴宁，即返京。庵。59.10.6 日早 6 时 26 分"

行与栈房说明要住在一起。随即将前来的任务向唐老说清，唐老也介绍了徐先生在此收购进的书画情况。刻下是在等待局里的电报回来后，即行与香港去电，请其送来。

下午去文化公园参观了三个展览会：(1) 广州市文化艺术展览会，(2) 古文物艺术展览会，(3) 古籍装帧插图展会。5 时半回栈即行用饭。

晚 7 时 20 分，容希伯先生来此访唐老，畅叙了有关文物的一些事项及真伪鉴别的一些看法（主要是对徐邦达先生）。容的谈话也是有些主观，但徐先生于鉴看书画时，展看未半即下真伪的断语，他认为还是不够妥当，可能有时有英雄欺人。关于这问题，我想在徐先生看时可能一望而知真伪，所以很快即行说出，但使得对方不能满意。在这方面是要采取慎重的态度，即使真看出不对，也要稍加慎重缓和些，不致使对方难堪，对此要引以为戒。

11 月 19 日　星期四

上午 8 时去省博物馆，至时方知该馆十时才开放，届时看了该馆的陈列。在铜、瓷等陈列方面，布置上有些堆积现象，不太清晰。在书画陈列上更显得杂乱无章，尤其是选陈很不够严格，很多伪劣品。其中我认为最好的要以陈容《墨龙》为最精，书画题款写法的字极为古朴，其用笔和新近购叶恭绰的草书卷（陈容书）是一致的。据唐老讲，徐公看过，认为明代画。我看是宋陈容的笔无疑。以该画全部去细审，在字画、印章及绢等各〔方〕面认为是无可置疑的。

今日下午接局王毅与唐老来电，据讲，仇卷如真，可以研究购留，价值似贵了一些。当即与唐老研究与王南屏去一电，“请其来穗商洽”，而价值的高低在电文上未有提，这样主要是先能将画送来，然后再决定真伪及价格问题。

11 月 20 日　星期五

上午去陈家祠看了近代工艺展览，主要是陈列广东省的各种工艺品。该祠的建筑是集结了广东省各种建筑装饰地方色彩之大成，在这个地方展览工艺品最为恰当不过。

下午唐老接王南屏电话，他还是〔要〕直接找徐邦达。唐老向其说徐已回北京了，仇卷请其送来洽商。王说此卷已送还物主，价钱的数不能少，拟再行取来后，明后日即为来穗。

11 月 21 日　星期六

中午接张珩发来给我的电报，询问仇英〔卷〕送到否。王南屏来后请其稍待，即日飞穗。今日上午是和唐老去华林寺看五百罗汉，回栈看的电报，想张珩来可能与王南屏另有事接洽。下午王尚未来，可能明日送此。

11 月 22 日　星期日

中午商承祚、容庚等中山大学教授共四人来此，请唐老和我在此厦内吃饭，饭后来住处闲谈，而王南屏亦至。商、容等随即辞去。与王谈后，即将仇补《人物故事》卷取出。初看尚还不错，各家字内有稍差者，请其暂放下留待研究一下，明后日再行解决。因此间无住房，王即去他处找旅馆。

下午四时余，张珩、王毅、王南屏一同来此，在张、王抵穗进栈时，恰值王南屏也同时进栈，故此一同来此。彼此间谈询了一切近况，主要是港方书画方面的消息动态。但在最后张取来一张画，看后是赵原画《晴川送别》轴，说明这画不是其初张的原物，而是后仿予以倒换的。“仿画装旧裱绫”，但在未说明以前展开看时，首先我对该画的题款、墨色、用笔等方面〔就感到〕有一种不自然而做作之气，再下看即感墨不入纸，是有问题的。而最后据张珩谈看了这画经过，方知一切个中隐情（伪仿），而这时王南屏亦不得不认为这画的不对了，然后谈到退掉的问题，主要在几方面都要过得去。而王感到不好去说，这当然有这种情形，在方式方法〔上〕要多研究一下。王提议先在物主处选一部分画，讲好价格，然后说暂因无多钱，将这赵画暂抵，以后再取等等。都认为这样办不太妥当，可以多想想，明日再行研商。仇英〔卷〕看后拟明日再看。

11 月 23 日　星期一

张、王等复进行谈有关画事。唐、王去市人委魏省长处，李孟东送来董其昌山水轴一张，系康熙时伪仿。

11 月 24 日　星期二

张、王等谈画事，决定由王将赵画带回港，请其多选一些画来送穗，以便选洽，仇卷暂留待研究。

中午省人委请我们在华侨大厦吃广东点心，主要是潮州制法的点心和菜，精、美、香俱备，鱼虾烹调法尤好。饭后即同去看中国出口商品展览会。共陈列了六层楼，第七层楼是书刊、香烟、玩具出售品，在这六层楼陈列轻重工业机器与制成品的货色，真是多种多样。许多通商国家都前来订货，贸易出口的频繁兴盛可见梗概，真足以自豪了。晚间王来此，谈了一些有关画方面的问题，请其北来进行，约计星期日可能返回，王拟明日上午 7 时即走。

11 月 25 日　星期三

上午八时，由唐老写一与谢文勇同志一信，说明我去广州美术博物馆去看画，请其如有暇，拟看看该馆林良的画等。届时以谢去文化局开会，未晤。兹看了一下宝古主办的近代画展览。魏省长委看的齐白石画，以李孟东还未来以致没有看。我去广州博物馆看了他们的历史陈列部分。回艺术馆，据李谈，魏省长来过，将齐画取去，可能要我们看看。并至中山纪念碑看了一下即返回。

11 月 26 日　星期四

今日上午复去艺术馆，而谢文勇同志仍因去开会致未晤，即将唐老写的介绍函交李孟东代转致，询其几时有暇再行来此。是日晚，魏今非省长来电约去他住处看几幅画，当即同王、张、唐共同去看一下。其中有几个扇面如周臣、萧晨、胡湄等，都还不错，齐白石画是一般品。

11 月 27 日　星期五

上午我们共同〔去〕越秀山艺术馆看宝古斋出品的近代画展，多属一般品，此间的文化机关都选购了一些。同时遇到谢文勇同志，说明要看他馆藏的几件绘画（张珩介绍的几件）。林良《花鸟》、仇英《停琴听阮图》两件要算最好的作品。其余如朱耷画册、道济书画册尚可观。其中有一件原题为宋人画《风雨图》轴，在左下角有“舜卿”的一方章。据张珩讲，认为是周臣作的，而添远代的伪款印，在我看还不够周的风格，画是有些庸俗的。其余拟改日再行看一下。

11 月 28 日　星期六

上午约张珩去文管会、广东省博物馆看了他们的绘画展出部分，并逐件予以分别注明真伪优劣的等次。还有几件拟研究一下确定真伪，拟定在北返前向该馆提出我们的看法。因穗地〔是〕关系着中外交通的要镇，在博物馆的陈列上，要求是须要高一些，因陈列的真伪杂聚给观众的印象可能是不会太好的。

11 月 29 日　星期日

上下午均未外出，等待王南屏的到来，但结果未来。

11 月 30 日　星期一

仍在等王的到来，但张珩接王来电，说有石涛册及说及价格，张答请其带来，王说可能二三日来穗。今日往京与天秀同志去一信，说明此间近日工作进行的情况。

12 月 1 日—4 日　星期二—星期五

王南屏还未来，看这事的发展，似在用以逸待劳的拖，时间一长，搞些东西来促使我们来迁就，可能是有这种用意，但料想不会不来的。

12 月 5 日　星期六

下午王南屏来了，携来此间三张画，余者都装于箱内，摆于华侨大厦，他住该处。约明早前去看。这三张画是项圣谟松、薛宣山水、龚贤山水，前两件还好，龚画虽真而残伤。俟明日看看那三十几件有否较满意的书画。

12 月 6 日　星期日

上午同张、唐去华侨大厦王南屏处（王毅同志今早同文化局的同志去七星岩等处参观），将带来的明清画统统看完，计 33 件，连前送来看的三件，总计 36 件。这一部分在初看后结果认为是伪的多，真的极少，而真的部分也多属修补残伤的，看来这问题是不太好解决的，最后谈到将这些画携到爱群，予以审慎地看过后再行洽谈。于晚间复将这〔些〕画予以每件好坏真伪详细地记载一下。我的看法和张珩的看法是一致的。其中能要的初步选出三件，项、薛、王，其他不是名小即属残伤。在这以前，王南屏来此，与唐、张谈起这画的事，张珩也就约略说了一下看后的初步情况，在其中恐选不出甚么几件，而在王的意图，想在这批画中选的东西能超过赵画的价格，好与对方去讲，〔最好〕能再找他几个钱或接近此数，如选不了几件，这话不好向物主去讲。由于听了张珩看后的讲话口气，王认为这事是无法进行的，而占百分之八九〔十〕是难成功的。张答拟明日逐件详细复审后再行洽谈。

12 月 7 日　星期一

上午即复将该画摊开重行更具体地复看了一番。在十一时，王南屏也来此，共同将看的每件真伪添补的痕迹向王介绍出来，在中午时，还有五六件未看完，拟饭后接续来看。在下午一时半，魏省长约张珩去看广东画廊及朱市长由京买回的张宏画。唐老去朱光处商谈此事，据说不要使王回去，要他解决这事。唐老返回不久，王南屏也来了，问及张珩，说去看书画去了。等待至五时，张始返回，即将尚未看完的几件画看完，即去用饭。回后继续商谈如何解决这事。王其初未说出若何办法，后来说此画可以进行卖，俟售出后也就容易解决了。张问，等至甚么时期，再即已将届年终，要报后解决。这时王答，在政府方面因已假了，就只好吃这次亏罢了，但为了朋友徐邦达的关系，我看先把这次选的几件和我前在京存的三件画先行报销，这次几件由我来出价与物主，这样在钱数上约及半数。这是我最〔后〕的办法，其他似想不出更好的方法来。张对王的这种提法未予接受和否定。后来又谈了关于文天祥书卷事，王谓请明日将不要的部分予以办好手续，以便回港。张答应代他办。王去后，大家认为他这次带来伪画未能达到他的初意（多选售些），所以末后以这种方法期图结束。拟待王毅同志回后再行商洽。

12 月 8 日　星期二

上午王毅同志返回，由唐、张约略介绍了这几日进行的经过。约 9 时，王南屏来此，说定要去办带出的绘画和前次的仇英卷。俟用过点心后，唐老先出来，即说明省人委要唐、王、张去一次，藉洽办画事。王在此坐后也就回华侨〔大厦〕。俟唐、张返回后，即与王去电话，因王去理发，复由唐写一信，说明该画朱市长要看过才批。正拟送去，而王来电话询问，即将这事说明，王说即刻来此处与唐、张晤谈。见后说明原委，王说拟他先走，要我们将画与其寄去。我们认为这样不恰当，想法早办。

下午王毅、唐、张去市人委，唐老来电，将这部分画送市人委朱市长看，看后即谈到如何解决这一问题。据朱市长意见，这事是王的欺骗，政府不能吃亏，先不要让他走。有三个办法：第一，找回原真画；第二，要找其他画与此价相抵的；第三，选与存的画折半价，再退回一半价款。意见如此，并由王毅同志拟了电稿与部汇报，主要说明这次王南屏带来的东西，选了几件和折合价值，并同京存王画三件一同折合，和朱市长要扣王办理及魏省长要缓和地办的意见，均报知部内，请定夺复电。看来〔……〕，对这种既不能太随和也似不宜过强刚，但总之要刚柔相济，来达到完满的结果。既要顾到经济，更要顾到政治的影响。今晚唐、张去王南屏处闲谈，主要还是探探能否认识这事最要，使其再进一步地〔看〕如何能接近这一事的结果。

12 月 9 日　星期三

上午王南屏来此与唐老晤谈。下午二时许，魏省长来电话，约我同张珩一起去看荣宝斋由香港展览的近代画，拟近日在穗举行展售。首先看看选了一下精神的作品，总计是有二百件左右，为五个名家的作品，计吴昌硕、任颐、黄宾虹、徐悲鸿、齐璜，就中选出十几件比较精的。看毕回后，王南屏在此，即与共同闲谈，闻王说明日一定要走，画件暂存此处。

12 月 10 日　星期四

上午我去李孟东处，将前取来的仇英画《东坡像》轴、王原祁山水轴、王翚山水轴送还，并向其说明王原祁画我院可留下。复去艺术馆看了正在开始陈列的绘画，楼上据说是容庚先生个人藏的，内中要以文嘉山水花卉册为最精，计纸本墨笔十开，曾经吴之矩收藏，余者多属有问题。尚未全陈出，俟全部展出后前去看一看。

下午 4 时，唐老与张珩去王南屏处，藉知未能成行，也就明显地谈到具体上去：1. 是退款，可将北京的三件画和在此选出的五件画折价三万港币，以外再退还三万。2. 以文天祥书卷折价，作为抵赵画，我们在经济上，认头吃亏一些。而王的意见拟将京存与此次选的六件，作起价来再出港币一万，均未同意他的提法。

12 月 11 日　星期五

下午将王南屏送来的全部绘画送与朱光市长看过，王毅、唐老、张珩等均在此，也就谈了王南屏送来画事及这几日交涉的经过，〔……〕，拟将送来的这批不好的画应付一下，藉以了事。朱市长问明情形以后，认为不能放他回去，和他讲清道理，退款，或拿相当的画来抵，并即时通知有关部门不使王走去。

12 月 12 日　星期六

王南屏已知不能走去，即主动来找张珩、王毅等商谈，说明这事是此地方上办的。经过多次的谈话，而王看来如无相当结局，也是回不去的。最后谈判决定：一、由王先汇来此地两万元（港币），将北京存的三件画和这里这次选出的六件画相抵。二、就是将文天祥书卷办好送来相抵亦可，这样我们认头经济上吃亏。而王答应照这样进行，如办到第二，他要求将北京存的三件照他的价格予以留下，此事经过研究也就同意了。

12 月 20 日　〔星期日〕

于十六日王〔南屏〕返回香港去办，临行前约定过两日与他去电话联系，藉知办得如何。及时电话后，说明已将文天祥卷办妥了，价港〔币〕四万五（不足信），随即取到送来。于十九日他派他的妻房淑嫣持卷送来。看后确为文的真迹无疑，当即确定一切，随将前选的六件与仇英的画卷交王妻带回，即了却这段事矣。

12 月 22 日　星期二

王毅同志携文卷返京。在 21 日早与王毅谈及看过省博物馆的书画，内中有许多伪劣品，这样陈列予来往观众影响不太好，再即收进这种画也予国家造成损失，似应予以提知他们。王毅同志同意我的提法，即将先鉴定过的伪品和拟待研究的几件均列于单中，交王毅同志转致，并请王毅同志将这单给张珩看一看还有无什么问题。再即返京问题亦与王毅谈过，我是否可以走，我认为将要进行送来的三件宋元书画，张珩处长鉴定即可，我没有留此的必要。王毅说，你还是要留在此处，共同看看，前车之鉴，不是发生〔过〕这种事情吗（赵原画事）？说定至京后与院方谈后来电解决有关一切。是日至车站后，省博物馆蔡雨村主任亦在等着相送。当时蔡说请我们代他馆看看所有的藏画，予以分别真伪。回后向张珩、唐主任说明此事，即决定于 24 日去看。

12月23日　星期三

今日与杨萃同志联系，港方三件书画尚无消息，有信息后及时联系。

12月24日　星期四

今日上午同唐、张去省博物馆看书画，上午看了五六十件，其中还是有些好的，很可陈列，但是过去未有拿出。由此看来，自然对文物的认识鉴别上还是有问题的。

12月25日　星期五

上午仍去省博物馆继续鉴审书画，由其中又发现一些可陈列的，如陈白阳花卉四景大屏幅、龚半千山水、华嵒山水等。

12月26日　星期六

上午仍去看博物馆书画，至中午未看完，约在下午续看。回寓后接杨萃同志电话，说港方三件画已送到，下午可到朱市长家去看。于二时即同唐主任、张珩去朱市长处，看到了这三件久已盼望的东西，三件均属真精罕见之品。最后朱市长说，这几件东西暂留我处一下，拟请中央首长看一下。由此即转赴省博物馆看书画，唐老回寓。看至最后还有一部分未看完，约定明日星期〔日〕再来看。

今日接院吴院长与唐老电话，促我们一同回京。今晚张珩复往文物局拍一电报，促将旅费款速电汇来即可回京(三件已到亦说知)。

12月27日　星期日

上午仍去省博物馆看书画。少顷，魏省长亦来。看到一张弘仁画的山水很精，此地鉴别认为不真，故将此画置于次等部分内。蔡主任认为是很好的发现。以及看完其他各件。下午即等待款的到来，但无消息。晚间研究后即定下后日二十九日三张北返票，想及汇款明日约可到，即不到即向市人委杨萃同志联系暂借这些旅费，先行返京，俟款汇到再为转移。

12 月 28 日　星期一

上午，我将前借文管会的《书画汇考》书一部交还，蔡雨村讲在今日下午约我们去吃饭，当即辞谢。但他诚意很坚，并与张珩电话联系，即约定下午矣。10 时去银行问汇款事，据查还未汇到，与杨荦去电话，未叫通。

下午杨来电话，由张珩向其说明两件事：一、三件书画的取回问题，二、拟暂借旅费问题。杨答即代寻朱市长，后来电未找到朱市长。因之即决定张珩在此暂等，解决东西和旅栈费用问题，因汇款可能稍微迟到。

1960 年

1月1日—2日　星期五—星期六

例假休息两日。于二日下午三时赴曹述文处看了他拟出售的书画，约计 20 余件，就中选出六件，请其送院研究，再行决定留否。

1月3日　星期日

上午在收发室收购文物，宝古与西单特艺送约 20 件，曹述文亦将昨看的六件送来。

下午在小礼堂听李院长关于评比五九年的先进生产者〔的报告〕，详尽地介绍了五八年评比的过程和一些经验，今年评比要少而精，在推选时要以严格认真态度来进行，以期选出先进的标兵，藉以向先进看齐，推进、加速我们的社会主义建设事业。会后作了讨论，认清了评比的深刻意义。

1月4日　星期一

上午八时，杨主任作了有关评比的一切事项的讲话，在进行过程中，要本着国庆间工作的情况，适当地来联系过去。经全组学习了评比条件，即行考虑选出的对象。

下午即进行，分为三组来提名，初步提出杨臣彬、杨珍、王南访三同志，评比按条来分析，而最后结果以杨珍这方面较好，拟明日再行补充这方面的材料。

1月5日　星期二

先将部内的评比情况报部，继续讨论杨、王五好事迹，结果还是以杨珍在这五方面较好，杨臣彬自动提出有关这方面的缺点和不够〔的〕事实，争取在下期来当五好的尖兵。

下午听了吴院长关于院内 1959 年的工作总结报告，这报告分为三部分：一、一年来的工作成就；二、体会和经验；三、缺点。会后组织讨论了一下，晚复讨论刘津主任传达的陈副总理的国际形势报告。

1 月 6 日　星期三

上午同王以坤去文物局共同看了徐邦达由广带回的（购自香港）书画，宋人吕大防等札册、明人手札册、元顾定之《竹》轴，及此次张珩带回的司马光《通鉴》稿、吴浚《自书诗》卷、张逊《双钩竹》卷和王南屏的王翚《山水》册、孙克弘《花卉》卷、黄鼎《山水》卷，均属真迹，惟札中有几通伪仿的。

下午去征集组查询拨历史博物馆扇面，已找到提单，是〔19〕58 年 8 月 18 日提的，而库房还少那一联，可根据这个提单来找或补写。天津前拟交换的书画（艺术博物馆），他送来的几件书画未见单据，拟找寻，以便登登记簿。晚学习时事。

1 月 7 日　星期四

上午听吴院长关于故宫今年的工作任务报告，说明了今后陈列的任务，在原陈的基础上要提高和精，加强文字说明的通俗化，和讲解说明〔的〕提高，和有关人事的编制问题。会后讨论。

下午在小礼堂听了此次闯科学关的写作论文介绍，如杨臣彬写韩滉《文苑图》介绍等。读完以后，由朱家溍、唐兰、徐邦达、杨主任等提出了写文章要注意的几项问题，最后由李、吴两院长作了总结发言，祝此次成功，并勖勉大家都要来写，以期在不断的写作实践中登上高峰。一方面勉励青年们要好好向专家和老先生们学习，更要求专家求专家们要教好这一代，使他们的成就青出于蓝。

1 月 8 日　星期五

上午八时半，同沈阳故宫祖珂同志去宝古斋看他选出拟购的书画，徐邦达先生亦先来此。届中午即行看完，将其中有伪劣的五六件剔出，余者多属平常。字的价格尚公道，画价则增了许多，他们这次在外主收的价尤昂，如王翚《南巡图》卷，竟出价三千多元购之，大〔有〕为货真而不论价之势。这种买法，将造成文物增价的后果，已提与领导注意及之。

下午二时在小礼堂由院领导组织开〔会〕，〔……〕。

1月9日　星期六

上午开会讨论关于这次评比先进者的过程，体会认识到通过相互间批评的展开，优缺〔点〕并说，〔可〕进一步达到政治上的团结，和加速工作上的进展的成果。十时去部内开会讨论〔……〕。

下午，全组在院长室仍继续开〔……〕。

1月10日　星期日

上午在收发室收文物，听到宝古冯湛如讲，沈阳故宫进行赵药农藏的一批书札。关于这批手札故宫是须要留的，张珩早有此意，沈阳故宫收这种文物，似应与此间取得联系，而他们在住户收购的方法，只要东西是真的，价格上是不计较的，所以造成文物价格陡增的现象，当将此情形与天秀和杨主任谈过，即向张珩介绍了这种情况，张拟明日即找祖珂同志，向他了解进行的过程，并拟向他们说知赵某东西价格高昂的情形。

1月11日　星期一

上午在工艺组讨论编制工作计划，下午将张珩捐赠故宫的书札三通交征集组贾玉田手。二时，在收购小组审查过去所裱的宋元绘画，内中有些技术方面的添补错误，今后是应予纠正的。

1月12日　星期二

上午在组内讨论库房工作落实计划。下午开组后去将张灵《招仙图》卷仍陈于绘画馆，返回仍讨论库房的分工计划。晚学习《共产主义风格》的社论。

1 月 13 日　星期三

上午讨论工作，每人的落实计划。在收发室看沈阳故宫祖珂送来的明清八九件，只一沈宗敬和一不知名者是真，余皆伪仿。去库房找要照的广东画家画。

下午二时复审查裱件，共看了十二件，这次发现问题较少，画退库后复找广东的画。晚在部组内讨论对发 59 年跃进奖的思想看法问题。

1 月 14 日　星期四

上午在院长室〔……〕。

下午去收购组仍审查装裱的画件。在未审查之先，看见拟提出照相的去年十二月份收进〔的〕黎简画，贰开，是属于后添黎款的画，该画原有一章，可能即是这人所画。此也是不细心所致，当即说与李文善和天秀，此画只能作参考的资料了。据李文善讲，此画也不好退还，只因前者《百花图》卷的事与宝古讲了看过通知等手续。这事虽小，我认为应该提起收购人的注意，应认识这不但属于经济上的小损失，更大的是，似这种画故宫鉴定人还看不出，给人以政治上的不好影响。下午计审查了□件，未发现新的装裱时的毛病。今并将天津艺术博物馆借我院的五件书画，补一单据，交李经义同志。

1 月 15 日　星期五

上下午在组内讨论自报公议跃进奖的分级问题。会上冯华、徐邦达、谭晚成未评上，以杨珍一级一名、杨臣彬等二级九人。〔……〕。

中午沈阳故宫祖珂同志送来一装箱单，委俟箱装好后，代他来交款起运。此事已与财务科童同志联系好，届时即行通知再为进行。

1 月 16 日　星期六

上午拍照广东画家林良的卷轴，吴荣光、张穆等轴，冯敏昌等扇面，共计十件，计一卷四轴五扇面，照洗以后拟提供广州美术馆选陈出版任务〔用〕。下午组内学习关于李富春的□□□报告及提问题讨论。

1月17日　星期日

上午收购文物，下午去各陈列馆看了一下。

1月18日　星期一

上午由库房提出袁江、袁耀四景山水楼阁屏轴十一件，招待上海美影厂动画组拍照。据该厂方澎同志讲，到上海后即洗出，再将照相底片寄来。下午复进行审查裱件，计看了十四件。

1月19日　星期二

上午在收购组定〔19〕59年12月收的书画定名，计定了35件。下午在部内讨论〔……〕。晚读报，关于岸信介去美国签订日美安全同盟条约，这事是要提起警惕的。

1月20日　星期三

上下午在收购组书画定名，计88件。下午原仍拟审查裱件，后以张珩在局内开会未来，即拟改在明日再进行。

1月21日　星期四

上午书画定名，计定5□件。下午书画评价。回组后，同王以坤整理〔19〕60年要装裱的书画单据。上午开组后原拟代《民族画报》拍照仇英《职贡图》卷、华喦《天山积雪》轴，后以停电关系改在明日进行，两画由绘画馆取回后置于组内。

1月22日　星期五

上午将仇画卷、华喦轴协助《民族画报》拍照完毕，仇卷拍了四版，即日上午送绘画馆悬陈。

1月24日　星期日

上午收购，由王以坤同志来看，我将拟送院的书画的名称、件数总计开列了一个单。

1 月 25 日　星期一

上午，将书画装箱包包送来故宫征集收购小组，将单交与天秀同志，在组内整理修裱的单据总计□□。下午去收购组仍审查装裱的绘画。

1 月 26 日　星期二

上午去绘画馆提回倪瓒书诗轴卷、傅山山水册、文嘉山水卷，准备交还天津艺术博物馆，交刘国展同志带走。下午去延库登记60 年度要裱的画件，予以较详地记录了下来。

1 月 27 日　星期三

上午去文物出版社制版车间取回任仁发画卷两件，宋人芍药纨扇一页，即行送库。据该制版鹿同志讲，拟过春节后希望即送该处，好进行工作。

1 月 28 日—31 日　（星期四—星期日）

庆祝春节休假四日。

2 月 1 日　星期一

上午由延库提出任仁发《二马图》卷和《张果见明皇图》卷计贰件，送往文物出版社装柜封好，并由该社出具借用的收据。回后即赴延库写要装裱的三联单。

下午去绘画馆东庑将仇英《职贡图》卷的朝鲜、安南部分予以卷起，而展出女王国、昆仑图等部分，并至皇极殿看了借辽博的《万岁通天帖》折伤部分，与原接册所注伤况还无大差异，但部分小折痕还是有的。总之，不宜久陈，还是提前璧回为适宜。回后复去延库写装裱件单。

2 月 3 日—3 月 5 日　（星期三—星期五）

在这一个月中，下放于新华印刷厂劳动锻炼。

3 月 5 日　星期六

上午十时余，由新华印刷厂返回故宫，因下午 2 时在小礼堂有报告，故未回家。二时的报告会先由栾科长传达了北京市群英大会的召开及中间的一切过程，说明了出席这次会议的英雄们在不同的各个岗位的战线上，都创造出了很多的奇迹，显示出了共产主义的高尚风格，在见困难就上、见便利就让、见先进就学、见后进就帮的事迹上，就具体表现了这一行动，这是值得要很好学习的榜样。

3月6日　星期日

上午来故宫收发室看书画。下午天秀同志来此，即将在印刷厂劳动过程中一些要注意的事项予以说知。天秀并谈了组内的工作，关于辽宁省博物馆的藏画，借期已过很久，要与杨主任请示一下，可以予以退还。在还交以前，要将这批书画予以照相。

3月7日　星期一

上午提出文物出版社要照的五开花卉册页，即置于组内小库，拟与该社联系好送上。中午见杨主任，说明借辽博书画事（送还），杨主任说与吴院长谈一下。关于将该书画照相的事,杨主任很同意。上午同徐邦达、王以坤看肖像画，唐主任来得稍晚。据事后杨主任说，要审查的画，院外如无人来，院内唐、顾主任等也要参加，这样方合乎审查制度。故此，拟将已看过的画卷改在明日复审一次。

下午去征集组书画评价。评完后复将上期收购的书画予以定了一部〔分〕名。晚听杨主任传达群英会上的事迹和结合博物馆情况作了介绍。

3月8日　〔星期二〕

上午先将由库提出的五开画册送往文物出版社，在该社遇张珩同志，他希望我们把晚清的花鸟画选汇一下，以便选择出版。回后参加肖像画展审工作，今日顾、唐、杨、徐、王来参加审查，吴院长随后也来此看过。

3月9日　星期三

上午仍看肖像画，下午在收购组书画定名。

3 月 10 日　星期四

上午仍看肖像画，下午仍定书画名称。

据说存札已于年前捐于东北（去赵药农处探询书画事）沈阳故宫，由杨仁恺经手办的。

3 月 11 日　星期五

上午开会讨论今年各项工作的落实问题，明确分了一下工。下午 4 时前在库房整理绘画，照过相的。四时，去市文化局听了该处领导的指示，明日去工艺特种公司仓库看书画文物等，有史树青、孙瀛洲、杨忠礼，定明日前去。

3 月 12 日　星期六

上午八时至西湖营特艺仓库，和史、孙、杨等看了该处的书画、砚台及绣画等，最后确定在明日上午仍去看他们的书画部分，与史树青一组。今日在看的过程中，选出了五件可要的东西，请其送来我院（王翚册、贾铉册等）。

3 月 13 日　星期日

上午八时仍在特艺仓库同史树青看书画，内中选出了明人画《天神像》轴（贯休）、朱耷《竹石》轴等。

3 月 14 日　星期一

上午仍赴特艺看书画，今日看的书画约四百件，其中旧的画虽残而较好的，与史树青研究了一下，仍留下以备各馆的今后需要。

下午去历代馆、绘画馆，撤回了前借荣宝斋的齐白石册，换上了院藏的齐画册，每馆陈列了四开。晚原拟由我来讲印章问题，后因组内开会（工作情况会），研究每个人的进展速度等等，〔改期〕。

3 月 15 日　星期二

上午去特艺仓库看书画，今日屏画最多。下午首先将要退还荣宝斋的齐白石画册由保管部开了放行〔单〕，陆燕贞同志与冯仲莲联系，请其携回。与人大交换的钱维城山水轴，将名称及留平号写出，交与丁组长转李经义。后至文物出版社将照的唐光〔茪〕《荷花》轴取下，交与编辑第一室，请其保存起来。回后即去库房编近期收购的书画，计编了十张，内容简述感到有些太简，曾经与冯华同志研究过，他说为了快也就只得如此了，我认为要快也须顾得明了，这样才好。

3月16日　星期三

上午去西湖营仍看书画。下午去皇极殿撤了中间和左右两行的法书，计26件，换上了唐、五代、宋的绘画卷18件，换完以后，将荣宝斋的齐白石画册送修整组交朱景扬同志带去，复协助照相。

晚去革命博物馆听王冶秋局长报告的全国文物、博物馆工作者会议，重点介绍了历史、革命两馆建馆以来的成就和缺点，作了扼要的报告，并予今后文物博物馆工作指出了一道红线的方向。

3月17日　星期四

上午去西湖营看画，下午组内学习文艺的精神（毛泽东延安文艺），结合听了王冶秋局长的报告，来论讨我院的陈列方针等。

3月18日　星期五

上午仍去看画。下午进组后，先和王南访对了一下照相的片子，然后编绘画十三张。晚拟由我来讲印章（因徐去听报告），后因组内多数同志加班突击工作，要求晚一点，故改换日期来进行。

3月19日　星期六

上午仍去看画，下午编目，画卷9件。4时回组后，总结了这一周的工作计划进行情况，一致认为冯华编目有些太简略，以致不能看出问题，而冯在思想上认为既要快就须简略，这是不符合多快好省的精神〔的〕，他允今后在卷册方面注得稍详一些。

3月20日　星期日

上下午在革命博物馆听了齐燕铭、王冶秋、尹达三个报告。齐燕铭副部长、王冶秋关于规划、计划的报告，尹达关于考古学的报告，这〔是〕给博物馆今后的各项工作指出了方针路线的报告，在这次的报告里给了我很大的启发。

3 月 21 日　星期一

上午仍去看画。下午去库房定要裱的绘画情况表，计定了十三张。晚上本定为学习，后因文华殿壁画要钉板条，就去搞这项工作去了。今日上午历史博物馆史树青同志交代他送文物出版社的自稿一份，于晚饭时即交与王去非同志手。

3 月 22 日　星期二

上午仍去看货（书画），下午书画评价，及去库房整理了书画。

3 月 23 日　星期三

上午仍去看画，下午与杨珍同志去照相，计照了 60 件。晚讨论绘画馆方面的红线问题。

3 月 24 日　星期四

上午仍去看画。下午同王以坤同志在库房造绘画修复单，计造了十五件。晚上审查要裱的绘画。

3 月 25 日　星期五

上午与王以坤在东楼造法书要修裱的〔单〕，计 11 件。下午去历史博物馆听文物博物馆的总结报告。

3 月 26 日　星期六

上午仍去特艺公司出口仓库，将书画部分到此完全看完，这次的工作是由 3 月 12 日开始，至今共十四天的工夫，总计看了近万件绘画，选出不能出口的约计 1100 多件，内中我院可收的还是少数，而历史博物馆收的是多数，因为有许多历史人物故事画及历史人物像。再一部分即属于旧画伪款，画的还好，及宗教迷信画和真伪的齐白石、徐悲〔鸿〕及较好的于非庵〔闇〕画，均未予以出口，以致留下来的较多。

3 月 27 日　星期日

上午在收发室收文物。下午去寿康宫〔做〕清洁工作及挂玻璃框等等。

3月28日　星期一

上午去历代馆，同王文昶同志提出《国诠善见律》卷、《张好好诗》卷、鲜于枢诗册、赵孟頫《洛神赋》册，计四件，照完了相以后，于下午即将该四件仍陈列原处。即回延库编了16件绘画，中间曾两次去神武门看住户送来的书画。

晚间开装裱书画审查会议，由吴院长最后作了关于这次的书画装裱总结，作了扼要的说明，总结成绩，检查缺点，改进今后的工作。

3月29日　星期二

上午在组内审查要裱的绘画，计决定要裱的60件绫裱和暂不裱的14件。下午将审查过的绘画送进库内，即把60件放于楼上南二柜，余即放于原位。4时回组内开有关业务学习的会，吴、刘两同志意愿将讲课提前一下，组内和大讲结合起来，同时提出了要裱的书画造单有些迟，要改进这些工作，主要在装裱单上，可多印出些现状，以便少填字进去。〔这〕是有必要的。晚学习毛泽东《改造我们的学习》。

3月30日　星期三

上午七时半首先讨论了关于如何巧干的问题。9时半又开了昨日关于外来博物馆及海关吴、刘两同志的学习问题。在谈话中了解到这两位急于迫切学习的情况。下午在院长室复开了一个学习会，对这次来学习的同志谈了端正学习认识的问题，原则是在工作中来学习，但尽可能照顾到一些时间，根据学习要求和进度，在一年中间只能学习到一般的鉴定真伪的认识。

晚在部内听天秀同志讲了关于三月十八日发生的一件巨大的骗案，这是一个具有严重的政治性的、是有意搞党和人民的破坏活动，要我们注意，〔引〕起这个警惕。同时并发表了院方提升一部分工作人员〔的决定〕，主要是根据德才方面来提出的，这是极正确的。

3 月 31 日　星期四

上午去照相，计照了十五张轴、五本册（55 开），合计 70 件。中午换饭票，当时复交李致本同志粮票十斤，说明是还前出外借的，另外还欠十斤，拟在下月份交还，交时杨主任也在换饭票。下午继续照相，计照了三十四种，内有屏一种（计 4 条），按四件计算总 37 件，连同上午照的总计 107 件。

4 月 1 日　星期五

上午在收购组书画定名 58 件。下午同杨臣彬去皇极殿、宁寿宫撤回展出的法书，于 5 时半退回延库。饭后在会议室开部内各组的向“五一”献礼的巧干跃进计划措施〔会〕。在会上，陶瓷组介绍了组内领导同志支援其他工作以后，组内四个青年同志发扬革命敢想敢干的精神，共同研究了各项工作的进行，竟完成了很大的任务，这是值得学习的。

4 月 2 日　星期六

上午去美协把肖像画展览的“前言”说明照抄了一份取回来，以备在院中肖像展出前作说明的参考。回后即赴库房集中肖像画，与许忠陵同志进行。11 时退库，至部内讨论明清折扇展览的说明。下午仍学习毛主席的关于《改造我们的学习》文件。

4 月 3 日　星期日

上午与杨珍同志去延西库搞西库楼上下清洁。9 时余，去收发室看文物，10 时仍返库，搞好库房清洁工作。下午开组内月、周的总结〔会〕，加强了下月的工作计划，并成立了老年黄忠突击队，〔以〕很好地完成“五一”向党献礼工作的指标，增加同志们的工作信心。

4 月 4 日　星期一

上下午去文化局开了一次〔会〕，关于在三月份特艺出口公司鉴定出口限度的问题。会上总结了工作中的经验和两方〔从〕不同的角度来留的文物数量问题，得到统一的解决，予下次再看时打好了基础。

晚上在小礼堂听了录音，郑□□同志的学习毛泽东著作、联系自己提高觉悟、改造思想的具体现身说法，给予我莫大的启发，今后一定要遵循着他的方法来结合自己、检查自己的学习，以达到学以致用。

4月5日　星期二

上午先到修整组送了要修裱的宋元法书珂罗版，装裱形式与张耀选说明，随后即去绘画馆作了鉴定工作。根据吴院长指示，绘画方面要分为基本藏品、一般藏品和辅助品三种。

下午去宁寿宫陈列肖像画，四时回组内讨论肖像画说明。晚学习《实践论》。

在下午由库房清点要送往宁寿宫的肖像画，〔……〕。

4月6日　星期三

4月7日　星期四

上午提前去皇极殿布置要陈列的扇面，后因在小礼堂开会，即回。吴院长报告院内各科组的干部提升以及今后要加强学习、科学研究等等。后党委发出要大搞卫生运动〔的号召〕，发动大家要认识卫生是改造世界与社会面貌的问题。会后复去皇极殿，将扇面该调整的及装框的均予以安排好。11时回部内听了唐、杨二主任的讲话，复说了一遍干部提升问题，二即要改组的一些问题。据说这是最后的陈列部要分家的问题，今后即要分为三个部：一、美术史部，二、美术工艺部，三、宫廷历史部。人位上也调动了一下，要大家今后加强团结来搞好工作。

下午，送往修理组珂罗版要装裱成卷册的，交与张耀选，随后去皇极殿挂扇面框。4时去征集组书画评价。晚学习《实践论》，讨论。

4 月 8 日　星期五

上午去绘画馆东北庑撤陈绘画，轴 48 件（拟留陈 12 件），卷 12 件，册 17 开。下午撤南东庑，计轴 43 件，卷 3 件，册 25 开，扇面 6 个。晚读“卫生传达”。上下午总撤陈 148 件。

4 月 9 日　星期六

上午去皇极殿西庑南屋，把陈列的绘画撤完，计□□件。

10 时余，回组内开这一周的工作进度及种种情状〔会〕。总的看来，这一周是比较乱的，在工作上是紧张，但未做到井井有条，事情来了就抓，〔……〕。所有这一切，都说明在思想上是不够沉着的，所以说在处理事务的百忙中，要周密地想到周围的一切环境，不要因忙而造成乱，而要做到忙而不乱。加强计划，考虑一个事物的全面，是很有必要的。这样就能使工作顺利进展，否则遗此失彼，即能造成时间上的浪费，所谓巧干，如能将事事安排得好，其中就有巧干的很大成分〔了〕。

下午学习《实践论》。3 时去西单特艺选了些书画，计 14 件，其余多系小名家，真而不精的，故未选入。

4 月 10 日　星期日

上午在部内搞卫生工作，下午回家。

4 月 11 日　星期一

上午去绘画馆撤画，许忠陵趋告部内开会，即行回部。由杨、唐两主任主持开会，〔……〕。因之由部领导以下都进行了自我检查。杨主任决心要抓这一思想工作，认为为什么绘画组巧干却想不出来〔办法〕，而感觉任务有压力，精神有负担，而各自为政，不能大协作，这要彻底检查。最后总结了四项，即 1. 领导问题，2. 工作问题，3. 生活问题，4.……所有这些都属关键，搞彻底以后，确是能换一个新气象。

下午去绘画馆撤西庑北屋的画，总数计 123 件，分计为册页 66

件（只黄宾虹是一本，余系单页），卷 4 件，轴 53 件。复去征集组取来借南博绘画四件，备明日陈列用。晚开学习周总理报告和时事测验〔会〕。

4 月 12 日　星期二

上午陈列绘画馆东北屋的绘画完毕，下午去库房集中要陈列的明清绘画。晚学习《矛盾论》及〔关于〕技术革命〔革〕新运动，向“五一”献礼〔事〕。同志们都说出了革新工具等项目，并定明中午由杨志敏同志把情况汇报一下。据悉，该组拟在“五一”前革新项目 18 件。

4 月 13 日　星期三

上午去绘画馆陈列东庑南屋，已陈列完。下午把西庑南屋陈完，北屋完成三分之一。中午与杨志敏、步连生开了一个会，关于革新问题（技术），要照提出的项目向同志们及时地提出，抓紧这一具体工作。晚讨论《矛盾论》，结合组内情况，例举了一些，这样通过研究，是能解决一些存在的矛盾〔的〕。

4 月 14 日　星期四

上午去绘画馆把西庑的绘画陈列完毕，下午作了补充工作。晚上与同志们开了个技术革新的会，研究了如何改进的问题。

4 月 15 日　星期五

上午在收购组书画定名。下午组内开会，〔……〕。通过这一事来研究组内的各项问题，检查出了一系列的问题，在这次的大跃进，有的同志在思想上还是存在着严重的保守落后思想，所以在各项工作中，不能迎头赶上去来应付当前的发展形势。再集体观念不够强，表现在各人只抱住自己那一摊，不多过问和关心其他的同志，以致发生了这种不是共产主义的协作精神〔的事〕，今后要做到既关心党所交给的任务，很好完成外，更要来多关心人，这样能促使人与人的关系更加融洽了和协作了。

4 月 16 日　星期六

上午院领导吴院长，唐、杨两主任同去绘画馆，审查了这次陈列的绘画，提出了六张艺术不高的作品，拟再重行选出补陈。唐主任同时提出，要把这次陈列和上次陈列都记载下来，作为两套，通过照相订本，予今后在陈列上有了充分的条件，但这些作品中如今后收到比先选的绘画还好，即可将这画予以加上，而撤换下前选之件，这样就能在陈列上逐步达到更精简和提高。

下午上班前先去收购组把部分手札定了名，回组后即讨论《矛盾论》，结合工作来检查组内的一切矛盾。经过同志们的发言，暴露出来库房的忙乱，不是因人不固定的问题，而是没有一套科学保管的制度，以致形成了乱，〔只〕要每个同志从思想上重视，认真贯彻总路线的精神，肯定是能搞好的。

4 月 17 日　星期日

上午及下午写文物登记账，下午去看了九同，并至家中看望了一下，惠弟亦来此。

4 月 18 日　星期一

上下午仍写账。

4 月 19 日—20 日　星期二—星期三

这两日仍在写账，到 20〔日〕晚结束后已达到提出的写账的目标，并超额了些。

4 月 21 日　星期四

上午十时前去收购组书画评价，然后去库房编目，齐白石画等。下午学习，关于列宁主义万岁的讨论，晚上复习。

4 月 22 日　星期五

上午去库房，同吴桐祺同志编目，计编齐白石画轴 70 件。下午听纪念列宁〔诞辰〕90 周年的报告会，随后即打扫清洁。晚徐先生讲课，王以坤讲裱工装潢。

4月23日　星期六

上午先去出版社将张穆画取下，然后去库房找法书，计找出17件（是为南博准备的）。复去照相室照《盘车图》轴及王绎画《杨竹西小像》卷及赵子昂《水村图》卷。在中午十二时，两卷未照，于一时即照完。复去历代馆，将《明宣宗行乐图》卷取送宁寿宫陈列，又把少数民族像册5开送历代馆陈列。回后复东库找法书，后因童同志来电话说王绎卷前段照错，要求补照，因此复行补照了前段，即行将卷送小库房存放。

4月24日　星期日

上午搞卫生，原拟在下午进库房编目，后来决定让同志们整理一下"五一"论文，故暂停下来。下午至家中及去看同弟。

4月25日　星期一

上午进库房编画扇面，下午去东楼选出南博要借的书法，总计四十多件，准备由院方审查后来决定。晚学习《沿着列宁的道路前进》。

4月26日　星期二

上午去历代馆陈列唐—明绘画，是为了迎接"五一"劳动节。下午进库检查了门锁，封锁好，于四时把借与南博的法书一部分移至静憩斋，准备明日来审查。复至部内，杨主任作了关于今后库房的改进工作〔报告〕，应如何先着手，认为先做出一个库房的图表索引来，以便同志们很快地掌握。

4月27日　星期三

上午先把移静憩斋处拟借与南博的绘画仍送归库房（南博暂不前来了），随后即行编目。下午学习关于处理人民内部矛盾问题。晚在部内听了支部批准郑珉中为候补党员的决议。

4月28日　星期四

上午在库房编目和书画移于柜内等工作。下午听看电视，关于支援朝鲜的正义斗争。

4 月 29 日　星期五

上午去历代馆陈上《洛神赋图》卷及调动《踏歌图》的位置，复去收购组书画评价。下午将鲍廷博、郑板桥两字轴送院办公室，并请其写提单，〔交〕总保管科，及订库房计划、打扫清洁。

4 月 30 日　星期六

上午听……

5 月 1 日　星期日

上午在家用饭，随即来院去养性殿东庑值班，下午仍回家。

5 月 2 日　星期一

上午来院去乾清宫西庑看“三八”画展和东北三省的画展及日本法书展览。晚去吉祥看《生死牌》，李和曾主演。

5 月 3 日　星期二

上午照辽博绘画五件，下午由文物出版社取回孙隆、沈周杏花画轴 2 件，华嵒、谢荪、□□册 3 开，并看了辽博杨仁恺送出版社要照制版的晋人《洛神赋》卷、唐怀素草书卷、宋朱熹札书卷，前附宋人画朱熹等二人像，陆游诗卷、唐欧阳询书卷，复照绘画 2 件。

5 月 4 日　星期三

上下午及晚学习“列宁主义万岁”文件。

5 月 5 日　星期四

上午抄写图表人名卡片，下午照辽博法书等 4 件、杨凝式草书卷 1 件。晚分组讨论“列宁主义万岁”。

5 月 6 日　星期五

上午部开会，关于今后在陈列方面要走向定型化，余出时间来，中心任务搞库房的科学保管整理和科学研究，并且还要完成原来定的工作数量的计划。下午去出版社协助辽博照董源《夏口待渡图》卷，计照 6 版，拟明日上午仍继续照。

5 月 7 日　星期六

上午去出版社照赵雍等《竹西草堂图》卷，计 2 版。十时回组讨论工作计划。下午听李院长讲关于学习列宁万岁三个文件的解答阐述，详尽介绍了文件中的主要精神，予今后在学习上有了很大的启发。

5 月 8 日　星期日

上午赴十三陵春游，看了该处两年来的建设改观、水力发电、陈列馆里的图片，说明了在修建过程中工农兵学商发挥了集体的力量，提前完成了这一巨大任务。

5 月 9 日　星期一

上午讨论卫生工作及检查过去个人的卫生情况，注意得如何。下午去天安门开支援日本人民反对日美同盟军事条约〔大会〕，大会由郭沫若、廖承志等相继发言，谴责日本岸信介和美帝国主义的侵略，〔与之〕斗争。

5 月 10 日　星期二

上下午去文物出版社代辽博照相，上午计照沈周《盆菊图》卷、文徵明《浒溪草堂图》卷，下午照顾恺之《洛神赋图》卷、赵佶《瑞鹤图》、马麟《荷香清夏图》卷，全日共照了计五件。文徵明卷第二段照时误装竖版，须要重补照 1 版，赵雍《竹西草堂》卷要补照前端“竹西”二字的篆书。

5 月 11 日　星期三

上午协助辽博照周昉《簪花仕女》卷、赵佶《虢国夫人游春图》卷、赵子昂《罗汉》卷、李成《寒鸦图》卷，计四件。李卷未照好，明日要复照。下午及晚上学习列宁主义的文件。

5 月 12 日　星期四

上午仍协助辽博照王绂《湖山书屋图》卷及补照赵雍“竹西”二字卷，李成《寒鸦》卷、文徵明《浒溪草堂》卷。下午及晚学习

“列宁主义万岁”。

5 月 13 日 星期五

上午院照辽博缂绣三件、顾《洛神赋图》卷 1 件。下午代辽博补照赵子昂《罗汉》卷 1 件，院照辽博赵佶《摹虢国夫人游春图》卷、李成《寒鸦图》卷、赵雍《竹西图》卷、赵子昂《罗汉》卷，计四件。上午并送出版社李方膺、高南阜、齐璜、□□□等册页四开。

5 月 14 日 星期六

上午将〔19〕59 年借辽博珍贵书画等 19 件，在组内小库房，由我院唐兰主任、徐邦达及辽博杨仁恺、赵洪山会同双方详细地点交清楚，同时在三份借单上由我与赵洪山签署交接及盖章。我院方的两份，即分别仍送总保管科及院办公室存档，院内一份由许忠陵交去。在点查当中未发生什么新的问题，只是赵佶《手敕》卷迎首背后有淡墨污痕两小块，王绂《湖山书屋》卷尾跋有一处折痕，经共同审定，认为都是过去痕迹，即在单上注出了，即行结束了这一借还手续。下午学习三大文件。

5 月 15 日 星期日

上午去英华殿搞清洁，下午写图表索引。

5 月 17 日 星期二

上午学习文件，下午去总保管科书画定名，晚听徐邦达讲绘画的特点。

5 月 18 日 星期三

上午仍学习，下午点收中共〔中央〕办公厅送还的书画 20 件，即时送库，同时取去郑燮字条一张（陈手）。

5 月 19 日 星期四

上午去文化局同赵科长去寺庙组看书画，计去广化寺、□□□寺庙组三处看了有三十几件书画，内中以广化寺存的达受和尚以唐贞观五色线团〔?〕绣出的“佛”字及“唐贞观线绣”五字……

5 月 20 日　星期五

上午部内开关于技术革新的会及有关掀起运动的高潮〔事〕。十时用饭，十时半集合，去天安门〔参加〕反对美国对苏挑衅事件的大会，三百多万人一致愤慨〔声讨〕美帝罪行。晚讨论。

5 月 21 日　星期六

上午去出版社换了两件绘画。8 时书画评价，10 时组内开周末评比结合技术革命〔会〕。下午同艾志高编目扇面，计 132 件。

5 月 22 日　星期日

上午在英华殿搞清洁卫生。

5 月 23 日　星期一

上午组内开会讨论 60—61 年的工作计划，吴院长、唐主任等参加。关于审查分级的问题及先看明以前绘画及元以前的法书。

十时余，张珩来此看高房山《春云晓霭图》轴，在开组前我和王以坤同志先去收购组看了一下，认为该画是旧作，只是画面增敷了一层颜色，收藏章是对的，而高彦敬章印色不对头（红了些），这画是值得研究的。及徐看以后，却认为画不够太旧，而收藏章也起了怀疑，最后拟张珩同志来看看。及张看后，即决定认为是元代画，看到署款，发现“房山”二字，与前两行题字大了一些，由此即出现了问题，原来即在这“房山”两个字上出了毛病，也就是原来不知是什么道人，而改为（挖补）高房山的名款了。在过去，卞永誉、《大观录》、高士奇等均被瞒骗了。据笔记上记载，这画曾被江苏画家翟大坤仿过两张，一张售于毕秋帆，后没收归故宫；一张售之。据说真本当时不知下落。此就是所谓的真本那一张，却因高受骗，而艺林流传却还以为不错，幻想这一名画的出现。今看后据张珩说，高画山水已绝望矣。由这幅山水给予提供了若干鉴别上的知识，要看这种画也如学习马列主义一样，一定要执行科学的分析，才能分辨出诸所〔存在的〕问题来。

下午送去出版社八件宋明清的花鸟画照相，均予封好，俟照时再为前去悬挂。5 时去库房编目（扇面）。

5 月 24 日　星期二

上午去宝古斋看出口的书画，内中有部分清朝中晚期的对联，均未准其出口，新现代的画出口还无问题，还有后门造的西法手卷也就准其出去了，并由杨忠礼同志把印章交与盖上。下午去库房扇面编目，晚听徐先生讲元代山水画特点。

5 月 25 日　星期三

上午学习讨论测验答题的争论，把不同的看法，予以找出论证来。下午代新闻出版社拍照明清绘画九件，内轴 8 件册 1 页，并研究了今后拍照日程及事先的联系，把照完的这部分即行送库。晚仍讨论学习测验题的分析。

5 月 26 日　星期四

上午仍讨论测验题所提出的问题。下午进库扇面编目，计编了 122 个。

5 月 27 日　星期五

上午先去出版社把郎世宁画取下移挂于制版室，复把陈白阳墨葵挂上照相。回后与文化局去电话，据说杨忠礼约在今日下午赴该局联系工作。进库房扇面编目 151 件，与吴、刘合编。

下午赴文化局晤赵学勤科长及杨忠礼，得知主要是搞〔北〕京市寺庙的文物内的书画，有哪些可保留要看的予以圈出，以便于寻出审查可否留藏。当即逐清册予以注出要看的东西，计 18 个寺院，并把其中的主要名家记录下来。回后唐主任、徐先生看了记录的单以后认为，内中明商喜的壁画四份很重要，拟去看一下，拟与局联系提早进行。

5 月 28 日　星期六

上午去出版社换照件，并知辽博来出版社拍照唐宋法书 8 种，约定下星期一、二在该社点交时借机一同看看，徐先生也有此要求。

回后即开月、周初步评比及库房60、61年度计划〔会〕。下午去照相室照画册六本（计66开），完毕后即去静憩斋西院搞清洁，准备审查书画用。

5月29日　星期日

上午收购书画，下午返家用饭，中午去看了一下永乐宫壁画复制展览，壁画人物形象与衣褶勾勒顿挫有唐宋遗风。

5月30日　星期一

上午先去出版社撤换照画，后去收购组书画评价，去库房选出要审查的绘画。下午要与《民族画报》照铜版关于《伊犁战图》部分内的《采玉图》和《联欢图》，遍找“采玉”这一图版未见有此情〔景样〕式的，与朱家溍联系，因事未接上头，先行照了“联欢”一页，拟问明找出后再与该社通话前来拍照。在院务会上听了吴院长关于收购方面的方向指示：今后要好的（艺术价值高），价钱可高一些，以期招来；一般品价要小一些，字的方面还是要适当地收，如宝古还要去看一下。复去照相室取回许忠陵同志照完的四本画册、一开铜版印《联欢图》，即送归库房。

5月31日　星期二

上午学习报纸，关于赫鲁晓夫的青年先进生产者报告。中午1时去出版社看辽博法书8件，唐宋元法书。下午审查绘画（明代），计99件，定珍藏品、基本藏品、一般、非文物，这样来划分的，并规定每星期二、五为审查日。晚在组内讲了关于纸绢的鉴别。

6月1日　星期三

上午去文化宫吊唁林伯渠同志。下午一时半返回，2时进库组将要照的书画找出一部分，并找出明日要挂的准备审查的绘画。晚间学习赫鲁晓夫的报告文件（先进工作者）。

6月2日　星期四

上午，提明宣宗《鼠》卷送出版社，取回王冕《梅》卷，拟与中国新闻社拍照，当送往库房，并开始找要审查的绘画，总计 111 件。下午，把院照相过的画轴 32 件和国务院追回的 10 册画粘写“新”字和柜位号，予以排架。

晚，天秀同志把中国新闻社要照的经唐主任批过的单子〔拿来〕，那些要照的、画红三角记号的虽是彩色，也不拟再重照，给予黑白片供给他社，这是为保护原物的目的。

6 月 3 日　星期五

上午审查绘画，在静憩斋。中午去出版社收回明人《芙蓉鸳鸯》轴 1 件，陈洪绶、戚勋、恽寿平、黄慎花卉各一开，暂放小库房。下午继续审查，总计 113 件。其中文嘉山水张凤翼题轴是明人伪仿，居节山水卷似后添款，疑系长卷截为两段，陈白阳画书合卷亦伪，均待今后研究。4 时半，吴院长报告，关于今年〔工作〕以整理库房定级为中心，要库房保管科学、取用方便等等。

6 月 4 日　星期六

上午审查绘画退库，予以排架及周评。下午学习“列宁万岁”文件。

6 月 5 日　星期日

上午收购书画。

6 月 6 日　星期一

上下午去广安门外特艺公司仓库看出口绘画，约计 300 件，选出不能出口的约 50 余件。

6 月 7 日　星期二

上午学习讨论今后战争能不能避免问题。下午审查明人绘画 113 件，提出怀疑的：文徵明补俞贞木书□诗图卷和张宁山水册。

6 月 8 日　星期三

上下午在库房排运回审查过的绘画。

6月9日　星期四

上午学习。下午中国新闻社照宋元明清绘画15件，同时向他们提出在拍照每一件画时要多拍一版留我院，他们已照办了。并规定在每星期四为拍照日，遇有何事先行通知，照完后即将原件送小库房。

6月10日　星期五

上下午审查绘画，上午顾铁符、徐邦达、王以坤参加，唐主任全日未参加，吴院长下午看了一下。

6月11日　星期六

上下午开会讨论学习"列宁主义万岁"学习总结，最后认为战争是不可避免的，主要美帝国主义的存在。唐主任以前的引证私认为战争的制止和避免无大区别，经过分析批判后承认了不对，这样很好，使得大家的认识趋于一致。

6月12日　星期日

上午来院收购文物。下午去畜产公司问驼绒，现在没有货，拟复惠弟知之。

6月13日　星期一

上午去出版社送去王冕《墨梅》卷陈柜内，复换张穆画重照。进库及静憩斋抬移绘画两次，即予排架。下午工间操前书画评价，后进库找前照的法书，准备新闻社来照。

6月14日　星期二

上午学习"文艺"，有关毛主席等〔的〕文艺方针，及马列论文艺。下午审查绘画。

6月15日　星期三

上午学习有关的文艺反面材料，从中来认识作者的资产阶级本质，藉以加强辨别香花和毒草的认识。下午去绘画馆撤回要与中国新闻社照的绘画七件，计6存库房、1存小库。晚仍学习。

6 月 16 日　星期四

上午去库房找要审查的绘画，下午开要去劳动拔麦的应准备工作〔会〕。

6 月 17—22 日　〔星期五—星期三〕

去南苑收割麦子六天。

6 月 23 日　星期四

上午休息，下午学习有关当前文艺政治艺术的标准问题。

6 月 24 日　星期五

上午仍学习，下午审查明人绘画，晚仍讨论有关绘画馆的陈列上有无在画面上突出的阶级和政治性〔问题〕。

6 月 25 日　星期六

上午学习，并要准备一些有关这方面的材料，作系统的讨论。下午工间操前开周、月评会。〔……〕。组内并拟定今后在周、月评时按个人的工作成绩或事故予以记上红与黑的标识，提高大家对评比意义〔的认识〕，来提高工作效率。下午由库房提出徐霖、陈遵两画送出版社，同时取回任颐、虚谷等画四幅，因时间晚，即送于组内库房柜内。

6 月 26 日　星期日

上午在收发室看书画工作。

6 月 27 日　星期一

上午去库房退还由出版社取回的任颐等画四幅，编明清绘画，同艾志高。下午仍编绘画。4 时后去文物局看书画，内中以张风《人物嗅菊图》小轴、渐江山水小卷一件，真迹，余即傅山行草寿屏 12 条，另外多属伪造，如沈周山水卷、岳钟琪像、康涛卷等。晚回后看电影（《亚洲风暴》）。

6 月 28 日　星期二

上午工会开会，关于“七一”歌唱演出及有关文教卫生的宣传问题。

8时半，院长召开收购会议，议决今后在收购上一般品不要买，及收进后要每组来负造单送库的工作，及主动去外边去看文物事，不要只等待送上门来。会后即去静憩斋绘画审查。下午复审查，后去征集组书画评价，在评价以前还办理了人大礼堂宁夏厅借的明人绢本《海水鲤鱼》轴1件，联系工作的同志邱希文，电40605。

6月29日　星期三

上午……

下午将要给中国新闻社照相的书画准备出来，拟明日拍照。晚开会讨论有关食粮问题和有无和台湾的友人等问题时事。

6月30日　星期四

上午学习，分题为：如何解释历史和社会现象才是正确的，对一个艺术品应该如何评价作家。拟明日发言讨论。下午代中国新闻社照了书画计23件，照完送库，外照朱耷像轴1件，送组内小库。

7月1日　星期五

上午学习人性论，下午审查书画，晚开庆祝“七一”文娱晚会。

7月2日　星期六

上午仍讨论人性论和人道主义，并举出梁实秋过去的反动言论，鲁迅予以驳斥。下午开会讨论组内7月份的工作计划，及进行办朱耷小像拟寄还江西八大山人纪念馆〔事〕，已去做木匣，并写调拨单。

7月3日　星期日

去看九同弟，及去家中。

7月4日　星期一

去木工厂取来装朱耷画木匣，准备寄出。

7月5日　星期二

上午学习，下午审查绘画，晚去工会开会讨论职工升学问题。

7 月 6 日　星期三

上午学习讨论会，下午先去书画定名，后去库房找要照的书画。

7 月 7 日　星期四

上午学习讨论人性论，由吴、李两院长发言，作了学习的指示。下午提出帖画四件，文物出版社拍照，只照了《九成宫帖》两开，赵佶画挂于该玻璃柜内，阮部未照，携归存小库。去静憩斋挂画。5 时半，部召集开〔会〕，半年来的评比会的精神指示。

7 月 8 日　星期五

上午……下午绘画审查。

7 月 9 日　星期六

上午去文物局取介绍信，赴复兴门外，一机部五局的王炳钧同志由国外带回绘画约前去看。及看后，系一张伪吴道玄《观音》轴，王翚像吴历补图轴，均系伪造，晚清时期。当说明情况，未予收进。下午撤画等，晚去图书馆看电影。

7 月 10 日　星期日

上午看书画，下午沐浴理发，去家中用饭。

7 月 11 日　星期一

上午学习，下午找画、运画，晚讨论评比先进工作〔者〕人选问题，一致公认杨臣彬够上标兵。

7 月 12 日　星期二

上午学习讨论李院长关于批判巴人的文件精神，下午审查绘画，晚讲书法的欣赏与研究。

7 月 13 日　星期三

上午先把《八大像》轴交邮（前门）寄出，回后即去文物出版社取回他们制版已完的绘画计 12 件，当即送交库房杨珍手。下午法书审查定级，复开征集会议，暂拟定每星期一评价，星期六出外采访。

7月14日　星期四

上午……下午学习〔苏共〕党20次代表大会《莫斯科宣言》及彭真出席罗马〔尼亚〕工人党〔会议〕的讲话。

7月15日　星期五

上午去静憩斋，绘画按人名集中。9时半，去漱芳斋招待法共，洽商关于拍照文物事项，由单士元同志洽谈。他们要求在绘画及陶器等方面选择精彩的，而绘画更要有系统来拍照，主要是代表作品，要求列出一单，另外如其他馆藏有某一家的代表作，也希望列一个单。单主任答复尽力做到，日程今后要重新安排一下。下午绘画审查，朱光、张珩来此同观。

7月16日　星期六

上午去历代馆提来朱耷《荷鸟》轴，准备与“中国文学”照。9时，由库提取绘画13件，招待朱光参观，他对所看的画中以龚贤卷、王振鹏《听琴图》卷、金农画册最为欣赏。下午将提的画退库，即去文物出版社照阮部《女仙图》卷、朱耷画，阮卷只照两段，拟星期一续照，即存该处。

7月17日　星期日

上午收购，下午去帅府园美协看画展，晚去家中。

7月18日　星期一

上午仍照阮部《女仙图》卷，照完即行携回。下午由许忠陵带进库，八大《水鸟》仍挂该照相室，拟拍照。4时半，院召开生产会，决定种植。

7月19日　星期二

上午挂画，下午审查，徐因病未来，张珩外出。晚去新侨饭店与法共接洽拍照文物事，拟明早即进行。在去新侨饭店时，乘车至前门遇雨，车停开，为了要按时到达，即行冒雨步行前往，由欧志培同志来洽谈，法共意欲远期画照原作。

7 月 20 日　星期三

上午由库及历代馆提出明清画 11 件，上午即已照完。他还是要求照宋元的原作，复他把这情况反映给上级。下午撤昨日审查的画，有些是有返潮现象，部内拟研究一下停审一个短时。再，画包首搁得有画鼻伤痕，今后要注意防止，在抬时，每层要加一层薄棉布方，这样就能避免了。

7 月 22 日—8 月 7 日　〔星期五—星期日〕

由 7 月 22 日下放院农场生产劳动，至 8 月 7 日返回。

8 月 8 日　星期一

上午来院去人事科，把这次小队劳动生产的情况汇报栾科长，栾科长要我们将这一期的劳动过程书面报告一下。

8 月 9 日　星期二

上午去绘画馆挂画。下午审查，将轴看完后，未去库房看卷册，即在馆内撤陈画件。

8 月 10 日　星期三

上午去撤绘画馆南庑的画，并粘号签、注柜号。中午协助法书组挂法书轴，下午审查，并去东库看法书卷册。

8 月 11 日　星期四

上午去天桥剧场听文化部□□□传达陈毅副总理和李富春的报告，下午讨论。晚徐邦达讲课，清代绘画特点。

8 月 12 日　星期五

上午法共照了宋元绘画 16 件，原计划要照 20 件，因其中有四件已在荣宝斋复制品中照过了，故未重照，上午即照完结束。下午学习讨论陈、李的报告。

8 月 13 日　星期六

上午在库房写、粘绘画馆撤下来的画签，并入柜工作。下午讨论周末工作经验，晚 6 时院开全院大会。

8月14日　星期日

上午去弘义阁撤敦煌壁画。

8月15日　星期一

上下午在总保管科编定7月份收购的书画，计45件。晚吴院长报告关于开展“三反”运动的开始，主要是反官僚主义，要大家〔以〕严肃认真的态度，多动脑筋来揭发官僚各方面。

8月16日　星期二

上午在会议室由陆燕贞同志传达了吴院长的报告指示后，具体安排了一下时间和〔打消〕存在的一切不必要的顾虑问题，要求大家在运动中，积极认真地来提意见。

下午审查绘画，并将西庑的画完全撤完。

8月17日　星期三

上午讨论周总理国际国内形势的报告。下午去库房绘画撤审的回柜工作，6时书画评价。晚写大字报（即决心书）。

8月18日　星期四

上午学习李富春的总路线红旗前进的报告。下午，历代馆要陈列复制钱选《山居图》画卷的照片，照完送库。即赴本司胡同乙32号沈兆芝处看要捐献的书画，计4件，予以取回，并有唐瓦人马一件，据唐主任说，拟请乔友声去看看。

8月19日　星期五

上午学习李富春的报告，下午绘画审查，晚讲书法鉴别课。

8月20日　星期六

上午组内开周评会，下午去馆内宁寿宫补挂像轴卷3件，复去西庑抬绘画进库，进行排架入柜。

8月21日　星期日

上午收购文物，下午写大字报。

8 月 22 日　星期一

上午去库房把看过绘画予以装柜，随后去绘画馆挂画。

8 月 23 日　星期二

上午学习李富春报告，下午审查绘画及撤画。

8 月 24 日　星期三

上午陆燕贞同志介绍了这次整风开始的情况，还是好的，但不够深透，还不大胆，今后要开门见山，一针见血地讲话。继学李富春的报告。下午去历代馆取来唐寅《四美图》轴，宁寿宫的《董姬像》册（钱縠画），即去东西庑撤已审查过的绘画。

8 月 25 日　星期四

上午开鸣放会，全组同志都向院领导提了意见，主要是在对科学研究方面未有抓起来。我谈了关于文物安全方面的绘画被蠹鱼蚀伤情况，院部没有很重视起来，以致从去年起还未得到彻底解决。红线问题，“陈列画选择”，收购方面，石涛札册事。下午代中国新闻社拍照了宋—清书画 8 件，该社并将在拍时代我们拍出了照片，计□□张，已送来。照后即去绘画馆挂画。

8 月 26 日　星期五

下午对部内唐、杨、陆提意见。唐、杨对组内各同志在业务学习上关心不够，甚至可以说不关心。陆工作有拖拉现象，在与张绿子交心方面不够虚心。

下午审查绘画，4 时后约 5 时去皇城根寺庙组接收文化局拨给刺绣佛字册与《地藏经》，计一匣（3 本），绣佛字册 1 本，取回后即通知陈娟娟取走，与前次该组接来之织绣一同造单。复去绘画馆撤陈。晚开月评〔会〕，一致认为这月在审查方面超额数 2700 件，同志们贯彻了一条龙的方法，都干得很起劲。

8 月 27 日　星期六

上午去历代馆挂上唐寅《四美图》轴，即去库房写签贴号，并审查昨日未看完的各件。下午同徐邦达、吴桐祺、刘国展去宝古斋看赵药农前藏的那部分书画，其中主要还是尺牍，次扇面与对联等。晚听要下去劳动〔的报告〕。明日5时半起身，六时前集合院内。

8月28日　星期日

去南苑农场劳动。

8月29日　星期一

上午去沈兆芝处送捐献书画凭证，又去刘惠民大夫处看画，计宋赵佶《鹰》、仇英《围猎图》、朗世宁《美人犬》三轴，均为近百年伪造。回后去库房写柜号、审查画的签，下午法书审查。晚开绘画陈列说明讨论〔会〕。

8月30日　星期二

上午对整改鸣放提意见。

8月31日　星期三

上下〔午〕对整改鸣放提意见。

9月1日　星期四

上午整改提意见，下午写审查绘画级别账。

9月2日　星期五

上午写审查绘画卡过账级别，下午仍核对。

9月3日　星期六

上午去特艺公司四科苏庚春〔处〕取回绘画三件，隋唐写经一卷（4张），内赵大年卷公认为是明人摹本，前后题跋皆仿。又去市庙组，送去刺绣册2本，据说是市委要看。下午先把任仁发《二马图》卷送复制厂交蔡瑞芬手，即去绘画馆东庑搞清洁工作。

9月4日　星期日

上午收购。

9月5日　星期一

上午提出柳公权《蒙诏帖》送复制厂，要准备照相。下午去绘画馆搞清洁。

9 月 6 日　星期二

上午组长召集整改工作，下午仍去绘画馆搞柜内外的清洁。

9 月 7 日　星期三

上午搞西庑清洁完毕，下午在东庑挂画完毕。

9 月 8 日　星期四

上午组内开〔会〕，讨论历代馆陈列文字说明，并部内要同志们检查一下由星期一至星期三做哪些工作，在甚么时间，原因是东西筒子发现了有反动标语，要通过每个人来检查后，藉以很快地找到这个破坏分子。

9 月 9 日　星期五

上午讨论，下午审查法书。

9 月 10 日　星期六

上午皇极殿搞清洁，下午搞柜内清洁。

9 月 11 日　星期日

上午收购书画。

9 月 12 日　星期一

上午陈列绘画馆。十时半去文物局看黄庭坚〔为〕巽上人书《华严经》卷，绫本真迹，惟前段书法稍软，不如后段劲健耳。下午交还荣宝斋米景扬同志带回齐白石《芦鸭》轴和齐册页面子一副。仍去布置绘画馆陈列。

9 月 13 日　星期二

上午组内整改讨论，下午绘画馆陈列，晚穆益勤专题赵孟頫讲解。

9 月 14 日　星期三

上午去历代馆陈列唐宋绘画，下午审查法书。

9月15日　星期四

上午绘画馆搞清尾工作，打扫擦玻璃柜，下午院部审查后，稍为调动了一些。

9月16日　星期五

9月17日　星期六

上午……

晚天秀同志谈，现部里拟搞法书制档工作，要我前去协助，我很表示同意，我认为做工作即要到需要的地方去，这样才能把我们各项工作做得好快多省。

9月18日　星期日

收购文物。

9月19日　星期一

部里开了个会，有杨、唐两主任，徐邦达，穆益勤，讨论了今后法书制档工作的过程，由穆同志来总其成（书画方面），法书工作上由我来编制，遇到技术上的问题请教徐先生。上下午计划整理了一下。

9月20日　星期二

上午学习，下午把要做的工作具体安排了一下，下午并听取了唐主任召开的部组的先进经验报告〔会〕。

9月21日　星期三

上午由库房法书大观编制两开，下午两开，工间操后去乾清宫东场搞清洁。

9月22日　星期四

上午讨论揭发浪费问题，下午制档3开。

9月23日　星期五

9月24日　星期六

9 月 25 日　星期日

上下午制档（尺牍）八件，并在收发室看了一些书画。

9 月 26 日　星期一

9 月 27 日　星期二

上午制法书档案，下午审查法书。

9 月 28 日　星期三

上午续审法书，下午制档，王献之《中秋帖》卷。

9 月 29 日　星期四

上午将《中秋帖》制完，复制王羲之《雨后帖》。下午去总保管科定八月份收购的书画 11 件，遂将件携回组库内。复制《雨后帖》完毕。

10 月 1 日—3 日　〔星期六—星期一〕

休假三日。

10 月 4 日　星期二

上午下午制法书档案：(1) 谢安《中郎帖》；(2) 吴琚诗册；(3) 吴琚诗卷。分计吴册 19 页，卷 10 页。五时去保管科书画评价。

10 月 5 日　星期三

上午去寺庙组看美术学院选出的佛像水陆画。这批画是市委邓拓同志要我院看看〔的〕，如有可留者拟拨我们一些。看后其中艺术水平都不高，并且多数残破霉伤，无何收藏陈列的艺术价值。将这情况说与天秀同志以后，他拟与杨主任谈一下，即不拟再去看了。下午进库审查手札定级。

10 月 6 日　星期四

上午早上起菜，上班后把中国新闻出版社所拍照及洗印的各种书画名目以及出版发表和未发表的，统统予以分别写了一份清单，送交办公室交姚寿璋同志。工间操后，将吴琚札卷档案写完。下午部里开关于制档的应该如何记录等问题〔会议〕，做了进一步的讨论，简化了过去一些不必要的手续。工间操后制杨凝式《夏热帖》卷，未完。

10月7日　星期五

上下午制法书档案，计制杨凝式《夏热帖》1帖3跋、王诜诗词卷。晚开会讨论，李正贵的长征故事、生活的报告、有关粮食问题。

10月8日　星期六

上午制鲜于枢书杜诗卷及准备制黄庭坚卷。下午审查法书（手札），计42件。

10月9日　星期日

收购书画。

10月10日　星期一

上下午讨论杨、唐两主任上午所布置的第四季度工作任务，由各小组分别来讨论，落实到人，来完成在11月底各项工作，12月份搞论文。法书制档案约计200多个号，计件有400余件，要在11月底来完成，这项工作由我和王南访来做，徐邦达、天秀协助。9〔10？〕月份要每日平均完成四个号计8件以上，每星期三个半工作日计算。今后要在写现状上注意，旧伤可概括写之，新伤痕要详细记载，在详略方面要分主次，予以后有了科学记录，在妥善保管上及研究上多方面的好处。

10月11日　星期二

上午九时前去书画评价，回后仍制黄庭坚《草书诸上座》卷。下午工间操前，天秀同志会同研究了工作落实的计划措施，以后即将黄卷制完。

10月12日　星期三

上下午与徐邦达去东库审查尺牍定级，这部分已经全部审核完毕。回组后开始制张即之《金刚经》册。

10 月 13 日　星期四

上午学习，下午制张即之经册、赵孟頫《二赞》卷。

10 月 14 日　星期五

上下午制朱熹《周易》草稿、黄庭坚自书诗、范仲淹二札、苏轼诗、赵孟坚卷，6 件。

10 月 15 日　星期六

上午孙虔礼《景福殿赋》卷一件，工间操后开会。下午二赵札。

10 月 16 日　星期日

收购文物。

10 月 17 日　星期一

上下午制法书档案八件，计 6 赵、1 杨维桢、1 俞和，内赵中有赵雍书《郭南八咏》卷在内。晚核对法书手札定级片子，分清外好记。

10 月 18 日　星期二

上午制档三件，计周伯琦卷 2、元人八家札卷 1 件，计 8 页。下午制元人十四家札册 1 件，计 4 开分着来制的。全日计 4 个号，分计 26 页。

10 月 27 日　〔星期四〕

下午去文物局接收书画六项：(1) 宋人尺牍册；(2) 明人画扇册；(3) 张逊竹卷；(4) 吴浚诗卷；(5) 顾定之竹条；(6) 高房山竹轴。

10 月 28 日　〔星期五〕

27 日以前至月末均制书法档案，于 28 号即提前完成。

10 月 31 日　星期一

上午将要抄写〔的〕审查过的档案，予以按类次序分列了一下，以便今后统一抄写。

晚杨主任作了月终工作的总结讲话，说明这期在工作上还是全面跃进的，以雕塑组搞得好，绘画组、法书组、绘画制档小组未能跟上去，主要艾未能积极主动抓是主要原因，因之要我们贯彻“珍”字一条龙办法，既有分工，又有协作，注意全组工作今后要大搞一下。

11月1日　星期二

上下午去绘画馆搞绘画现状、尺寸、印记等补做档案工作，已完成东庑，拟明日进行西庑工作。晚看版画。

11月2日　星期三

上午去绘画馆西庑注绘画现状档案，至中午完毕。下午抄写法书档案，〔……〕。与杨主任看版画。

11月3日　星期四

上下午学习毛泽东同志选集第四卷，晚研究抄书法档案的体例问题，取得统一。

11月4日　星期五

上午抄写档，10时后同欧志培去丞相胡同64号□□□看拟捐献的法书等。因主人不在家，拟请其将物准备好，以电话联系好以便接头。下午仍写档，工间操后开周评，拟下周先撤画陈书。完毕后，即行编制法书制卡工作。晚看电影。

11月5日　星期六

上下午抄写法书档案。

11月6日　星期日

上午收购文物，下午制档审核工作，与唐主任。

11月7日　星期一

上午去皇极殿撤陈绘画，下午学习，晚听吴、李两院长的整风运动报告。

11月8日　星期二

上午去宝古斋看天津历史博物馆选购的书画，文化局意见，如我院可留的可以研究我们留下，否则即由其带走。内中有十几件大名的，但多数是看过有问题不予收购的，如徐贲《仿巨然惠崇山水》卷、董玄宰《山水》轴（王时敏题是王撰代笔书）、张渥《雅集图》卷等，余即小名家书画。将这情况说与天秀和徐先生，并由宝古送来看过，徐先生认为无收购必要，即予使其携走。回后 10 时半即学习吴、李两院长的报告。下午去绘画馆陈列法书，晚誊抄画档案伤状记载等，9 件。

11 月 9 日　星期三

上午搞反浪费的揭发，下午去补陈法书。

11 月 10 日　星期四

上午仍搞反浪费的揭发及去法书陈列审查工作。下午去东库找要补陈的法书。

11 月 11 日　星期五

上午仍搞反浪费的揭发，下午补陈法书陈列完毕。

11 月 12 日　星期六

上午去皇极殿、宁寿宫点交法书陈列目录及核对工作，回后同王、冯去历代馆陈列唐宋元绘画卷，计 9 件。中午饭后，予吴桐祺同志作鉴定工作。

下午，广东南方日报社取走林良、张穆两画轴，并给了该社的收据，俟院方借单盖章寄来后，再将这据寄还该社。复去宝聚斋看辽宁省博物馆收的绘画 7 件，内有魏禧画《高江村像》卷 1 件，后有当时诸名贤题记，价 360 元。这件是我院要留的，已将此情转知文化局赵科长。

11 月 13 日　星期日

休息，在家糊窗户、整理书籍清洁工作。下午开选民会。

11 月 14 日　星期一

上午去东库基本法书制卡工作，计做了 38 件。下午工间操前做了 21 个，两共计做了 59 件。回组后听杨主任传达□部长的关于“三反”运动的继续开展要深要透〔的讲话〕，不能将这运动等闲视之，而要知它的重要性，有关党的政治经济政策策略的大问题，也就是党的生命问题，要认真来搞彻底这一工作。

11月15日　星期二

上午学习毛选及《红旗》上的文章。下午去库房制卡26件，晚上仍学习毛选文章。

11月16日　星期三

上午学习，“三反”运动务虚讨论。下午库房编目，计25件。晚写珍档5件。

11月17日　星期四

上午学习，“三反”运动的务实，提出〔要将〕各方面的所知道的揭发出来。下午去宝古斋看赵药农旧藏的书画，选出一大部分（约全数一半），拟明日再看。晚抄珍档。中午去宝巨看书画，内朱之蕃轴请其送来。

11月18日　星期五

上午同欧志培去丞相胡同64号□□□看捐献的书画，又因外出未见，拟定明日早前去。去宝古斋选昨日未看完的书画，11时余全部看完，即行回院。

11月19日　星期六

上午去林仲易处看捐献的书画，计收进五件，拓片三件、字屏1件、瓷器1件。9时半返院，即送总保管科。10时进库编卡片11件。下午编目12件，3时半退出，学习《红旗》“工农业并举”的文章。

11月20日　星期日

上午去搞蔬菜地的翻平土地工作劳动。

11月21日　星期一

上午学习“工农业并举”的文章及讨论。下午去库房编目20件，中间去办公室看唐山市文化局□□□送来吴历画册，要代为鉴定一下真伪。该画是清朝晚期的作品，艺术水平不高。4时半用饭，即听吴院长、李院长报告。

11 月 22 日　星期二

上下午晚均学习毛选及吴、李两院长的报告。

11 月 23 日　星期三

上下午编目，计上午 32 件，下午 21 件，共计 53 件。

11 月 24 日　星期四

上下午编目工作。

11 月 25 日　星期五

上午编目，9 时去宝古看杨文骢画卷，认为当时画后加款，携回鉴定相同，晚请王以坤退回。复去西单看了一下有六件绘画，均属平常的。回后抄档案，下午仍编目。工间操后开周评〔会〕，把工作重新调整了一下，今后派我的主要工作是关于收购征集和拨出事项，再即配合组内搞一切任务。

11 月 26 日　星期六

上下午编目。下午 3 时半出库，去部开工会有关福利问题事项的〔会〕，决定今后 12 月份即不收会费了，先行将会员证收回来，集中后予以批注保留，会□□仍发还本人保存。并将天津历史博物馆收的陈洪绶画事与天秀同志讲明过程，并拟定将款存院财务科，以作今后处理。

11 月 27 日　星期日

休息，安洋火。

11 月 28 日　星期一

上下午书画评价（赵药农的书画部分），及造 9、10 两月书画送库单。

11 月 29 日　星期二

上午学习毛选著作，下午仍审查评价宝古送来的赵药农藏的书画部分，及造 9、10 两月收进的书画送库单。

11 月 30 日　星期三

上下午核对收购宝古斋赵药农的书画及准备造单事。

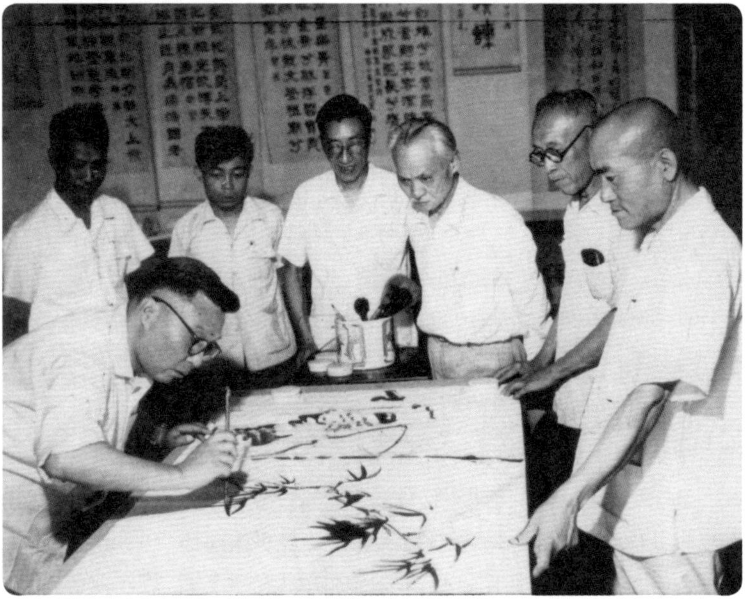

刘九庵（右一）、谢稚柳（左一）、张珩（左四）、周叔弢（左五）等雅集，20 世纪 60 年代

1961年

4月1日 〔星期六〕

〔听〕唐兰主任讲“历代艺术馆提高陈列”〔问题〕。

〔会议记录不全，略〕

6月12日—13日 〔星期一—星期二〕

奉派赴东北辽宁省沈阳市辽宁省博物馆运送中国古代十大画家的书画展品，计74件，与该馆胡文效同志一同搭下午5时55分京沈直达快车，于次日晨（13日）七时即安抵沈市。

将文物妥运该馆后即暂放该库，与该馆张、李两馆长和杨仁恺同志晤谈，关于点交和展出等问题。随即会同去该陈列室，关于柜架的布置看了一下。这次陈列是在楼下，分三个陈列室，柜架搞得还很整洁，只是在立柜方面大小一致，因之带来的横宽的画，看情形似不易进柜的。还有一种扁平立柜，分为二层，前低后高，坡度形式，这样可以陈列二个手卷。在陈列时，两端是用硬空卷托将卷放于其中，是上虚下实的，在上端两旁有两个（左右）短绫带，是要用土钉予以钉住的，这样是为了减轻下垂的重量。这种形式，是值得考虑研究，予以提高陈列的效果的。

在我们这次十大画家的陈列请他们提提看后的意见。兹据杨、胡两同志说，李公麟《牧放图》和《西岳〔降〕灵图》，均以天干的关系，上下边际均都翘起，对保养上似稍有影响，另方面，对参观群众的视线也有影响了。这情形是正确的。据杨仁恺讲，他们这次陈列，在展出时尽量使每卷画多长展出，一饱观众窥全豹的要求。最后谈到在下午即行作清点工作。

在未到沈以前，该馆即代进行了住处的安排，我原拟住在该馆，是较联系和进行，工作便当些。彼认为该处生活上不很好，因之代找了东北旅社，吃住方面还便当。因之，该馆孙碧云同志同往东北旅社，在定好的房间 3 楼 30 号住下。后向旅社服务员同志询悉，房价每日三元，认为房价高了些，最初拟向外边找小旅店，但吃饭须到各处跑，也成问题，因约计住上三天，此间工作即可完毕，也就不再去找了。

下午至该馆，与杨仁恺、张彦儒同志研究了一下开箱点交和验收陈列等工作。最好能以连起来一次搞清，不再重复地看。研究结果，将展品直接运至陈列室，一方看，一面注现况，随后即摆陈于柜内。这样进行，既节省了时间又减少了书画的开卷次数。计下午点收和注现状件数约有三分之二，摆出极少数，最后将总件数核对了一下，完全相符。这次带还前借辽博画卷三件，已点交无问题。只是王绂卷的袱子，我们仍要找一下，但亦说明将我院的卷袱先行配上用着，待寻到后即行奉还。

6 月 14 日　星期三

早 8 时至辽博，仍继续点和注昨日未看之件，待完全点完之后均无问题，即进行摆〔放〕。上午，第一、二室部分陈好。下午陈第三室，复修改第一室，柜架连接处高起不平，请其修整后将物陈好。

再即是陈列《九成宫》纨扇和《斫琴图》卷柜，下午阳光射进柜上，请其在玻璃处设法安装衣簾或帐子，以蔽光线射进影响画面。该馆李馆长即指示寻过去用过的青红布予以挂起。陈列最后有陈洪绶、华嵒合画卷，倪瓒轴装卷和朱耷《集禽》《松树》两轴，吴历山水壹轴陈列不下，即在借单上予以划去，计退还五件。下计借陆拾玖件，双方签署各自保件，拟明日即进行双方会同上封工作。展陈任务即暂告一段落。回栈后即订返京车票。据社称，15 号硬卧票已无，16 号的有，以此间工作明日上午即可完结，不宜再等，房价、快卧票更要多用很多，即决定买明晚 12 次硬席返京。

借展物品：

画家主件：卷 15 件，轴 12 件，册〔页〕31 开；

画家辅件：卷 5 件，轴 4 件，册〔页〕2 开。

主、辅总计：卷 20 件，轴 16 件，册〔页〕33 开。

辅件照片：12 寸，49 张；6 寸，12 张；8 寸，2 张。

以上总计：63 张。

又，王诜《渔村小雪》卷、米友仁《云山墨戏》卷照片全份。

〔附记：〕送还该馆王绂卷的外袱子，以前次未找出，请该馆写一收据，以完结过去的手续。[1]

7 月 12 日[2] 〔星期三〕

〔此录〕辽宁省博物馆致吴院长函。

吴院长：

您院刘九庵同志来馆，已遵嘱将十大画家作品照清单点交，并派我馆董彦明同志于本月十二日护送去京，即乞鉴察。

此次画展在我省广大观众和专业人员中留下了深刻的印象，赢得各方面的好评。对您院藏品的丰富和精妙，皆交口称赞。并希望今后能多来沈阳展出。

画展期中不少负责同志先后来馆参观，极为欢迎这种合作的方式，并对您院的无私合作精神表示赞佩。

我馆张拙之同志上次赴您院接洽工作，曾与您谈到准备在九月

[1] 此为后补记，无日期。

[2] 此条无日期，按《辽宁省博物馆致吴院长函》署款日期计。

中旬举办有关任颐画派的专题展览，为期六个星期，尚承您慨允协作，不胜感祷，刻正着手筹备，一俟计划落实，即当送请审核，并派员前往办理有关事宜。如何之处，尚望随时见示。

专此奉复。即致

敬礼！

辽宁省博物馆谨上

1961 年 7 月 12 日

1962年

1月22日 〔星期一〕

〔听〕李副院长报告。〔内容略〕

1月25日 〔星期四〕

〔听〕吴院长1961年工作总结。〔内容略〕

2月8日—9日 〔星期四—星期五〕

赴沪与上海博物馆借沈、陈画。

于1962年2月8日星期四奉派赴沪博物馆借画事，便道至宁南博看看他们展出的扬州画家展览，及撤陈日期，以及询问前江苏博物馆借陈的九件绘画事。

于上午十时半抵站后，据服务员讲，由上海开来的22次列车，误点，不能正时（11时35分）开车。等至13点方才开车，因之路上屡屡误点，抵浦口站时为9号下午1点。下车后搭江轮1时35分开，到南岸后候搭汽车，3时余抵新街口站，即寓住于新中旅社，时已4时。原拟先去该院，在汽车站等了很长时间汽车未来，而人排队很长，唯恐搭车去晚，而该院快下班，即办不了什么事，因之即先去美术展览馆，先看看他们的展出情况。及抵美展看完第一展室时，遇到该馆许莘农与王院长等，当即向其说明来意。王院长并介绍了这次展出的情况和拟选出一部分画作出版的计划。据说已与院内去信征求意见，据说我院内已答应合出。因为他们正集中来做最后选画事，即说明明日去院再行商洽。

2月10日　星期六

上午去南〔京〕博物院晤王副院长，又具体谈了关于该画撤陈后送还问题。据王讲，仍拟于下星期精选确定后与院联系，留此照相制版，余件即准备送还，前苏州（江苏省博物馆）借的九件除选中的外，即一同送还。关于照相制版等问题，是拟与院来洽商。当时未予加可否。同时与曾院长谈了一下。随后看看他们院内展出的明清肖像画展览。

下午先去美术陈列馆看了看，该院于上午即行将陈列品撤完送院存库。后去夫子庙文物商店找曹龙友，拟谈询前提李士行画事。复值曹休息，随去他住家处，又值他出〔去〕。于4时复往，始晤。据曹谈，此事和辛衡山谈过，领导上认为不太有把握，希望我们与他写封信，说明这东西重要性，可以持信再向组织上来谈。

2月11日　星期日

拟搭7时55分赴沪车，5时半抵宁站后即行排队等候签字（是日日夜落雨），前面签7时的未签多少个，下面即签13点26分的车了，因之等至届时搭车于晚10时1刻方抵沪站，即行雇三轮来中洲旅社（因宝古斋张渔庄、辛衡山在此）。此间客位已满，又不能加铺，只得取一凉席上覆三被宿了一夜。

2月12日　星期一

上午8时15分至上海博物馆晤尚业煌、李宏业同志，说明来意。据说馆内负责人多数去听常书鸿的报告（敦煌文物报告会），关于借画的事使下午来洽谈，先行代为介绍〔解决〕住食的问题。与淮海饭店洽好，即移来此处。

下午2时10分至该博物馆后晤沈令昕、黄钦罴两同志。首先说明承你馆慨借沈、陈画事，及年前以未能买到票而迟来此接取之情况。并说明沈、陈展陈结束，随继展吴门派专题展出，拟将沈画再继续一个时期，陈画可至期送还，在吴门派展览时还望你馆予以支持。据黄同志最后意见，此画展的日期均暂定三月底止，如其沈画又续展和再借吴门派画事，至时可请院来信协商可也。随后即将沈、陈两家画轴各取十二张，即行各选十件，黄谓拟将这画先报局一下及造借交单。车票事，兹闻该馆亦拟去京送还借院刺绣，因之，即请其能以代购一张票，藉以同行，更好地来照应。他同意去联系代购，是否能〔买〕到或哪一天，须要在明天听话。

2 月 13 日　星期二

上午早 8 时，将徐邦达托带小包送交他家。9 时，去上海博物馆与黄主任晤谈。车票事该馆于事先已托人买到两张去京的票，日期是 15 号，但未说是哪次车，因之，考虑拟市委招待处代购一下，即行由该馆转去市委。至时，张玉华处长有事他适，由杨同志接待。说明来意，他说待问好哪次车后，即行来电以便代购，早些最好。返回旅社已届 12 时。用饭后复去博物馆看了看该馆的展览，即与黄主任联系说明市委已允代购，但要知车次，以便购买。及往返通电数次，均以未找到持票的人，以致未能解决。即与市委通电说明情况，俟确定车次遂行电知。据张同志讲，还是早些好，恐晚了即不易买到，将此情与黄说知，请其及时联系，明早听其回音。

2 月 14 日　星期三

上午 8 时，去许质卿处询问王绂画事，他意拟暂不欲让出，有便人可设法带还。9 时半，去上海博物馆询悉彼购车票，至现在还不〔知〕车次。复查悉该馆借之柳条箱不太坚固，随行交车托运是不够妥当，上博也很慎重，因之决定买软席卧铺，以便妥善看管自行携带。于 10 时半复去市委招待所请其代购软卧，即行将票款交与张同志 86 元。回店后于下午 1 时半去上博，先将借的沈周、陈老莲画一一重看了一番，并照他馆卡片所注的伤状，复核及添注，最后将画用纸一一包扎妥善，即行装于柳箱内加锁，外用绳捆好，仍存该库房，说定明日上午来取。借单的盖章手续，是该交我们一张，由院内盖章后，交与该馆夏同志手，而同时由夏手再交我们一份，作为借据。

4 月 8 日 〔星期日〕

晚搭 10 点 45 火车同杨主任、赵振茂同志自京站起程。

4 月 9 日 〔星期一〕

上午 11 时 20 分抵晋，即赴博物馆与杨克兰同志晤谈，悉高馆长去临汾看书画去了，即代找妥并州饭店居住。下午去该馆的专题陈列部（在吕仙祠内）看了一下艺术陈列，其中以雕塑最好，书画次之，真伪参半。晚张主任来店叙谈，并介绍了该馆近来情况，和我们到此后的工作安排。

4 月 10 日 〔星期二〕

上午去文化局晤丁组长，先看了修铜器的工具，随后研究了一下工作的安排。拟明日先进行看看书画和雕塑。十时去看天津越剧《孟丽君》，中午回店。下午 2 时去大中寺文物商店看了一下碑帖书画，都是一般品，内有二开绢纨扇，一婴戏，一山水，似明朝仿本。古籍书店因休假，未看，4 时回店。

4 月 11 日 〔星期三〕

上下午去该馆看他们初步整理出来的书画（认为是特级的）有百余件，均行看完，其中以傅山各种书为佳，余书画均属一般，内伪者有十六七件。

4 月 12 日 星期四

上下午去该馆看他们定为甲级品的书画，明清法书伪者较少，绘画伪者较多。

4 月 13 日 星期五

上下午看甲级书画，内中升降不少，今日所看以宋版福州经较好，还有一本（不全）章草书经，书法刚柔得中，在写经中是很少见的。下午 3 时杨主任去平遥。

4 月 14 日　星期六

上午将该馆的甲级书画看完。下午开始看乙级品，在这里选出了可升甲级的 23 件，升特级 3 件，其中以罗聘人物轴、查士标设色《湖□□》卷、陈于廷山水卷最好，由此可见他们初选的工作，是还存在着问题。

4 月 15 日　星期日

上午 9 时半去该馆看乙级品书画，内有王翚山水一轴，蔡魏公收藏，选出提升□□件。此间主要已看完，拟明日再去看看他们认为的丙级部分作品，即可结束。

4 月 16 日　星期一

上下午在该馆看他们未整理过的第四部分书画，选出禹之鼎画《南垞灌蔬图》卷、张穆《风雨归耕图》卷、周亮工诗卷。外还看见黄庭坚、文天祥字屏二堂，在文书屏末修，左上方嵌挖一段题记，云在福建购进的经过，并谕知下代子孙们永保的记载，纸系黄米色，上下万字边，左右龙形边，质地蛀痕，根据这情况，此种书可能就出于该地区所造。

4 月 17 日　星期二

上下午去晋祠参观，把该祠绘画法书看了百余件，其中傅山作品有些伪造，定名也有问题，如画为他人画而定傅画。

〔另，〕赴晋祠参观看书画记。同杨主任，和文管会刘永德、谢劳二同志陪同前往。抵祠，至“晋祠文物保管所”办公室稍坐后，杨主任和谢劳即同去九龙山看雕塑了。我与刘永德及该所负责人李治同志先去晋祠，参观了圣母像及侍女像。宋代彩塑精彩之至，但侍女面型经过多次粉饰，据说与原貌有些易动。后至傅山住过的窑洞，及书画展览室。展室计七处，均为山西省的书画作家作品。最后楼上一室为傅山专题陈列，题额曰“傅山书画陈列室”。展品字多画少。傅山题他人画的山水，该所亦定为傅画了。看毕后去参观了唐太宗书《晋祠之铭》碑及清杨二酉临摹刻石之碑。下午开始看该所藏的书画，其中仍以傅山书为多数，再宋葆淳等，伪作也有三分之一弱。吴儁画《张石舟像》轴很精。外一绢本白描《人物故事》画，系画“孔子入鲁桓公庙观宥卮论道理故事”，末款署“浊堂老人傅山谨题”，他们也当作傅山画了。从这题画更可证明，在陈列中的劲严风格中，山水轴是傅题而不是他画。还看到释“圆壁 雪峰道人”书的类似释律的文章卷，书后钤有名号章四方，可是在款下空隙处却又钤上了一方“傅山之印”印章。因书法似傅用笔，在省博物馆里也有一张字轴，我认为“圆壁”书，吴连城却认为是傅代圆壁书，落圆壁款。我是不同意他的看法。及见到这一卷及后面圆壁自题记拟付下传的记载及承受人的记载，来互相印证，足以肯定为释圆壁自书，而非傅代笔明矣。

4 月 18 日　星期三

上午看未整理的书画，下午看了该馆地方上的书画作品，仍以傅山为主，有两张贾铉画均真，晋祠贾画则伪。

4 月 19 日　星期四

上午去该会讲有关书画鉴定的常识，参与会的有省文史馆、书法研究社、博物馆、出版社、文物店等单位，人数五六十人。讲完后又把该馆藏品有疑问的伪仿改款等作品，一一向与会者作了详细的介绍，12 时结束。下午去延庆寺和崇善寺看泥塑像。延庆寺是悬塑观音、罗汉等，崇善寺是千手千眼佛和文殊、普贤像，法身三四丈高，既庄严又慈祥，在塑像中可称巨制。该寺并藏有明人画（成化间）绢本设色《善财童子五十三参图》，此图为壁画的样本，一旦壁画有损伤，即可照此图来补绘，并有以宣德纸来书写的《大方广华严经》（血书），保存得相当完整。晚张主任来店谈书法画刊事，拟搜集有关山西作家的书画。

4月20日 〔星期五〕

上午在该会会议室杨主任讲“山西雕塑几个问题”，下午去郑林省长处看他收藏的李昭道《海天落日图》卷明末仿本、赵子昂《圣觉〔教〕序图》卷（仿本）和仇英款《上林图》卷等约20余件，张主任参加，并做了记录。以郑省长有会，由吴秘书会同到省长住所去看。5时半至文管会与杨主任一同返店，7时20分至车站，张主任、吴连城在站相送，遂相与道别。

5月15日 星期二

下午开始在〔北京市〕文物工作队（即前首都历史与建设博物馆）鉴定书画。参与者：张珩、谢稚柳、徐邦达。〔具体内容略〕

5月16日 星期三

上下午〔在北京市文物工作队鉴定书画〕。〔具体内容略〕

5月17日 星期四

下午徐邦达同志讲南行绘画史的审稿工作，及我介绍赴山西博物馆工作情形报告。

5月18日 星期五

上下午看清代法书。

5月19日 星期六

上午开书画出版的会，下午文〔物〕队看书画。〔具体内容略〕

5月20日 星期日

休息。

5月21日 星期一

上下午〔在北京市文物工作队鉴定书画〕。〔具体内容略〕

6月6日 〔星期三〕

参加书画鉴定工作日记，1962年6月6日。

6月6日，星期三。上午10时25分，同张珩处长、谢稚柳先生搭从京赴津直达快车，于12时15分即达津站。文化局张映雪、艺术馆张克槐等同志到站相迎，随即搭车寓居天津饭店二楼20号。

下午3时半，周叔弢副市长、娄宁□市长前来叙谈，张映雪局长等亦来。于6时，张约同去玉华台用晚饭，并安排了工作日程，定明日即开始看艺术博物馆的书画。

6月7日　星期四

上下午去艺术博物馆看书画，全日共看一百五十几件，多系明清人画。

11月20日　〔星期二〕

1962年11月第2〔四〕季度外出博物馆鉴定工作日记：保定，河北省博物馆。

11月20日，星期二。同张珩处长搭11时10分京广快车赴保定，于下午1时23分抵保，由此间文化局王局长等陪同来河北省保定专员公署交际处三楼住下，谈了一下工作的进行，拟定明日即开始看。据了解，此间藏品亦有二千多件。四时与张处长步行游览了莲池书院，河北省博物馆即设此内，据说该馆不常开放。

晚饭后赴韩博学姑丈处看望，〔他〕因患脑动脉硬化，说话只能说半句，昨日方要求出院来家养，兰瑛亦接电报来保侍养，如调理得好，可能恢复好些。9时半回寓处。

11月21日　星期三

上下午该馆将书画移来交际处鉴定，其中有一部分系原在北京畿辅先哲祠者，后该馆接收移保市，多属真迹，然皆明末清代，法书较多于画，今日看了五箱。

11月22日　星期四

上下午计看了五箱，多属地方上小名家法书，绘画有明人画的《范景文小像》轴，董、陈题赞甚精，并范姒画《东方朔像》立幅一件。

刘九庵（右一）、张珩（右二）、谢稚柳（右三）、张伯驹（右四）在长春南湖，1962 年

在辽宁省博物馆合影，1962 年
前排左起刘九庵、谢稚柳、张珩，后排李文信（右二）、杨仁恺（右一）等

11月23日　星期五

上下午计看五箱，其中以杨继盛自书《年谱稿》为第一，过去未听说过，又黄应谌画《屈原卜居图》横幅一张，人物用笔近明院体之风。

11月24日　星期六

上下午去古莲花池河北博物馆看书画，见杨继盛行书《梅花诗》卷，及赵南星手札稿卷三件，及孙夏峰各种书谱稿、易说等卷，均甚精。

11月25日　星期日

上午省文物处董增凯处长来此，一同去看了保定市容，并看了一下自由市场，所售主要是肉类菜蔬，多种多样，价格虽高，但均一致，看来还是有计划的，市场显得很活跃。下午在处内整理记录了米氏书画史。

刘九庵（右）、谢稚柳（中）、张珩（左）在肇庆七星岩，20 世纪 60 年代

刘九庵（后排左一）、张珩（后排左五）、谢稚柳（后排右一）等在广东合影，20 世纪 60 年代

刘九庵（左二）、启功（右三）、谢稚柳（右二）等合影，20 世纪 60 年代

1963年

3月5日 〔星期二〕

1963年3月5日〔听〕宦乡讲“资本主义世界”。

〔讲课记录不全，略〕

6月24日 〔星期一〕

〔听〕王朝闻讲“美术欣赏体验”。

〔讲课记录不全，略〕

9月20日—21日 〔星期五—星期六〕

赴辽宁省沈阳故宫日记（1963年9月）。

9月20日星期五下午5时10分开车，于次日（21日）星期六上午7时08分抵沈阳。下车后即将手提画箱送至博物馆。11时亦将托运〔的〕两箱运馆。下午即逐件点交清楚，并看了新搞的陈列室。

9月22日 星期日

休息。上午去文物店看了该店新收的何浩《万壑松涛》卷，马和之《□□□□图》四段卷，后有翁方纲跋，画似明人伪，款后添。王铎、陈奕禧字卷。下午去书店。

9月23日 星期一

上午去博物馆与祖珂同志将展品年代予以顺序，并将陈列面积与绘画展品总尺寸核实，可能展陈58件立幅。

下午看他馆近一年来新收的书画。内中以戴本孝册为最精，汪士慎、蔡嘉、高凤翰册均颇佳，但也有稍伪品，如购吴湖帆藏的林良《梅花四喜》轴即系伪品，林良《竹禽》尚好，惟廷振印罕见。

晚去宁艺剧院看京剧《双玉蝉》，乃反映封建社会族长制度下的不合理的婚姻。

9月24日　星期二

上午落雨，看该馆书画，下午同。收孙煜峰一批多为新伪，如龚贤、高岑等，其余如取而未决的周怀民藏《四喜图》，原济、弘仁山水，及天津原济《松石》轴（彭述堂物），还有取上海等物，均是准备买的（因款未拨下来），这类东西，均不是精品，多乃真而疲者，或伪品，这是在收购上很值得考虑的问题。

9月25日　星期三

上午看柜陈册、手卷，比量尺寸，绘画清目排列。下午予馆同志讲书画鉴定及保管法。

9月26日　星期四

上午，将第二室要陈列的画选定，及看该馆尚未议定购否的书画。下午把第二室陈列好。晚去文物店讲有关文物鉴定、保管等一系列〔问题〕，解答问题。

11月15日　〔星期五〕

在绛雪轩〔听〕波兰博物馆馆长〔介绍波兰博物馆情况。内容略〕

11月17日　星期日

下午5时10分搭第14次哈尔滨快车赴沈。因是日重雾，车开较慢，迨至津已误点3时余。

11月18日　〔星期一〕

及至抵沈已18〔日〕下午2时矣，正点为早7时08分，误点7小时。下车后直赴故宫博物馆，晤李、陈、范馆长等，略谈展出情况，即将拨交的文徵明等8件绘画和清单会同点交清楚。他们一致表示很满意，补充了该馆所缺的四家作品，原济，梅清，徐渭，弘仁。并决定在明日即开始撤陈，最后还看了该馆从上海刘海粟藏处寄来的两件画，1. 文徵明《五瑞图》（柏芝萱花等）2. 仇英《秋江送别图》卷，均为绢本，明末伪。仇英画款为“仇英实父为木泾先生制”，楷行两行款，署款貌似而神非，结构很似，似从真仇画上影移而来，画的用笔，主要表现是刻板而乏生气，尤其是树石车船上。后有稚柳谢公一段跋，题语亦甚妙，介绍了几件仇英作品不同的用笔，末后才涉及此卷，谓出于自运，并无赞词，此亦是不得已而题之，未便明言其伪也。

11 月 19 日　星期二

上午将陈列品（两室）均撤收完毕。下午即按清单逐件点收包装于三个箱内，计长木箱 23 件，帆布大箱 38 件，小帆布箱 19 件，总计 80 件。从该馆回时去文物店看了一下，并无新的购进。

11 月 20 日　星期三

上午将该馆这次要出版的画从新看了一下，作了些新的调整，下午该馆何、李、祖、袁四同志来旅社谈出版等有关业务问题，四时半去。

11 月 21 日　星期四

上午去该馆将拨交该馆的绘画拨交单取回，拨院赵字卷单由袁桂兰携院盖章。

1964年

1月2日　星期四

上午、下午在馆看书画，全日共看673号。

1月3日　星期五

上午在馆看书画194号。下午去郑老处看书画。汽车在海棠溪过长江到彼岸，上山最高峰，蜿蜒下行山林深处，过共青湖，度小桥，转路至郑处。看了些明清画，多属伪劣品，仅有朱昂之、顾殷、孙枝册真，再即二龚。看后即去南山公园游览。园内腊梅红梅盛开，绿萼梅正含葩待放中。园中布置幽雅，松林空气清新，颇引人入胜。随后至接待室楼上饮茶。五时半搭车回所，至时已七时矣。

1月4日　星期六

上下午赴馆看书画，全日计看565号。其中以樊圻山水册为最好。晚观川剧《花田错》。

1月5日　星期日

上午去人大礼堂招待所谢、启二公处。适萧建初持张大千氏所藏宋人大字七绝行楷诗卷绢本，字体似张即之，的为南宋人书。郭熙山水卷，绢色，款为后添，卷前吴湖帆泥金标题定为元代朱泽民画，非是。此乃明早期拟郭笔的好片子。赵孟頫山水人物卷，亦为高级片子。明檀芝瑞《送别图》卷，纸本粗笔，后有当时二十余家跋，均不太知名。卷前原标签为“傅一山”，署款仅“一山”二字。根据印记，乃檀非傅。

下午马耕渔馆长来此，并携来清代书画对联，多属真迹，惟笪重光联伪，伊秉绶联疑伪。随去古籍书店参观了一下，六时返回。

1 月 6 日　星期一

上午赴馆看书画 788 号，下午总计 1154 号。

1 月 7 日　星期二

上下午总看 1115 号。晚听曲艺于山城曲艺厅。

1 月 8 日　星期三

上下午总看……

2 月 22 日　星期六

赴宁、沪等博物馆征借赴日展品书画事，随吴院长同行。

1964 年 2 月 22 日早 7 时半到东郊飞机场，8 时半起飞，9 点 55 分达济南。休息 30 分，复行起飞，于 12 点 20 分抵达南京，下机后即复搭省委办公厅车来南京饭店 203 号住下。下午 3 时半，欧阳部长、陶部长来访院长，随后曾院长亦来，说定明日由欧阳部长陪吴院长去访友好同志们，24 上午去博物馆选看书画。晚欧、陶在此请吃饭。

2 月 23 日　星期日

下雪。早 9 时，欧、陈部长来此，陪同赴中山陵、灵谷寺、明孝陵、鸡鸣寺、玄武湖游览。在灵谷寺无量殿（一名无梁殿）集体拍照。在鸡鸣寺远望紫金山，近瞰玄武湖全景，宛然在目。玄武湖内盆景很好，四时花并放于一室之内，殊喜妙。

下午 3 时，欧、陈陪同去夫子庙文物商店。据曹龙友讲，该处所售的书画，多属一般供应农村需要。院长买一小木机架，复去十竹斋，买了一副赵之谦五言联，甚精，价十二元亦廉，还有一帧钱士林（杜）山水轴，早年作品，殊少见，似可收进作为研究钱杜作品的过程。

晚江渭清请吃饭，饭后去听常熟评弹团演出，说唱丝弦均很动听，表现民间不同风格的艺术。江渭清同志对外出展览借展品事，提出二个意见：一、保证展品完毕交还各地方；二、好的作品不要一次出去，留有余地，以备下几次出去。对此他曾介绍过去的经验，任务下达，不可说得绝对，而可说基本，如行军攻战，一个月，结果十天转移；再如去山东，对战士讲，谭政委说到那可以吃三分之一的大米，结果未吃上，不如说有什么，吃什么，这样就更好了。这种经验意见，是值得考虑与深思的。

2月24日　星期一

晴。上午去南京博物院，先将原单拟借的绘画看了一下，然后复将该馆推荐的作品选了一部分，并看了该馆新购的吴镇《松泉图》轴，仇英《捣衣图》轴（白描）原只钤印无款，后加隶书四字款。吴《松泉图》卷后有孙承泽、高士奇等跋，轴裱卷形式。下午又看了一些南通的绘画，这种画的风格，异于当时四王流派，而自成一派。将上午所看的东西，重新研究了一下，最后确定仍为16件，但其中有原减后增情况。该院拟报局后即行派人送往，事先电知北京，届时前去站接。院长指示，将前借该院扬州八家画，除此次展览仍需外，其余即行点交该馆，如该馆返回时东西多，可再派一位同志会同照料送还。我院复制的陆机《平复帖》，院长答应赠送该馆一件陈列。

2月25日　星期二

上午南博姚副院长陪同去莫愁湖、雨花台、太平天国纪念馆三处游览参观，复去十竹斋选购清初缂丝《花鸟》轴、钱杜《山僧叩门图》轴、张廷济黄杨木收藏印一方，总计3件，价166元。

2月26日　星期三

晴。上午南博姚副院长陪同搭乘9时25分快车自宁—镇江，10时35分〔抵达〕，由镇江地委接至河滨招待所，稍息即赴镇江市博物馆参观。先看陈列，后看杨继盛书卷、周宗建疏稿、谢廷循《杏园雅〔集〕》卷。回所用饭休息，于下午4时即改搭轮渡至六圩桥，时 4 点 45。复乘汽车于 5 点 25 抵扬州，与此间书记及钱市长接洽，定明赴扬州博物馆看画。晚并请看京剧二团演出《社长的女儿》一剧，教育意义很大，有些地方还须在演出中不断提高。

2 月 27 日　星期四

上午去扬州博物馆参观，其陈列室设在史可法祠内，陈列扬州八家画件。复去个园看历史陈列，及花园构造，及看八家作品，选出一些。下午复看地方作品，（扬州）最后将选出之件重看一次，中选共七件，画四书三。然后去漆器工厂参观，及去文物店，选购李鱓行书轴一件，16.90〔元〕。

2 月 28 日　星期五

上午由张晴〔青〕萍处长陪同去瘦西湖、平山堂、观音山游览。瘦西湖的湖光、柳岸、水榭、五亭桥幽胜怡人。平山堂的形势的衔山吞江之景如在目前，命名之胜如真。右为鉴真和尚，左为欧阳修，地以人重。下午游何园，又名寄啸山庄，由山登楼，曲廊周起，下临湖池水榭，此乃过去盐商争奇斗胜的所在，封建经济的上层建筑。又在园〔?〕外南侧有原济设计的片石山房，以石堆积成山。又在茶厂内看有亭建于山巅，湖石突起，形甚幽奇。

回至扬州中学沈华同志处看绘画，有明人蓝瑛、张风、郑重等四扇面很好，许滨《墨荷》轴亦精，惟内中金农《白梅》轴，不似罗聘代笔，笔甚古拙，似是亲笔，无印款，草书“农”字，绿粉笺本，很值研究。徐渭《梅鹤》，画好字差，乃旧伪。

2 月 29 日　星期六

上午离扬赴六圩港搭轮渡，中途参观了水闸（58〔年〕开发新运河时建），〔为〕保持和控制一定的水位而设，自己建造。11 时抵镇江。下午去市博物馆续看书画，明清画很有些不错的，似较扬州还好。后至文物店购一白瓷瓶，价 20 元。晚观锡剧《白丹山》，为新剧，反蒋特地坏分子，主题是严朴同志来领导。

3月1日　星期日

上午8时半去金山游览。10时30分搭火车，于下午2时35分抵苏州市，即来南林饭店居住。4时由□□□书记陪同去网师园、沧浪亭、怡园三处玩赏，这三处园林各有不同的特点，是他处所不能比拟的。复去文物店看了一下，即回寓用饭，并约定明日去博物馆看书画。

3月2日　星期一

上下午去苏州博物馆，先看陈列后看藏品。即日选定明清展品14件，其藏品亦较镇江、扬州好些。藏品中有钱选画《萧翼赚兰亭故事》卷，我亦看字好画怀疑，待考。钱良佑《行书诗》卷，好。中午游览了狮子林，晚在曲艺场听评弹《桃花梦》《野火春风斗古城》《三国志》等。

3月3日　星期二

上午参观丝绣厂、虎丘山、留园。下午去灵岩山游览，山势雄伟，风景秀丽，登高遥望，太湖宛在目前，水光山色，渔帆行列，远视俨如高松。在寺内曾看了书画藏品，如髡残、朱耷、原济画卷册轴等，均甚精致。内有署款夏珪《溪山无尽图》卷，为明人早期作品，院体之精者。在寺内藏如许多名书画，以往尚未之见。

3月4日　星期三

上午去拙政园、狮子林取画，玄妙观、古籍书店游览。下午2点35乘宁沪快车，4点35分抵沪，由沪博沈子瑜馆长来接。晚在寓所（东湖路市委招待所），未出。

3月5日　星期四

上午8时半去博物馆，将京电来要的夏、唐、董三画看后取来，并看了唐寅《西洞庭黄茅渚》卷、王冕《墨梅》卷。复去文物店选了一些瓷器。下午吴院长去访石希民书记，我去谢稚柳处访谈，徐沄秋同志陪同，四时返寓。

4月1日　星期三

上午，由杨主任和我陪同池田参观绘画馆西庑明代书画部分，要求拍照一些陈列的书画。并赠送我们唐僧圆珍公验（牒）照片，宋雍熙年木雕释迦图片，每人各一份。

4月3日　星期五

王冶秋局长宴请池田。通过拍照书画事。又赠大中九年佛教画照片各一份。（以上照片交组保管作资料）

4月7日　星期二

在漱芳斋接待池田。看前照的图片87份，及恽寿平画册、图片携去拍照。恽册下午来院照相室拍照。

4月11日　星期六

在绛雪轩接待。送还了借拍的图片，并询问这些画是否院藏。杨主任答复他所有这些都是故宫的藏品，仅有12件是故宫旧藏，余者都是解放后收进的。他认为得到这份材料非常丰富，可作为文化艺术上的交流，并应允将日本的宋人肖像画适当时予以拍照寄给我们。

1. 以相片来复照的绘画计捌拾柒件。划〔画〕红圈者为故宫旧藏。

2. 直接拍照绘画馆的陈列品计玖拾伍件。

3. 照恽寿平山水花卉册壹本（10开）。

以上叁项共计壹佰捌拾叁件。

5月18日　星期一

东华门宿舍，上下午供应泥、水、灰等。

5月19日　星期二

工作同上。邢廷茂组长"掌握时间好"，下午下班不到十分钟，仍上房抹瓦灰，带动大家。

5月20日　星期三

去西华门运灰，上下午各三次。

5月21日　星期四

在湖北咸宁文化部“五七干校”合影，1971 年
刘九庵（后排右一）、攸可从（前排左二）、李知宴（前排左四）、崔玉堂（后排左一）等

1972年

6月28日 〔星期三〕

来青岛市博物馆鉴定书画日记，〔19〕72年6月28日。

6月28日，今奉院领导派来青岛市博物馆鉴定书画、陶瓷。即于今晚搭11时15分由北京站开往青岛的直达快车。以今日白天天气奇热，温度竟达39度5，于是在晚九时后起风落雨，我与耿宝昌同志来站时，亦适值冒雨而来。在开车时雨虽小些，然尚未停。

6月29日 〔星期四〕

6月29日，于下午2时20分，火车正点到达青岛市。由京一路行来，沿途农田情况，感到缺雨，但各处农民社员以农业学大寨的革命精神，在农田中刨坑灌水移栽地辛勤劳动，发挥出战天斗地的革命气概。火车行至“蓝村”（距青岛较近的地区）时，土地即行湿润起来，农民正忙于在稻田里插秧工作。水旱田由此地点划分得特别明显。我们下车后即乘坐公共汽车，于该馆附近下车。

至馆后说明来意，馆内同志们都很热情地接待，随即予以联系了住处（青岛市交际处），并派车送来住下。晚间文化局和馆里的领导同志前来，初步了解了一下此次要看的文物数量，并将院里所拟的工作日程，又复向其讲明。我们即拟明日开始工作，据说明日全日开批判杨宝华的大会，但又考虑到工作，因此最后决定馆内同志上午开会，下午工作。

6 月 30 日 〔星期五〕

上午同老耿去市文物商店和财贸领导的文物珠宝收购点，均因去开会，停业一天，回时去栈桥看了一下。下午三时到该馆（他们的工作时间是上午七点半—十二点，下午三时—六时半），先参观了该馆的历史文物陈列，随即去库房鉴定书画。据了解，馆内这部分书画，是在“文化大革命”中间，红卫兵向馆里通知后，直接去取回来的，约有几百件。

7 月 1 日 〔星期六〕

上下午与老耿同志即行分为两组，我看书画，馆内四个同志参加。陶瓷的鉴定除馆里同志配合外，还有文物店一位姓张的同志参加，进度还是比较快。

7 月 2 日 星期日

馆内例假休息，是日从晨至晚风雨未停，但不甚急。上午看书报，下午我去文物店看了他们收的部分书画，其中他们认为“宋人赵鉴湖白描《罗汉》卷”，乃系明人艺术不高的作品，人物形象和树石的画法，虽工细，但笔力软弱，纯系描摹者。卷引首隶书“十八尊者像”及后行书题跋，乃明中期人所书移于此卷者。余无可记之品。

7 月 3 日 星期一

上午看馆内书画，下午即转惠山路礼堂看另一部〔分〕东西，据说约有三千多件，待要处理者，即落实政策，把馆内不要者，退还给本物主。其中好的很少。老耿全日看馆的瓷器。

7 月 4 日 星期二

仍去礼堂看书画。

7 月 5 日—8 日 星期三—星期六

七月五号—八号，在这四天当中，都在看存于礼堂那里的书画，在馆初选的基础上，又重新把要退还的大部分书画，逐件审查鉴定，也发现了为数不少的真精作品。但这些东西，有的原来即已残伤，再即是由于地方气候的关系，多发生霉痕，少数已揭不开了，有待急于妥善保管和急速修裱，不然殊不堪设想。今日下午已把这里的东西全部看完了。

7 月 9 日　星期日

休息。馆内老宋同志和军代表老季同志一同去四方机厂去看魏造像。两个完整，两个较小者造像头已被日寇□去，形象巨大，雕法生动，最大的一个重约二十吨，拟移入馆内。

随后去青岛刺绣厂。据厂内负责同志介绍，解放初期，只有极少数手工刺绣的工人，经过组织起来，自力更生，艰苦奋斗，不断地在技术上克服了困难，有所改进。现在把过去的分散小组织集中起来，现有工人 800 多人，完全改为机绣，由绘图、电机针样、刷印、刺绣（试制），正样后，即用三头机同时刺绣三件，操作时只控制正中的一个（刺绣），其余两个同时分毫不差的距离也刺绣出来了。再经电□□检验合格后即行包装运出国外，销路是很广的，大有供不应求之势。他们以“中国对于人类应有较大的贡献”的雄心壮志，忘我地积极劳动，事迹是很感人的，为青岛市工业上参观单位的先进。

7 月 10 日　星期一

上午去馆内把过去看的但尚未定级作品和待考的部分，予以定级和研究决定。下午去文物店看了他们的积存书画，分出哪些可以馆留。

7 月 11 日　星期二

上午与老耿和馆里的同志去财务库看赵尔巽所藏的那部分东西。在书画中选出了有八十四件馆内留的，这部分画，要算在青所看的书画中最好的一部分了。所以划定一级的比较多。下午复去馆内把新找出一些书画定了级别。

7月12日　星期三

上午同老耿同志与馆里工作的同志和文物店的同志座谈了关于书画和陶瓷的鉴定工作。下午复把由财务库取回赵尔巽那部分书画，重新重点选看了几件，并对保管的高同志谈了关于保管方面的问题。老耿重点照了几件瓷器。晚间馆里军代表老季和宋勤生及馆里同志来交际处座谈送行，表现了极大的热情。季、宋、刘三同志还送至车站，招手告别。

7月13日　星期四

下午2时20分正点到达北京站，即行来院与徐启宪同志谈了情况，并将青博的信件交与看过。

7月14日　星期五

上午同老耿至吴院长室汇报了工作情况后，要写一个简要概况，报图博口和院里留存。下午将画和进院单一同交与徐启宪同志。

1973 年

3 月 25 日 〔星期日〕

赴广州鉴定省市博物馆书画工作日记。

〔19〕73 年 3 月 23 日，与天秀同志乘搭第 15 次京广特快车，于 25 日早 7 时余到达广州车站。出站后，省博苏庚春、孙敬年、宋良璧三同志来接，即搭汽车送来越秀宾馆 125 号住下。当即了解了一下省馆和市馆书画数量的情况，商定明日即开始看省馆的书画，先看馆内陈列的部分。

9 月 17 日—19 日〔追记〕 〔星期一——星期三〕

接收书画文物记，1973 年 9 月 18 日。

于 17 号（星期一）同王以坤、艾志高赴毛家湾将中央专案组拨交的书画拓帖文物等予以选出，于 18 日下午即行运院 124 件，〔另〕外，黄道周《秋怀八章》卷未找到。19 日上午部有庆同志来电说，黄卷已找出来了，即同艾志高同志前去取来。部同志提出了以下几个问题：

关于这批书画照相和复制的问题，拟会同王冶秋同志和吴院长共同研究后再决定。

院中取回这批文物，已通知了王冶秋，据王说近日来院中看看，并提有可陈列的可予以陈列上去。

再拟要两部查有关书画人名的书籍，以便于对这些书画查阅管理。

已将这情况向天秀同志讲明，请他向院长汇报。

10 月 12 日 〔星期五〕

下午接部有庆同志电话，商定将要添的原号（文物上的登记原号），即行送来，即按原号重新打一份清册，与收据一同送去。关于照相问题，提出先照轴卷，画册与碑帖如何照拟与王冶秋同志和吴院长议后决定。

关于检查书画人名的书，已告知去买了，同时提说要几张出土文物和珍宝馆的票，拟取来后寄去。

10 月 19 日 〔星期五〕

下午部有庆同志来此，因吴院长有事外出，由天秀同志和我来接待，谈了有关照相以下几个问题：

一、碑帖照首尾及有关考据部分。

二、绘画长卷亦照首尾及精彩部分。

三、尺牍前期均照，晚期各家照清册提名的人二三家，而未照者书名于旁，以证诸家之姓名。

四、画册好者可均照，一般者可简略。

并要求复制厂复制书画时拟前来参观（刘思斌）。今日将接收的文物清册一份取走，存院一份由部有庆同志签名，并送他《中国人名大辞典》一本。然后去照相室参观了一下，认为拍照的相片合乎要求。

10 月 30 日 〔星期二〕

〔19〕73 年 10 月 30 日，去陕西西安市鉴定书画日记。此行李舒亨同志带队，王以坤、耿宝昌同志和我。

1974年

12月6日 〔星期五〕

赴美行程日记，1974年。

12月6日，早8时30分由北京机场起飞，10时03分抵达上海虹桥机场，10点55分起飞，下午1时20分抵东京，行程计2230公里，中午在机上用餐。下午转乘日本大客机于4时20分起飞，此机一排九个座位，夜12时即已出太阳，在上海机场气温是零上三度，东京零上九度。

12月7日 〔星期六〕

7日早1点抵达旧金山，在出机场时由联络处同志来接，在此休息。于早4时30分由旧金山机场起飞，7时30分到达堪萨斯城，正值天阴落雨。在机内停30分，8时继续起飞，10时到达华盛顿国际机场。

全程自6号8时30分由首都北京起飞，次日7号10时到达华盛顿。沿途休息站：上海、日本东京、旧金山、堪萨斯、华盛顿。分计各停站时间：北京→上海1时33分，上海→东京2时15分，东京→旧金山8时40分，旧金山→堪萨斯3时，堪萨斯→华盛顿2时，总计历时17时28分。

当坐机到旧金山时，驻美联络处派两位同志来接。至抵华盛顿时，美国派□□□来接，并在机场接待室设办了茶点招待会，表示欢迎。韩叙同志亦在。随即搭车赴饭店休息。此刻美国时间已是六号晚九点了。今后即照此间时刻记日。

12 月 7 日 *[1] 〔星期六〕

7 号上午去联络处，见到韩叙等负责人，刘团长讲了情况。韩叙介绍了此间展览会的情况。下午去郊外百货商场和用石建筑的大教堂参观。晚联络处请吃饭，饭后由韩叙主任介绍了此间的政治和有关来往的情况，提高〔醒〕注意。

12 月 8 日 * 〔星期日〕

8 号上午因夜来下雨，早上尚未晴天，没有外出的活动。下午去华盛顿国家美术馆参观，中国出土文物即在此处展出，陈品陈列大致就绪。展品陈列布局，按朝代分段陈出，既有突出又有集中，在环境不同的情况下，以各种颜色来衬托，很能说明问题的某方面。看后休息座谈，由该馆副馆长接待，说明陈列设计的成效，和〔对〕相互积极的工作均予以较多的称许。并参观该馆平时展出的西方画和雕塑，主要是画，以每个国家的作品来分陈，每屋有沙发可以坐看，并印有作者和作品的简要说明，游人可以自由取来参看，这是便利的地方。灯光全是由屋顶镜琍〔玻璃？〕内的灯光反照下来，看来很清爽。晚上随展的梁、耿、王、李等同志来谈话。

12 月 9 日 * 〔星期一〕

9 号上午去华盛顿纪念碑参观。碑高有 898 个石阶，1848 年建到 155 呎高时停止，1880 年—1888 年建成开放。登此碑可眺望俯视华盛顿城市的全貌。还参观了林肯纪念堂、杰弗逊纪念亭、甘乃〔肯尼〕迪中心。

12 月 10 日 * 〔星期二〕

10 号上午参观了“白宫”，即历届总统的官邸，行政机关。第一层是官方招待场所，也开放给人民参观，第二层是供总统和他的家属住的。

[1] 标“*”者为美国日期，下同。

晚上在华盛顿美术馆举行“中华人民共和国出土文物展览”会的开幕仪式，由梅龙和福特夫人讲话，刘仰峤团长讲话，举行招待宴会，会后参观。被邀请者多属高级官员和家属，对展出的文物表示极为欣赏。会后回饭店时已夜 12 时了。

12 月 11 日＊ 〔星期三〕

11 号上午去弗雷尔美术馆参观，此馆规模虽不及华盛顿美术馆之大，但所藏东方艺术〔品〕大都较精，绘画方面更有些较好的。下午和陈滋德和联络处查培新继续来馆观画，其中《锁谏图》卷画的艺术性较高。刘团长和其他同志去参观宇宙馆和现代美术。晚上仍去文展，今晚是招待政府官员和家属。

12 月 12 日＊ 〔星期四〕

12 号上午去国会图书馆参观，据讲此全美来讲，是最大的图书馆，藏书□□□卷，中国部分地志书最多，原版抄写《永乐大典》即有四十本。并观看了古书修整工作间，在防书纸年久易脆折，保持□□度可延长纸质的寿命，或用塑料薄膜把书页套上去，就能不易折断，试之如此。再即修补，先将残处用仪器照相后，得出残缺纸素的量，然后即用相应的纸浆相等的量通过机器来补，补得真是天衣无缝，此法用之于裱画，似亦无不可。

随后去国会参观，参观完后，由共和党斯克特来接待。他于〔19〕72 年同福特去北京，周总理接见了他，他对中国唐代艺术有研究，并写了一书。在谈话中曾说，“美国第三总统即在此室内办公”，并说“杰弗逊有句名言：‘自由之树，是暴君的鲜血来灌溉的。’我想毛主席也会同意这话的”。并在参议院看了他们的开会，主持主席一人，□□□二人，讲话的一人，而听者全场仅五六人，此即所谓的“民主”。

下午去动物园参观游览，一对熊猫长得很好。据讲运来时只有□□□，现在已二百七十磅。到园参观者已过千万人。

12 月 13 日＊ 〔星期五〕

13 号上午去华盛顿故居（郊区）参观，并参观了过去的两处住宅（作为保护单位）。在外用午餐，回城后去植物园和非洲博物馆参观及游览国会前公园。晚去联络处参加告别宴会，到外宾 130 人。还看到了费正清先生的夫人、李正偏先生，并与劳顿和史可门会面。

12 月 14 日＊ 星期六

14 号早 8 时半离饭店赴机场，9 时 25 分起飞，10 时 36 分抵波士顿。中午餐后休息，下午去哈佛大学参观。主要观看了几个图书馆的藏书部分，和艺术品陈列，据讲是专为教学使用的，主要陈列有铜、玉、瓷和雕刻、油画，并藏有世界绘画制成的幻灯片，有五万张，可谓大观。

12 月 15 日＊ 星期日

15 号上午，全体乘汽车参观了波士顿市容，并赴郊区参观了美人民军抗击英军侵略者（1775—1875）战争〔纪念地〕和建的纪念像。中午在外就餐，下午去哈佛大学参观东方图书馆和博物馆。晚去费正清教授处茶话。后去科恩教授处晚餐，并会见了波士顿美术馆的馆长和东方部主任方腾，对于去该馆看画事极表欢迎。

12 月 16 日＊ 〔星期一〕

16 号上午 9 时来波士顿美术馆，参观了汉代彩绘人物墓砖，共计五块（其形不一），正面画男像后面画女像，正中方形羊头，上书隶体“好”字。石刻，陶瓷，绘画。中午在该馆用餐，2 时余继续分头来参观。绘画方面已看到阎立本《帝王图》卷和其他重要作品。3 时 3 刻回旅馆，5 时搭车去机场，6 时半起飞，7 时 22 分抵达纽约市，至旅馆后稍息即用晚餐，时已九时矣。

12 月 17 日＊ 星期二

纽约，17 号上午游览参观了中央公园，帝国大楼（俗称摩天楼），楼高 117 层，到最上层需换三次电梯，在 80 层的高处观看了纽约城市的四周建筑，于东西两河的岸边、岛中建起了纽约城市，街道比较整齐，以每街两旁都是高建筑物，所以向前望去似一胡同，故有一线天之称。

后去联合国大厦，并观看了联合国的大会厅，以及有关各厅，还看了赠送联合国的长城绒毡和象牙雕的“成昆铁路通车模型”，备受各国朋友的欢迎。据解说员讲，大会今天讨论朝鲜问题，黄华同志即参与此会，庄焰同志则参加另一会。大会〔厅〕前悬挂了 138 个参加联合〔国〕的国旗，每个旗均取平式。会址亦位于东河之岸边。

随后去历史自然博物馆参观，此馆规模巨大，反映世界人类和动植物的进化，其中以巨粗的美国杉松（已锯成一段陈列）最感兴趣。该馆已初步建成了展出中国自然的部分，准备〔19〕76 年搞成，并邀看了所藏旧中国的那部分东西，希望新中国的有关这方面的东西，予以协助。复以回国后向上□□□，即行回旅馆休息。

中餐乃在该馆招待。下午分组参观，我和小查看了该馆去年收购王季迁的那部分绘画，并看了裱画室要裱的宋人纨扇等件。下午五时半即离旅馆去机场，晚 10 时抵达堪萨斯城，奈尔逊博物馆史可门、威尔逊来接往旅馆。

12 月 19 日＊　星期四

19 日上午观看了该馆的文物陈列，下午看绘画，知名的画件多已拿出看过，陈列室陈列了陈闳、许道宁、夏珪、马远等画卷，晚去□□□参加宴会，并赠送了斯诺著作。

12 月 20 日＊　〔星期五〕

20 日上午参观了□□科技图书馆、斯诺读书处和麦粉厂。该厂现有五十人，每年□□□吨，据说新厂只用 20 多人，并看了郊区商场。晚离该城搭机来旧金山，机误点晚到。

12 月 21 日＊　〔星期六〕

21 日上午赴亚洲艺术博物馆参观，该馆的铜、玉藏品较好，绘画不多。下午看了绘画，并赠了三份照片，拟洗放画件进行交换照片。中午在该馆用餐，市长和美术馆□□的友人〔陪同〕，游览了市容、金门公园等处，以及海滨名胜海豹石等处，植物园内有一万多种花木。

12 月 22 日—23 日＊　〔星期日—星期一〕

22 日上午去金门大桥参观，此桥跨度较长，被称为世界第一大桥。回时参观了法国美术馆，以油画为主。晚搭赴东京机，23 日抵东京停宿。

12 月 24 日　〔星期二〕

24 日上午参观东京市容，并看了日本天皇居处，去商店游览。下午 2 时 10 分起飞，晚 7 时 30 分抵首都北京机场，9 时半离场回家。

1977 年

5 月 6 日—7 日 〔星期五—星期六〕

赴江西省博物馆鉴定文物工作。

1977 年 5 月 6 日，与许忠陵同志和历史博物馆石志廉、刘家琳同志搭乘第一次列车北京—长沙，于 6 日上午 11 时 25 分〔发〕车，至次日（7 日）上午 10 时 08 分正点抵达长沙市，复转换乘 105 次长沙—上海车次，12 时开车，下午 8 时 47 分正点达南昌市。出站后，由该馆俞品芬同志接至南昌饭店住下，定于明日八时来此一同去该馆晤谈。

这一路行来，火车上秩序很好，亦正搞劳动竞赛，车厢与车厢之间，个人与个人之间来评比，过去好的优良传统作风，自被“四人帮”破坏后，于今在华主席党中央正确英明领导下，恢复起来了。沿途农田水利、林木绿化都呈现出欣欣向荣的气象。车行河南省时天气感到有些热，及武汉—江西一路即小雨连绵不断，山清水秀，景色宜人。车至咸宁站时，并未停车，但看到了车站附近的光景，感到尤为亲切。

5 月 8 日 〔星期日〕

5 月 8 日晨仍小雨，在店等待该馆同志前来，值至中午未来，我们想可能是星期天，一直到晚上仍未来，看来是星期一前来了。

下午四时一同沿大街游览了一下市容。该馆建于八一大道广场路南，气势高大雄伟，在全国各省市博物馆的建筑中，可谓仅次于北京历史博物馆，建筑结构亦仿效历史馆，馆前为广场，西侧为纪念大会的主席台，塑造了井冈山和红旗形象，并将毛主席所题“星星之火，可以燎原”八字〔置〕于会堂正中的两边。该馆正北面为一较宽的通道，道旁林阴茂密，东西通道为该市主要干线，其路面之广亦其他城市所少见，所住的南昌饭店在路南，北面即“革命烈士纪念堂”，大门两侧书写毛主席题字“发扬革命传统，争取更大光荣”。

5月9日　星期一

阴，间有小雨。8时即同赴该馆，及先至革命历史博物馆时该馆负责同志乘车来接，随即同至博物馆，由该馆负责人王兆林同志介绍了省市和馆内的情况，相继由姚伯森具体谈了馆内藏品的概况。总计藏品约三万余件，铜器□□件，陶瓷□□件，书画五千件，都未经很好的整理，通过鉴定后，分清真伪优劣，以便更好地保管。王兆林同志说：1. 划分文物的真伪，2. 讲讲文物的鉴别和保管方面的问题，3. 到其他地区看看（文物和名胜）。当即看了他们的库藏，书画部分均分别装于箱内存放，铜、陶器均置于柜架，按时代类别排放，陶瓷以地方出土为多为好，其余则为明清瓷，清代尤多。而铜器出土的□□□□□。书画明代及以前约有百十多件，余则清代作家的了。下午参观了馆内的陈列品，由原始到清代，表现了地方的色彩，其中以晋瓷为突出，制作精美，器形□□□，其中有一晋人书于木板□□□，颇为罕见，拟请向其要一照片，以备一格。

5月10日　星期二

天半晴。上下午即在该馆分别鉴定书画和铜器。书画看了五箱半，多为清代中晚期作品，还未发现很出色者，地方作家的作品不少，如书家曹秀先、画家万上遴等，这部分作品希待看完后集中起来，选出些精品入藏保管，余者即可另外存放。

5 月 11 日 星期三

阴，小雨。上下午看书画，上午看的多系清中晚期作品，下午看了些书画手卷，其中有些比较不错，例如文徵明小楷书、詹景凤《千字文》卷、余省《草虫》卷、郎世宁《八骏图》卷等。

5 月 12 日 星期四

半阴天。上下午看册页、轴、扇面。其中扇面是一大项，约计一千三百多张，多系清晚期书画，书札亦占不少部分，亦属清晚期较多，明代有董其昌札册，清有沈荃等札册、黄易临汉隶册、罗牧山水屏 12 幅，质地洁整。

昨天王朝俊同志来馆，介绍了省内前一时期被“四人帮”干扰破坏的情况，以及省馆张汉城等被陷进的情形，还谈到了安源煤矿□□某原为工人，被选中央委员，在安源搞展览，把周总理的照片只用一张，把自己的照片用了很多张，大树自己。对我们此来的工作表示欢迎，并作了周到的安排。

5 月 13 日 星期五

阴，时有小雨。上午所看多为联屏，下午看画轴，多为破烂劣伪品，然于其中发现一张董其昌画《为王烟客仿李营丘秋山图》轴，绢本墨笔，逊之上款并钤藏印，惟右侧潮湿残伤需要装裱，不然即易损坏。

5 月 14 日 星期六

上午在馆看书画，下午该馆王、姚、刘三同志乘车邀去青云谱八大山人书画馆参观，由该馆曹同志接待。该馆有三个陈列画廊，因值雨季，原作未展出，在正厅展了些复制画轴。据讲，馆有八大的作品三十多件，因管库藏的同志回老家未便拿出，还有些石涛、石溪和扬州部分画家作品。据讲，这里有几年未开放了，在前一期运动时期，有许多复制品和材料，被所谓造反派都给烧了，所幸原作提前运出馆外未受损伤。院内有一株古老的罗汉松，听说还有棵几百年〔的〕一株桂花树，因发水使根朽腐了。院内有好多奇花异卉，曲径流水，风景十分幽静，还说敬爱的周总理和朱委员长都来过。馆旁还开设一个小小的饭铺，还是周总理指示后修建的，是为了便于游人在这里用饭。朱委员长看见种的兰花不够好，特从四川运两盆送馆里。院里有朱耷墓和牛石慧墓，围墙院外有一片湖水，进院前通过小石桥而入。

回时去八一公园附近文物商店看了一下，只看到一个八大行书“在芙山房十韵之二”扇面一个真迹，下一猫石页系伪造。

5月15日　星期日

上午参观了“革命烈士纪念堂”和人民公园，下午去“革命历史展览馆”参观。这里陈列了三部分：1. 安源路矿工人运动展览，2. 毛主席创建革命根据地展览（井冈山），3. 江西省革命文物展览。这一展览使我们了解到革命初期的那种艰苦奋斗精神，毛主席的革命理论使胜利走向更大的胜利，要我们“发扬革命传统，争取更大光荣”。晚看赣剧《江姐》，扮演江姐者为潘凤霞，把江姐那种为革命刚毅不屈的与敌斗争的形象，和革命乐观主义的精神表达了出来。演出很成功。

5月16日　星期一

上午在该馆看了半天，有一件南宋乾道元年的诰封，书体与重庆博物馆藏与虞允文的敕书相同，惟前后稍有残缺，外一件即明早期胡俨等人《送况钟出任□□事迹序》卷。下午该馆全体开贯彻华主席工业学大庆会议精神的动员大会，暂停半日工作，我们即将近几天的报纸（华主席和叶副主席等的讲话）取回店里阅读。

5月17日　星期二

晴。上下午看书画，法书见有邹元标诗书轴，殊少见，此亦江西的明朝名人。这一房间的书画36箱即将看完，明日可能看另一房间的“文化大革命”期间所收的部分书画。

5 月 18 日　星期三

小阴雨。上午即结束这房间的书画，即转看另一房间的，据说此间作品均属“文化大革命”期间收进，仅分了书画箱区别存放。据看的过程，似不及前所看者。临下班时同去看电影。

5 月 19 日　星期四

大及中雨。早间馆派车来接。于册中看到明早期沈度、曾棨等人书欧阳贤行状、挽诗序等。江恂《花卉》册殊少见，有翁方纲等题跋。

5 月 20 日　星期五

阴雨。上下午在馆看书画，见一江恂《花卉》册，别开生面，所到的馆还未见其作品，有翁方纲等四家跋。

5 月 21 日　星期六

半阴未雨。截至下午已把馆藏所要看的书画全部看完，当即商定，下星期一重新把每天所看书画较少而精的作品复看一次，以便划出一级的藏品，对该馆今后的重点保管提供便利。

5 月 22 日　星期日

天朗气清。上午去八一公园游览了一周，下午去展览馆看了该馆举办的“毛主席《在延安文艺座谈会上的讲话》发表 35 周年美术展览”，国画、摄影、书法、篆印等展出。其中有一草书立幅，乃写朱德委员长和毛主席诗：“庐山挺秀大江边，牯岭乾坤已转旋。细雨和风经白鹿，拨云开雾见青天。林园培植多桃李，路线深通贯顶巅。此地召开团结会，交心献胆实空前。”（朱德同志《和毛泽东同志〈登庐山〉》）

5 月 23 日　星期一

上下午晴。在馆复审选出较好的部分书画，拟定从其中选出可划一级的作品，初步选出二十几件，拟明日另选其他部分，再其中三审选定。

5月24日　星期二

晴。上午复选出十几件，总计39件，中午把这些书画作品分列一单，下午会同该馆曾非欤、刘品三等逐件予以评定是否够得上一级。经反复考评，落选8件，只有31件（叶向高行书《赠南皋送行诗》轴在内），拟再请领导研究。

晚该馆王兆林等请在馆用饭，被邀者有北京自然博物馆两位同志，饭后研究了外出的问题，行程、路线。

5月25日　星期三

阴雨。上下午共同看馆藏玉器、牙雕以及砚台、墨等，同时还检出一些作伪的书画作品，以备座谈时举例来说明问题。

晚回饭店后，石志廉同志未用晚饭，感到头有些晕，我们用饭后回来，他起身来关闭窗户时，突然感到头晕得厉害，我即来照料他，老许去请来急救站的医生。经量过血压，高达198，医生拟叫他到医院再检查一下，并问了服什么药，老石告诉他自带有降压灵、芦丁等药片，并由医生代拟了几种药片，服后感到稍好。

5月26日　星期四

半阴天。馆领导三位同志前来看望老石，并拟请其去医院住疗，石认为已感到好些，未去。上午同刘品三同志一起去八一纪念馆观瞻，这是南昌八一起义前夕在这里开会的地方，有周总理的办公室，这时总理任“中国共产党前敌委员会书记”。以及〔了解了有关〕在计划七月三十日举行起义活动，但却被张特立（即叛徒张国焘）多方阻□，推迟了一日，经说服后于八月一日凌晨二时暴动，四时余起义暴动胜利了，开始了南昌八一起义胜利的第一枪〔的情况〕。馆址楼房三层，原为“江西大旅社”旧址，后被接管了，成为“南昌八一纪念馆”，陈毅同志写的馆额。

5月27日　星期五

晴天。早晨，馆姚、汪陪同医生来看石同志，经过量血压，已降至 140，比较正常，但还要休息，拟明日搬进馆内去住。我即同姚、汪同志去馆内，向馆内同志讲了关于书画鉴定方面的一些问题，着重谈了谈该馆藏品中的各种不同的伪作，结合着作品说明了矛盾的所在。座谈前由馆领导同志王兆林向同志们讲了认真学习等勉励的话，主要还是针对一些青年讲的。下午在饭店作了些明日出发去景德镇准备。

5 月 28 日　星期六

阴雨。早 6 时余，馆王、姚、刘同志乘车来饭店，我们即搭车先将〔至〕该馆，石志廉同志即住于该馆。刘家琳和我们与馆内几位同志一同乘车出发，早 6 时半至 12 时半即抵达景德镇市，寓居景德镇宾馆。

下午 2 时半一同搭车去陶瓷研究所，由该〔所〕刘□□及刘新园同志介绍了情况，并说资料室藏了一些字画要求代看一下。随即去该室看了其藏品，多半是清代的书画，明代有两张影像和祝世禄、董其昌字轴，清代有华嵒设色《牡丹》一轴，并自行书诗题，钤有“顽生”“离垢”二印，这算是其中的好的了。晚该所负责人刘□□来宾馆，向王兆林等同志介绍了这里的一些情况，关于窑址保护问题，希望能以拨款修缮，老王谈回去向有关〔部门〕反映反映。

5 月 29 日　星期日

晴。上午由刘新园陪同参观了几处旧窑址，如湖田、葫芦窑以及发掘的窑址，五代南北宋元明俱全，窑址瓷片山积，真是研究古代陶瓷的好场所，看来有待清理和保护。回时看了清代御窑“珠山”管理的旧址，现已搬进了居民。此建筑檐瓦均为烧瓷，楼外木装饰均雕花，惟房檐已残损，失修。下午由小白同志陪同参观了几处烧瓷厂，如青花、彩瓷，以及制作过程。到处工人同志都在紧张地工作，制瓷分工很细，都是各专一道程序，顺序下移，烧造中有圆形窑、长形洞推进等。略见一般过程。

5月30日　星期一

晴。上午7时半一同搭汽车出发，至市内瓷器门市部观看了陈列样品。汽车加油后至9时半离开市内，开往去婺源县的途中，路程85公里，一直是在山中蜿蜒绕行，临近县城，傍星河而上。该城建筑于丘陵地带上，风景幽美，街道整洁，即住于县城内招待所。由县文化馆的俞、詹两同志介绍了馆藏文物情况，多数是捐献征集来的，书画有六百多件。下午看了半天书画，仅看少半数，商定明天再看一次。

5月31日　星期二

上午结束了书画的鉴定工作，其中以祝允明《草书旧作杂诗》卷为最精，还有黄慎书画轴，以及其他清初不太知名的作品。

下午去参观了制砚厂。此地以产龙尾石著称，宋人如苏轼、黄庭坚等均有咏此石的诗歌，并由该厂王涧石同志介绍了有关采石、选石、制作等过程。晚间并还送赠了两块砚石素材。

6月1日　星期三

阴，小雨。晨间县委书记詹永东同志来招待所与大家见面，这是青年中任县委书记的杰出者，敢于和“四人帮”顶着干的革命者，〔该县〕也是学大寨的先进县。“面貌变不变，根本在路线，群众是英雄，领导是关键”，在此县里也正体现了这个号召。这里的各级领导都很好客。不到中午即返回了景德镇。

下午参观了陶瓷陈列馆，由该馆刘新园同志陪同。〔馆陈〕分为古代瓷和近代瓷两部分，突出了解放后制瓷的发展。又参观了陶瓷工艺“七二一工人大学”，主要搞彩绘，描古代故事。这是对外贸的一项重点出口品。晚间刘新园同志等来宾馆看大家。

6月2日　星期四

晴天。同馆刘品三同志一起坐早6时1刻火车，于下午四时06分抵达南昌市，即住于馆内楼上。石志廉同志精神已渐恢复，但因又患泻肚，仍感腿脚无力。今初步拟定返京路程，拟由九江乘船去武汉，再搭车返京。

6 月 3 日　星期五

晴。上午在二楼，由王兆林同志主持开了个座谈会，主要把鉴定中的情况谈了一下，有关文物的保护亦略提概况。王兆林同志对我们的鉴定工作给予高度的评赞，但我们还总觉做得还不够，有些问题还要待今后的研究。拟定明日去九江转庐山，刘品三同志已先行联系。

6 月 4 日　星期六

上午 6 时 20 分离馆赴车站，6 时 55 分开车，11 时即抵九江。刘品三同志来站相接，同赴九江历史博物馆，将大部分东西存于该馆，即改乘下午 1 时 20 分汽车，2 时多即抵达庐山，由庐山博物馆同志给予安排庐山招待所第三所住下。晚间该馆领导陈琳主任等来所相看，谈了此间有关古建筑维修问题，和请示拟修剧院问题。并约定明天上午看该馆书画。

6 月 5 日　星期日

阴，有小雨。上午去馆看书画，原拟下午去游览，因汽车未联系好，仍在馆看未完的部分书画以及瓷器和陈列。上午回时瞻仰了〔19〕59 年中共第八届八次会议的会址，会堂布置朴素，整洁大方，利用了学生的课桌，上覆白布作为会议桌，藤椅，原为剧场，后为会址，〔以〕重点革命会址来保护。

6 月 6 日　星期一

上午阴，时有小雨。馆领导陈琳同志和王加同志陪同乘车去仙人洞、含鄱口、龙首岩（一名舍身岩）等处游览。下午 3 时 1 刻搭下庐山汽车于 4 时余即抵九江，住湖滨招待所，拟明日上午去看九江历史陈列。

6月7日　星期二

晴。上午参观了该馆的历史文物陈列，九江出土瓷器较多较好，其余则少了，书画则属近时人作品，无甚好者。下午4时半搭轮船，馆领导同志等来送行，情意甚厚。

6月8日　星期三

半阴。轮船于早8时20即抵达武汉，下轮船后与鄂博物馆通电话，知火车票尚未买，即转搭轮渡过江乘公共汽车来省博，即住于该馆，并请其代购去京车票。下午参观了该馆的历史陈列，出土的铜、瓷有些是很出色的。

6月9日　星期四

晴。该馆整日学习，我们即去市文物店观看了他们的藏品。书画中有原济画《黄澥奇峰图》卷，后有朱耷书行书诗，款署“弟驴屋驴书”，尚精。郭诩山水长卷，惜重裱时揭去命纸致失神。下午继续看了一部分，有仇英画《竹梧消夏图》小轴、王原祁仿倪迂设色《山水》轴，均吴湖帆旧藏物，王铎画石大轴。

晚知车票尚未买到，约计需要后天了（11日），亦只有耐〔心〕等。

6月10日　星期五

晴。上下午在馆看书画文物，复看元姚彦卿《山水》纨扇、宋人《濯足》纨扇，知已分装，然《濯足》页虽小有损伤，但补绢太粗，与原作极不相称，使原作减色，因之拟建议局里适当通知各博物馆，元代以上和少见的明代的作品，不要本馆动手裱，以杜绝发生裱伤的事件。下午仍看书画，明清扇面以及书画轴册，其中以顾鹤庆画《天台雁荡图》册12帧甚精，郑板桥《墨竹》联屏四条，行书自长题，惜质地残损。

晚通知说明日可以去取票了，我们很高兴。

6月11日—12日　星期六—〔星期日〕

6月11日，上午晴。昨天陈上岷主任谈关于日本人写经卷（50

多卷）向局里反映一下。馆藏碑帖甚多，未整理过，经看几本多系杨守敬和徐恕藏者，晚近者多，早拓特少。早餐后即一同去瞻仰毛主席旧居及农讲所。在参观完毕出所买纪念章时恰好馆里来电话，说明买的车票是下午 1 时 32 分的票，因之急速赶回馆里，整顿携带的东西，饭后即赴车站，并去吴志根处看了一下。火车正点开行，于次日（12 日）晨 6 时 18 分抵京，7 时即抵家了。一路上非常顺利。

6 月 26 日　星期日

赴河南开封博物馆鉴定书画日记。

1977 年 6 月 26 日，以杨伯达同志带队与王文昶、耿宝昌同志乘晨 6 时 55 分京广车，下午 5 时即抵达郑州车站。出站后开封博物馆的同志来接，后搭汽车于 7 时到达开封市，住于开封宾馆。市文化局局长等同志来此，共同进晚餐。后拟明日先看看该馆的瓷、铜、书画情况，然后决定先看哪一项。据悉，书画有 500 件，瓷有 700 件，铜 800 件左右。

今日由京出发，前一夜落雨，临行时即停，沿途未下雨，搭汽车来开封途中下了一暴雨，然后即渐停，抵开封市时已无雨矣。

6 月 27 日　星期一

夜雷雨大作。早餐后微小雨，市宣传负责同志前来，表示感谢和欢迎。9 时同乘车去相国寺参观陈列，目〔内〕容从北宋时起，出土文物、陶瓷较多。展室设于八角亭内，当中有一木佛（千手千眼佛），据说是乾隆年用银杏（白果树）雕刻成的。随后 11 时复去文物库房（开封博物馆）观看了瓷、铜和书画的庋藏，拟定下午即分三摊来进行鉴定。

下午开始看绘画，计看 102 号，多为清中、晚期作品，划为三级的多，划二级的一件，明袁阶《松石人物》屏。回后拟定明日继续照常看，有真伪代表性的记下选出，以备看完后向同志们座谈介绍，交流一些鉴别的经验。晚同去观豫剧《李双双》，青年演员尚好。

6 月 28 日　星期二

晴。上午将画部分看完，其中有董其昌绢墨山水一轴、王原祁山水扇面王敬铭书合轴一件，无甚太好的。随后看了些法书，有几件王铎的书轴还好，张瑞图、梁同书等字，总看计 99 号。

下午续看法书部分，看了一本宋拓《十七帖》，冯铨跋得之刘雨若，前有汪中题签及一无署款签署，似吴荣光手笔或较早，比日本印出姜宸英藏本尚完整，姜本尚佚一页。清初徐宾、方九澄等书轴。计看了大部分法书作品 107 号。下余约明天即可看完。

晚馆领导和局里同志来宾馆谈工作。杨伯达同志意见，将绘画部分稍提一些二级品，过去所看暂定二级的即定为二级（或有可升的酌升几件），因绘画二级过少。

6 月 29 日　星期三

晴。上下午在馆看书画。上午看了计法书十四五号，王铎作品有五件。下午法书中有张弼《草书千文》、董书《怀素自叙》卷，大字，惜前部残缺八字。钱榖《寒林高士图》轴，精。下午看□□号。杨主任同王、耿两同志先去相国寺看陈列品的予以定级，然后来馆。晚馆内老丁等同志来宾馆，谈有关陈列和明清工艺问题。

6 月 30 日　星期四

早晴，夜来风雨雷电迅猛异常，并闻有□□击玻璃声。早餐后即去参观，先去城东北黄河大坝参观，路经黄河指挥部，给予介绍了黄河解放前后〔治理〕的过程，变害为利经历。大坝从 39 号起至 42 号止，41 号坝乃国民党所谓治黄的遗留痕迹，土坝倾颓。其余坝均〔是〕用巩县的红石山的石块砌起来的，坚固得很，成为鲜明的对照。回返参观了开封享名的铁塔，实为琉璃瓦铁釉色烧制而成，塔高 56.4 □□，建于□□□□□。复看了新建的地下粮仓，粮仓为圆形，每仓可容粮一百万斤，共 12 个，还有麦粉加工厂，范围很大，直通市内人防，符合“深挖洞，广积粮”的号召和行动。

下午去龙亭公园、禹王台公园、繁塔参观。禹王台内有“古吹台”，据说古代音乐家师旷在此吹奏音乐，因而得名，内有“三贤祠”，李白、杜甫、高适三人曾在此游赏吟诗，刻正修缮中。园内树木成林，围范广阔，成为劳动人民业余活动的大好场所。

7 月 1 日　星期五

晴。上午在馆内举行座谈，下午分两组进行。老耿继续谈瓷器的鉴定，我即去鉴定拟进行处理的也就是续发现的（实即“文化大革命”中收进的）数百件（约三百余件）书画。工作中馆内多人配合，紧张的程度要超过其他任何时候，但仍做到聚精会神地予以鉴定完毕，也选出了几件二级品。回宾馆时已 7 时矣。

晚餐后市领导同志前来看望大家，各自汇报了工作情况。领导同志们均表示在短短几天里解决了多年存在未解决的问题，致以谢意。我们在鉴定中也学到很多文物知识和同志们热情接待和辛勤劳动的好作风。拟定明日上午乘汽车去巩县。

7 月 2 日　星期六

晴。8 时 1 刻，乘汽车离开宾馆，由庞佩、王征人陪同，于 12 时到达巩县，即住巩县革委会招待所。饭后 2 时余，庞、王同志即返回。与此间领导研究了明日的活动，决定去康店村看康百万的展览，下午即在所内休息。

7 月 3 日　星期日

晴。由县委文化馆罗金永局长、傅永魁同志等陪同，乘车去康店观看了“康百万的罪恶”展览，计陈列 11 室，房屋建筑在黄土高原的岭上。每室内均陈设文物、书画，书画方面张挂的与存放的共约一百余件，多属清代中晚期小名家作品，写给康百万家属的。康的剥削，主要是土地，占地达 1800 万亩，分布在河南、山东、陕西。这里成为阶级教育展览馆，进行揭露地主的罪恶，来达到教育的目的。

7月4日　星期一

由县委文教罗局长和老傅同志陪同参观了北宋的七帝八陵，并在芝田公社用中午饭，其中的宋仁宗陵准备今年开发。

7月5日　星期二

晴。由老傅同志陪同去少林寺和塔林参观，中午在登封县革委〔会〕用饭。下午去中岳庙参观，观察了汉石阙及北魏“中岳嵩高灵庙之碑”，盖于室内，刻字多已剥损。

7月6日　星期三

同老耿、老王搭乘早8时巩县开郑州的火车。抵郑后，博物馆同志交来故宫天秀同志发来的电报，以母病促回，于下午3时观看了省博的历史陈列，遂买了下午7时余返京的火车票。

7月7日　星期四

于晨6时即抵达北京站。至家后知我母因患半身不遂住医院三天，刻已于昨日（6日）出院了，在家服药调治中。

10月6日—9日〔追记〕　〔星期四—星期日〕

方闻、傅申、何惠鉴、吴纳孙（美籍华人）于1977年10月6日来京。7日参观故宫，上午看三大殿及养心殿，下午看绘画馆。8、9两日在丽景轩观看唐—清绘画及宋代黄、米两家法书，共看了肆拾柒件（法书2件，绘画45件），计照相的32件，他们提的名单画目210件，我们查对209件，重2件。看可照相的60件（实照32件），提看36件，实看15件，根本不提看的52件。

1978 年

9 月 22 日 〔星期五〕

〔听〕“碑与帖的区别”〔讲座〕。马子云讲。

〔讲座记录不全，略〕

10 月 1 日 〔星期日〕

上午。〔听〕四川美院冯健吾教授讲“诗词书法篆刻和中国画的关系”。

〔讲座记录不全，略〕

10 月 14 日 〔星期六〕

下午。〔听〕“赵孟頫绘画艺术”〔讲座〕。穆益勤同志讲。

〔讲座记录不全，略〕

1979年

6月1日 〔星期五〕

国家文物局文物鉴定训练班，1979年6月1日。

在保定市讲课六天，〔授课对象〕主要是全国各省市地区的文物商店。

全国各省市23个博物馆鉴藏书画目录，记录了每个作家和作品的时代、名称、款识和印章，充实了画史记载的佚漏，〔纠正了〕失实的地方。这是以实物来检查文献记载的讹传。为《中国画家人名大辞典》此书的增订、补改，积累了资料（实物）。

8月15日—16日 〔星期三—星期四〕

赴河南省博物馆鉴定书画日记。

于1979年8月15日与王卫搭乘151次车，晚11时30分开车，次日（16日星期四）晨10时余抵郑州站。省馆韩副馆长绍诗、赵新来、袁克敏、王天英四同志来接。先行至该馆稍坐，由韩副馆长简明地介绍了各馆这次送展书画的概况，并说定明日开始鉴阅。因各馆送展的负责人亦前来共同鉴选，并要求在鉴定时亦希重点真伪优劣的问题上谈一下，以便于学习。今天先去宾馆休息，明天早8时在馆内鉴阅。

8月17日 星期五

至馆后，相继洛阳、新乡、郑州市博物馆和市文物商店的负责人来此，由韩副馆长一一作了介绍，并请各博物馆负责人把馆藏的书画来源和数量一一介绍了一下，一致希望借此机会予以鉴定一下，以便于今后的使用和保管。最后同韩馆长研究，先将洛阳和新乡选送来的部分书画先鉴阅一下，再即省馆和文物商店的部分。星期〔日〕休息，下星期一再去市博物馆藏的那部分。还要求讲两次课，据讲省里办了一个考古训练班（主要是发掘），也都希望听听书画方面的鉴定问题。

上午看完了新乡和洛阳市送的书画，两者相较新乡的稍好点，洛阳的就显得差了，每馆各数十件，真伪参半，而洛阳部分伪劣的就更多了，其中仅有王铎书的诗稿册还不错（据说共有六本，现拿来一册），稍大的名家伪劣不堪。韩副馆长〔说〕上午看至此，下午要我们休息，他们以便把看后的书画，分别地整理区分一下。

晚间馆里任常中同志来此，据说安阳和南阳两馆也有些书画希望我们帮他鉴定一下，征询我们的时间是否可以。当即问了他们馆藏书画的数量，是送来此地还是〔去〕他们那里，如何便利请韩副馆长予以商定可也。晚邀看市话剧团演出的中日友好剧目《血泪樱花》。

8 月 18 日　星期六

上午赴馆见韩副馆长。关于安阳、南阳地方要求鉴定书画事的安排，据讲已通知对方，请他们选出部分送来省馆鉴定。上下午即看省馆选出的东西和文物商店的书画，两处均已看完（即选送部分）。省馆藏的所谓《曹雪芹像》册，前像后尹继善诗题，并未题是曹的像，在像的有□□□[1]题字认定是雪芹的像，并援引了曹与尹的关系。从这一题字的书法风格和文字用语来看，均似后一时期的人有意加上去的，来附会说是雪芹的像。省馆看了一册明人书画扇面合册十六个，首陈芹画竹石，末王锡爵书。还有一册洪武廿六年刘铸书《云居寺纪游倡和诗引》，后有永乐一直到清初查嗣瑮的题诗。

---

[1] 考□□□为陆厚信。

此亦在该馆中少见之物。其次黄慎《山水花卉人物》册、李鱓《花卉》册均较精。文物商店送来的书画大都真品多，清人的多，明仅一米万钟字轴。

明日星期日休息，从馆回归时新乡吴焕章、洛阳李健永同车来宾馆，请其用晚饭并坐谈至十时许离去。吴对书画方面是很爱好的，并对保管和书画的开卷提出要我对青年同志多讲讲，这个意见很好，我亦准备在讲课时谈一下这方面的问题，提起同志们来共同注意保护好这一珍贵文化遗产。

8 月 19 日　星期日

上午去文物商店与该店负责人赵冠五同志晤谈，承其备述关于曹雪芹小像册的来源经过，及他对此像看法（认为是陆润五所搞），似可作参考。

下午去省博物馆看他们的历史文物陈列，突出表现了河南省考古发掘历史遗迹（以陶、铜、铁、甲骨、汉砖等来表现说明），其中西汉陶仓上的隶书和汉代陶楼上彩绘人物故事画，在书画上都有所启示。

8 月 20 日　星期一

上午去河南郑州市博物馆看其藏的书画，大都是清代的作品，一般较多。下午在宾馆准备明日讲课的材料，晚看电影《山本五十六》片。

8 月 21 日　星期二

上午八时，〔在〕考古学习训练班讲有关书画鉴定方面的问题：①历代绘画上的署款；②印章；③题跋。

下午仍去市博物馆看下余的一些书画，其中有些清代还不错的，如清初释元辉《山水》册，对幅有高凤翰的左手书诗，似非题此册，乃集于其间的。高书画多伪迹，亦仅此一书，为其手书。省馆和其他市馆送来尚无真品。

8 月 22 日　星期三

上午仍去考古学习班讲书画鉴定常识。下午去省馆看新出土的盟书（与侯马所发现的盟书相似），选出字迹清晰的四件，每片墨书两行，可以窥见六国未统一于秦以前的书法体式，每字下笔重按，收笔提起，表现出似针尖的形式。随后看淅川新出土的大批铜器，编钟有 26 个，并有铜案[1]一具，据介绍，除端方旧藏一件到美国，天津近年来亦发现一件，而此乃为第三件。还有些铜器多带铭文，但也有残伤很重的，正在进行整理中。

8 月 23 日　星期四

上午去省馆看法书，复看资料部分，最后看到一件王鏊致□□□长札，内容谈到平叛宸濠的事件，是一件有关重要史料的文物，后有王芑孙借阅连题四段，此洵王济之书的精品。

下午同王卫去花园口黄河大堤防洪引水闸，极目远望辽阔无际，“黄河之水天上来”李白名句，真景现于眼前了，胸襟开阔之至。

晚上吴焕章同其子承钧来此，具体谈了明天由此起程去新乡的事宜和馆藏书画鉴定的有关问题。

8 月 24 日　星期五

来新乡市博物馆工作日记。

8 月 24 日。下午 3 时余乘郑州至□□的火车来新乡市。行程仅一时余即抵达。即住新乡市宾馆，距车站和博物馆库房都比较近。此行该馆孙克诚书记前去郑州去接一同来此，相继市文化局□□□局长和博物馆领导来宾馆相晤，备切关注，当定明日即去馆鉴阅书画，并定在鉴定完毕后讲一次书画鉴赏课，这是该馆和市美术工作和爱好者的要求。

---

[1]　原文作“桉”。查 1978 年河南淅川出土文物中有春秋时期的“云纹铜禁”（“禁”在此有禁戒饮酒之意）1 件，系承放酒杯的案台，此“铜按”应即指此铜禁，故将“桉”字改为“案”。1977 年河北战国中山王墓亦曾出土一件“铜方案座”。

8 月 25 日　星期六

上下午去该馆库房看书画，大都清人作品居多，推荐的元人钱选《秋葵》轴，原为伪明人唐寅的诗画款，后又添写了钱选的款，以唐为题了。但在裱工破烂中发现一幅元赵孟頫的行书五律诗大字轴，这确是一件从未想到的，书法开拓，晚年之作，上裱边附有梁巘小行书跋。赵字书轴，各馆都尚未见，上海博物馆所藏书轴尚有不同看法，这不仅是河南省各馆所无，即其他省市各馆亦无，可称赵书轴中罕见之品了。

8 月 26 日　星期日

上午去馆内看画，下午他们要求休息。中午以后即下濛濛小雨，吴焕章同志来此，邀去他家去坐，并预备了晚饭，饭后即同去观看曲剧《刘墉下江南》，亦即私访抑强为民除害的剧情。

8 月 27 日　星期一

上下午在该馆看书画，其中有四幅扇屏，内有明居节、孙克弘、王醴，清改琦、朱本等扇亦精。晚看豫剧《对花枪》。

8 月 28 日　星期二

上下午在馆续看书画，大都晚清人的作品，团扇更多，李世倬手札，赵执信书诗评，并选了八件明日下午准备讲课的真伪临改的作品。晚间吴焕章同志在宾馆长谈。

8 月 29 日　星期三

昨晚一夜落雨，这是来豫后第一次的凉爽天气。

1980 年

1 月 23 日 〔星期三〕

〔听〕冯先铭同志讲陶瓷（陶瓷三十年的收获）。

〔讲座记录不全，略〕

3 月 22 日 星期六

〔听〕启功同志讲法书，1980 年 3 月 22 日于美院。[1]

〔讲课记录不全，略〕

4 月 4 日 〔星期五〕

〔听〕史树青同志讲“文物考古目录学”（提纲）。1980 年 4 月 4 日于故〔宫〕礼〔堂〕。

〔讲课记录不全，略〕

6 月 3 日 星期二

上午九时接待美国芝加哥大学研究员史蒂文 · 巴特勒〔及〕其夫人美籍华侨〔人〕李玫瑰。李为写硕士论文，现正研究“浙派”的画家，特别是浙派晚（应中）期的人物画，如蒋嵩、张路等。李在台北故宫工作过三年，会讲中文。

中国社会科学院外事局陆桂荣。

1980 年 5 月 22 日，6 月 1 日—4 日在京活动。

兹于 7 月□日，接其邮来蒋嵩《山水》轴照片，已送许忠陵同

[1] 3 月 22 日前有“听启功同志讲课（绘画）1980 年 3 月于中央美院。”3 月 22 日后有“听启功同志讲‘文人画的问题’。”

志看过，拟请孙院长看后复信给他。〔此为该日记后的续记〕

6月9日　星期一

下午三时接待美籍华人王方宇，看朱耷“传綮”款的《花卉》卷两件，一为丙午年款纸本卷，一为绢本“传綮”兼“个山”款卷。

个山《芙蓉危石》扇面，白纸墨笔。

“总欺学学与尧尧，唤作天门第一桥。待到中流人共晓，莫将深浅问江潮。个山。”下钤“释传綮印”。

7月2日　〔星期三〕

〔参加〕全国文物工作会议。1980年7月2日〔于〕历史博物馆。

〔会议记录不全，略〕

7月7日　〔星期一〕

全国文物工作会议闭幕式上的讲话〔记录〕。1980年7月7日。

〔讲话记录不全，略〕

7月22日　〔星期二〕

文物出口鉴定标准的讨论，1980年7月22日，在红楼四楼会议室。

〔会议记录不全，略〕

7月29日　〔星期二〕

国家文物局召开历史文物咨议委员会〔会议〕。

……

一、文物破坏情况，乱掘乱挖的多了，文物黑市多起来了。

二、古建乱拆，万里长城的砖等，天坛等处。

三、文物管理不严，北京市文物局把文物堆积在院内，孔庙内的铜佛铜狮等放在院子里，主要是未建成库房存放起来。

四、文物出口数量很大，海关鉴定的人很少。公家出口，私人走私也不少，亦有投机倒把的人，搞一些文物出去。

〔要〕发挥文物的作用，教育群众。

全国博物馆、纪念馆四百多处，首都博物馆筹备处已筹备二十多年了，现在还未搞好。

通过文物，进行历史文物的教育，科学研究。

今年五月份讨论了图书的会议。

旅游事业，搞园林、文物。

制止破坏，加强维护，充分使〔利〕用，发扬光大。

8 月 19 日 〔星期二〕

文物局流散文物处开咨询委员会的提名的讨论会，1980 年 8 月 19 日。

〔会议记录不全，略〕

9 月 14 日[1] 〔星期日〕

于 9 月 14 日下午 6 时半由外事局接待，在和平门全聚德宴请理查德 · 艾德华滋及其夫人艾琳维贞，并美国使馆简先生、美院邵同志、招待召集人俞慧钧同志和局方领导同志一人，共八人。理查德介绍，他在中日战争期间在重庆住了两年，解放前夕在 1948—1949 住了两年。据其夫人讲，他（指理查德）最初是研究西方美术的，两次到中国后，看到东方艺术之美，回去后就开始由研究西方美术而转向研究东方的艺术了。其夫人艾琳维贞，善于烧制瓷器，自己设计并〔有〕亲手和土制胎烧制等技术，烧制的高温达二千四百度。还准备参观工艺美术院、唐山制瓷厂等。艾对绘画很感兴趣，据说来后去故宫绘画馆看了三次了。

10 月 8 日[2] 星期三

上午在漱芳斋招待日本书法代表团观看唐宋元明清五朝法书。

---

[1] 此条原无年份，以文化部为接待美国理查德 · 艾德华滋所发文件为 1980 年，定为 1980 年。

[2] 此条原无年份，但文中有“此事可向文物局或文化部黄镇部长将意见提出”的记载，而经查，黄镇文化部长的任期至 1980 年 12 月；文中又有“听说中国成立书法协会”，查中国书法家协会正筹建于 1980 年，故此日记年份可定为 1980 年。

团长：饭岛春敬，全日本书法联盟理事长、日本书法美术院理事长。

秘书长：村冈久平，日中文化交流协会常任理事、事务局副局长。

团员：饭岛敬芳，饭岛春敬夫人。

团员：续木湖山，全日本书法联盟常务理事……教育研究会副会长。

团员：田中冻云。

团员：种谷善舟。

团员：驹井鹅静。

此次参观了唐李白《上阳台》卷、宋苏轼《新岁、人来二札帖》卷、宋黄庭坚《饮中八仙歌》卷、元赵孟頫《书札四段》卷、元康里巎《述书赋》卷、明沈粲《千字文》卷、明祝允明《琴赋》卷、清朱耷《十三札》册。

饭岛春敬团长等看后很感满意，在休息时曾向孙副院长提出，将以上法书送东京展出，再把日本藏的法书送来中国展览。孙答，此事可向文物局或文化部黄镇部长将意见提出，我们亦将你意反映上去。据他讲，此来乃听说中国成立书法协会，如有什么需要，是可以赞助的，并问了有关小中大学的书法问题，及大学有无这一课。看来他对书法这一问题还是很关切的。这也就促使我们对这一方面更加予以重视起来。

陪同观赏者：孙觉、刘炳森、刘九庵、肖燕翼、郑志海。

10 月 11 日　星期六

早六时，乘院汽车赴承德寺〔?〕博物馆、避暑山庄及外八庙等处参观，下午一时余抵承德，当即参观了博物馆及避暑山庄，亦仅观看大部分。

10 月 12 日　星期日

微降小雨。上午乘车参观了两个寺庙，下午看了四个寺庙。当晚议定明日可以自由活动，或去市内，或去馆内均可，但在十时前一定赶回招待所一同乘车返京。

10 月 13 日　星期一

同石雨春、施安昌同志去避暑山庄观看尚未去过的地方，最后去“南山积雪”。山上一亭，已年久失修，已无休息的座位。此山亭比景山要高一倍。回后即返招待所，时间已将至十时矣。

此刻陈滋德同志与该馆申天同志正在等候，据说有人拿来几件书画，拟售于博物馆，时间很紧迫，要我留下来代为看一下，因之决定改为明日再走。当即与陈、申乘车去物主住处联系观看问题。物主将书画卷取来，即在招待所一同观看：

一、裘曰修题清人画《秋狝图》卷；

二、文徵明《行草自书旧作诗》卷；

三、金简《集弘历句篆书印章拓本》卷，缂丝包首；

四、胡家爇绢色《山水》轴。

按，裘题《秋狝图》卷，即当时画家所作，水平一般，尚不及钱维城的艺术成就，但从内容来看，画秋猎景色，有蒙古包及众多人跪拜之礼，裘题诗记载过程较详细，图上并钤有乾隆、宣统印，裘诗后并钤“太上皇帝之宝”大印。此卷在该馆入藏陈列还是能说明问题的。

文徵明行草自书诗：“春兴二首，夏夜、秋夜有怀二首”（标题是由后向前记的）。首句“初秋雨时霁，夕景敛炎疴 ......”末款“丙申四月十七日闲书旧作数首，徵明”。下钤“文徵明印”白方、“徵仲”朱方。此卷纸墨书法尚好，考丙申为嘉靖十五年（1536 年），时年 67 岁，为其中晚之作，但末后“闲书”二字的笔法却有王宠的笔势，此点还是有待研究的问题。

金简集弘历句篆书刻印，复摹刻于石，拓成装卷，为乾隆作八十寿辰呈进之物，内容无何可取，但卷包首为缂丝海水麟兽状，却完整无损，是可取的。

胡家鼐绢色“臣”字款山水轴，不知其人。据馆中同志讲，乃是承德当地的晚清画家，作品属于一般，水平不高。因是地方上的画家，还是有所用。

10月14日—15日 星期二—〔星期三〕

14日。上午在馆内看了库房的书画藏品，有几件“臣”字款的作品尚好外，大多是假大名头的作品，历史、艺术价值均极差。并看了该馆画廊的清代画陈列，末一幅是弘历仿郑重的《达摩像》，亦即最近由文物总店拨来的那幅原作，仍把它当作郑重的真迹来品题了。然后去避暑山庄围墙上参观，登高远望，外庙寺及棒槌山历历在目，胸襟顿为开阔。

下午乘2时04分火车返回，到京站6时50分了。陈滋德托代交嵇春生的信，于15日上班后即代交他了。陈的夫人齐桢亦在承德照料陈的生活。

10月15日[1] 星期三

上午早八时半在漱芳斋招待美国艺术团，王季迁、傅〔王〕妙莲（傅申的夫人）等十余人，参观了如下的绘画陆件：

宋 赵伯驹《江山秋色图》卷

宋 马和之《豳风图》卷

明 文嘉《仿米氏山水》卷

明 沈周《山居图》卷

明 文徵明《惠山茶会图》卷

明 董其昌《山水书画》合册

[1] 此条原无年份，以日记在笔记中为紧接前定1980年10月8日条的下一页，笔迹、墨色相近，且10月15日与10月8日相隔七天，并同为星期三，可初步证其为同年同月；又据作者在另一笔记本中有准确日期的1980年10月14日的日记标注为星期二，而此10月15日正好又是星期三，为进一步推断提供了佐证，故暂定此日记年份为1980年。

10 月 18 日 〔星期六〕

〔10 月 18 日于绘画组召开的会议记录。〕

吴仲超：故宫书画鉴定这个工作做得还不够，最近出版赵孟頫六体《千字文》有些问题。鉴别鉴定工作搞不好，其他工作就做不好。时间不去管它，搞好为止。

希望各抒己见，有些东西以前仔细看过，也有争论，现在看，认识不同了，允许有新的意见。有些没办法定下来的，不能求一致，这也是正常的，要搞好记录，各人意见记好，重要的要让本人看，每件东西要有总的鉴定意见，整理出来。我参加开个场，不一定每次来。（1980 年 10 月 18 日上午于绘画组）

启功：提一个建议，鉴定会可以搞个副产品，《石渠宝笈》著录的名作，我们认为是假的，将前人意见推翻，得出新的结论，这应当在院刊或其他地方发表，让外界知道我们的意见，有余力还可再评外边的东西，如对台湾名画三百种，发表我们的意见。

……（接上文）

书画复审中问题的解决（1980 年 10 月 18 日）。

真伪、时代、定名。

王羲之《雨后帖》。

真伪（包括摹、临、仿、造）。

时代（书画风格、避讳、纸绢等）。

定名，在确定真伪、时代后方能定出较切实际的名称。

10 月 24 日 星期五

10 月 24 日上午，传达室来电话，有一美国人要见我，出后始知为理查德·艾德华滋及其夫人艾琳维贞。知其拟去天津艺术馆参观范宽的绘画、萧照《瑞应图》及钱选花鸟卷等，回京后拟看我院赵千里《江山秋色》、王希孟《千里江山图》、李迪《鹰枫图》等，请他向文化部教育司外事处俞慧钧联系，向我院办公室提出要看的东西，何日来看，约定好后，便于安排。

文化部教育司外事处总机 446571。

（80 文教字第 1070 号）

12 月 2 日 〔星期二〕

彭院长谈参加展销会开幕〔事宜〕，1980 年 12 月 2 日。

〔会议记录不全，略〕

12 月 6 日 〔星期六〕

赴香港日记，1980 年 12 月 6 日。

12 月 6 日，下午 2 时 55 分，随同孙觉副院长、杨富春同志搭乘北京—广州飞机，于 5 时 40 分即平顺抵达广州白云机场。此间气候比北京暖得多，毛衣根本穿不住。出站后即由中华书局驻广州办事处〔人员〕来接，即住在流花街该办事处。这里已代买好 8 号上午去香港的火车直达票，听说中华书局香港分局副经理明日来广州，后日陪同一起去港。复与老杨把彭院长托带与张汀的女儿陈□□的去港护照送到她的住处东方宾馆（即原羊城宾馆）。

谈起画展事，据知李苦禅与他儿子李燕的画展，亦拟在十一二号展出。并说有个美国人要买刘海粟的画，因为他的画未标价不准备出售的，经过再三的要求答应卖两张与他，价格七万元。他拿回国后，向人显示说他能卖的〔买到〕刘□□的画，非常得意，于是就有很多人请他让出一张，最后竟有人出 50 万美元，如是就卖了一张，可谓既得利又得画，两美矣。

12 月 7 日 星期日

上午阴。早点后于 8 时一同乘车〔去〕光孝寺广东省文物商店。因是星期天，商店经理及负责人均不在，看了他们陈列商品，了解一些销售的情况，据说今年流水额已达七十万元。商品以瓷占多数，字画及玉器、木雕次之。

该寺内早上焚香礼拜的善男信女们真不少，香烟缭绕，跪拜者也不少，并在瓷铜制的佛像前投人民币来表示信仰。可怪者还有些青少年亦持香礼拜，不知他们心中想些什么。中午即在外用饭。据悉，该处给买明天上午 8 时半去香港车票，上午 11 时 24 分到港。

12 月 8 日　星期一

晴。上午去广州车站，即办理填单验证、托运等手续。8 时半开车，至深〔圳〕车站停五分钟即过罗浮〔湖〕桥，亦未上车检查，只填写了一张携带物品证单。11 时 24 分正点抵港，由中华书局负责人，博雅、集古负责人来站迎接，即乘车至马坑涌道中华大厦六楼 11 号房间住下。12 时去茶楼饮茶吃点心，下午四时参加李苦禅父子的画展招待会，会见了港界一些朋友〔及〕上海朵云轩的副社长宋心屏等同志。

6 时在中商大厦参加与李苦禅、李燕父子举行的画展招待会，与上海朵云轩□□□两先生晤谈。

12 月 9 日　星期二

晴。上午去中华书局门市部观看书画陈列，明清十件真迹，也已陈列，用塑料板将画覆盖，这样固定使画显得平整，也能防止出现问题。下午 6 时，赴朱牧邀请的宴会，在跑马场的马会餐厅，参加此会的有李苦禅父子及李翰祥夫妇、韩培珠、王桂洪等。

12 月 10 日　星期三

晴。上下午中华书局〔召〕开记者、文化教育知名人士画展招待会，到会的人数达□□□人之多。应各报记者对展品的原作与复制品的相异在何处的询问……

12 月 11 日　星期四

晴。去中华书局，前来参观者人数众多，晚间赴胡絜青、赖少奇画展招待会，九龙狮子会主办，展址在丽晶酒家，为新建设的规模巨大的场所。

12月12日　星期五

12月13日　星期六

晴。上午由翁克敏先生陪同去海洋公园游览，下午去宋城参观，由该处赵凌女士接待并用餐。

12月14日　星期日

去书局，徐伯郊先生来访，老友相逢倍感亲切，畅谈了有关书画之事，并叙及张大千在台湾居住的情况，还邀请在下星期六吃扬州菜。凤凰影业公司邀看了郑板桥《竹兰》、李鱓《石榴萱花》轴，郑旧伪，字比画好，李画真。

下午3时去钱学文先生处看了他的藏画，并所谓吴道子画《钟馗像》横轴。从画题款来看："洪武廿年除日"，下并钤"岷王之宝"朱文大方印，应为朱岷所画，非唐宋人画。还看了他藏的程邃山水、法书各一件，龚贤山水轴一张，柳树画法很好。王渊绢本设色《秋水芙蓉》横方轴，此画似清初人画，款为后添。

晚朱牧和韩培珠接往日本料理吃各种新鲜生鱼，以及饭面。饭后复去海运大厦看夜景，灯火辉煌，所谓世界十大奇景之一。

12月15日　星期一

上午王桂鸿（博雅堂）接去吃茶，集古斋彭可兆陪同。中午庄医生夫妇请客，李苦禅等在座，菜很丰富。饭后王桂鸿邀看□小龙电影，晚复请吃饭。何沛棠陪来住处。

12月16日　星期二

上午去商务印书馆与黄毅坐谈，中午冯平山博物馆刘唯迈请吃午饭，江汉芬参加。下午3时与《书谱》吴羊璧、□□□，坐谈有关复制等过程，以及鉴别问题，并提起据吴说，"陆柬之"书《兰亭诗》在香港〔的〕私人收藏。有关保管方面的问题。晚上利荣森宴会（利园酒家），参加者有中文大学教授郑德坤、贺文略、王仁〔人〕聪、

□□□□□□，谈了有关书画方面的问题。

12 月 17 日　星期三

上午 11 时到中文大学参观，博物馆处藏了不少玉石刻的花，楼上陈列书画，大都是广东书画家，墨拓游相本《兰亭》有六七卷，华山碑，李文田考并题。中午即在该校用午餐，该校并赠送了《华山碑》印本，以及郑德坤藏画影印本。晚上李翰祥请客，并拿了一本《十七帖》，旧签题宋拓，帖后跋不少，但桂馥和郭尚先跋有问题。

12 月 18 日　星期四

中午中艺接待，晚上叶□□请客，在敏求精舍看了不少书和画，大都真品多，有一沈周《山水》卷并自书《落花诗》，文壁《和落花诗》，书体似王穀祥。祝允明书《蜀道难》大草书很好。还有二三十个明人书画扇，内中沈周书甚精。晚饭归后已十时余，王凌等人在门内等候，送来要看的画卷。展后先见题，赵孟頫、钱舜举等□□家跋均真，后纸墨山水亦洁净，微有残缺，宋人画，但技术平平。在商谈中允许由我院代为装裱，即存放在中华大厦，走时带京。此卷亦不易得之作品了。

12 月 19 日　星期五

上午十时何霈棠陪同去香港艺术馆看书画，大多是广东人的作品，其中有一本吴历《诗稿》十九开，小楷甚精，并每人送了一本该馆藏品□□□□。馆长谭志成、陈瑞山。下午由老翁陪同与杨富春参观了该馆的书画藏品，画大多是仿造，真迹有刘墉字轴、查士标山水、蓝瑛与孙杕合画《竹石》轴、罗牧山水轴。中午韩□□先生在“北京楼”〔请〕吃饭。晚上〔与〕中艺裴付董事及王光华副经理，韩、施先生去鱼龙〔鲤鱼〕门处小岛吃海鲜，都是活的，自取买好，再调料加工，味道鲜美之至。

12 月 20 日　星期六

上午……

刘九庵（右二）接待日本友人续木湖山（左五）等观摩故宫书画，20 世纪 80 年代

1981年

1月7日　〔星期三〕

文物保护单位名单（60处）讨论〔会〕，1981年1月7日星期三，在文物局会议室。

〔会议记录不全，略〕

1月12日　〔星期一〕

郑求真同志讲有关保管等问题，1981年1月12日于书画组。

〔会议记录不全，略〕

1月23日　〔星期五〕

关于职称的评定，1981月1月23日上午。

〔19〕60年以后来的同志，以古汉语及通史写论文。〔19〕60年以前的同志是考核，主要是搞一个研究小结，有以下五个项目：

一、这些年来研究的主要项目是什么？有什么成果？从事研究项目里，有自己的看法，有文章、著作〔的〕列一目录；没有文章和著作〔的〕，写出一个经验小结和认识亦可。在库房管理、保管应不在此例。

二、在从事研究这方面，有什么问题，今后打算如何办。

时间的要求，考核评定要走在他们之前，从今天开始，要集中考虑小结问题。春节前交上来，以便于讨论。

研究的收获、成果、问题。

2月24日 〔星期二〕

萧正文、杨伯达副院长谈赴港事宜，1981年2月24日。

有关展销问题，主要是鉴定。展览意图，要些材料，下月28号走。绘画展出作品明朱见深《钟馗》，典章文物，皇帝收藏的。

“故宫珍宝展览”（原定“秘府”），绘画以院画为主，秘府收藏为辅，适应各界的爱好者的讲解与介绍。

任务主要是鉴定、展销部分。28日至广，30日赴港，31日拜访香港工委等，4月1号预展，2日记者招待会，3日酒会，4月4号—5月〔编者注：应为展期〕。

3月

彭院长讲，去港前讲话，1981年3月。

宣传政策，文物了解情况。

3月5日 〔星期四〕

中艺公司展览〔会议记录〕，1981年3月5日。

展品25箱，纪念品23箱，共48箱。

15号到广州，16号到深圳。11号到北京站商谈，车厢号（行李在），海关总署免验。

从深圳办□□2331梁德主任。电报5114。

展品到广州后找交易会第四办公室傅云霞，□□□经理张涛，30016。

中艺公司沙面招待所。

中国国际旅行社，再找中艺的人小施同志。

一、准备工作仅二三个月，按时完成得出色。铁道部、海关、公安的支持。

二、展览，大规模的展览，影响到今后，文物的安全，办得如何，要安全到、回。组织了押送组，以王秀山为主，四人。

三、随展组，陆燕贞负责，陈列展出，点交回来。

四、萧、耿、刘的任务，组成代表团的团员。

书画陶瓷器，内部鉴定，不是其他名义。

有关尊严荣誉，在这里不送礼，不收礼，但不请客。住处要记下来，护照要带好，不单独行动。□□有利条件，文物比较好熟悉。

不卑不亢，落落大方。

我们自己每天要碰碰头，有事互相商量。

赴港日期拟定3月27日动身。

故宫概况，使港澳同胞欣赏参观。内容：典章文物、明清两代的艺术品、三希堂原状。特点：集中反映乾隆的文物，皇宫秘藏，第三，明清秘藏的文物。

3月27日 〔星期五〕

赴香港"故宫珍宝展览"会日记。

1981年3月27日搭乘下午2时45分赴穗飞机，于6时抵达广州，即住沙面大街58号招待所。这里的天气气温已达26度，即将棉绒衬裤及厚衬衫和蓝色上衣存放于该处。中艺公司李□□同志和贾医生陪同照料一切。

3月28日 〔星期六〕

上午8时半搭广—港直达火车，于11时半抵港，中艺□□□□□□等领导人来接，即住于香港湾景大厦十楼102号房间，与老耿同志住一室，萧副院长住一室。

中午用饭后，于3时同去九龙中艺公司的陈列展览室参观，与徐、陆、张三同志见面，并听了王光华副经理〔讲〕的展览过程，以及各方面的安全措施。展室确已达到琳琅满目，真有美不胜收之概。但说明文字上还有个别误的字，须要每件核实一下，以免被人提出而形成被动。

3月29日 星期日

晨大雾，各机关均休息。上午10时余张蓉蓉同洪克珉携她的小孩彬彬来此，即在接待室畅谈，老耿同志一同叙谈，即把京中院里的同志托带与蓉蓉的东西一起交付给她了。她还约我们到街上走走，因上午还等人，即行婉谢了。下午中艺□□□同行和我们去了一些商店，了解了些各种商品的价格。晚写了两封回信，一与王南访同志，一与崇禧，均说了平安到达及展览的概况。

3 月 30 日　星期一

王副经理同我们一起去中艺展室，谈了有关寄售的一些具体问题。据说关于书画代售的电话很不少，拟初步先收下，经过鉴定再决定回复对方。至于当日收当日看，还是头天收次日看，还未确定下来，我们是倾向于后者。下午同去本公司拜会了陈□□各位经理，并参观了中艺的几个分店，在香港，中艺公司还是比较大的。

昨看《新晚报》，知谢稚柳来港中文大学讲学，陈佩秋当一同来，已请公司王经理四月三日酒会时请其前来参加一下，王同意并应发请柬。

〔另，〕香港中艺公司书画鉴定记。上午，中艺公司王光华副经理招集在展出期间负责接收委托寄售文物的李坚明、戴良合两先生，谈了如何进行接收鉴定的问题。最后议定，每天鉴定前一天送来的文物，不直接与物主会面。即日王经理拿来几件书画：

（1）清乾隆期绢色《杨妃出浴图》轴，画法近似康涛一路（原签书为明人）。

（2）清晚期绢色《罗汉（十二像）》册，画法水平低下，似出自尚未成熟的工人之手。原册可能是十六开或十八开，残存部分后加添款“禹之鼎”。

（3）张大千草书“寿”字轴真迹。听说委售者要价五万港币。

（4）郭味蕖画山水、花卉成扇三柄，为其早晚作品，据款署乃画与其母舅者。

（5）王震花卉成扇一柄，后面并自书。真迹。

3 月 31 日　星期二

上午由王光华副理〔陪同〕前往华润公司〔与〕副总裴泽生、俞敦华副总经理来接谈，作为礼节性的拜会。回展场复核说明。

下午王光华陪同复去新华社拜会齐峰副社长，由萧副院长汇报了此行情况。齐社长对展销那部分仍如去年复制书画展销时提出的、“少而精”的作品举行拍卖这一方式〔表示赞同〕，认为拍的价值合适，等于标价的十倍八倍（也就是拍一件等于卖十件之价）。关于招待会讲话问题，认为在酒会上可以不讲，记者招待会可讲讲，讲话稿不拟看了。

返展场后，陈礼沛来此，即在展场口外把蒋异的信交给了他，他说有几张照片托带去，已应他可以。

4 月 1 日　星期三

上午九时同去展场，陈列一切就绪，广告公司拍照资料。下午 2 时半，中艺邀请的廿一位顾问，除以事外出，大都前来。新华社齐社长来得最早，相继而来者如费彝民、毛文奇、李嘉诚、屈志仁、霍英东、郑德坤等。看后休息时，萧副院长讲了这次展出的展品选的是精致的，反映乾隆时期各种工艺造诣发展的概况。顾问们一致认为展出的特点很突出。马国权先生亦前来，邀定酒会再来。在定的价值〔格〕方面认为不算高。

4 月 2 日　星期四

上午九时去展场，下午三时举行的记者招待会，各报记者陆续来此，对展出的文物都感有兴趣。将近四时，由中艺王光华副经理主持讲话，萧副院长致辞讲话，会后复参观并分别向记者们解答询问的题目，如怎样鉴别真伪和如何欣赏等问题，记者青年人多。

〔另，香港中艺公司书画鉴定记。〕天气晴和。

（6）赵之谦花卉屏幅之一。画非赵笔，款署“撝叔赵之谦”仅得其形，是从真赵题跋勾其轮廓移写于屏上者。此屏当系多幅，仅末幅有款，被作伪者利用添款耳。

（7）清华子宥蓝绢色地描罗汉轴。画极板刻，款题书法亦俗，后人仿制。

（8）吴镇纸本墨竹并每段诗文题。草书题字飞动有势，画亦潇洒，但非吴氏笔，乃是詹僖（仲和）之笔。题字书法之可爱，似比临赵者还好一些。款署"至正八年夏六月，时宿雨未霁，劳倦少息也"。

4月3日　星期五

上午小阴雨。九时去展场，下午举行的酒会。在下午二时，王光华副理召集该公司副经理等人员座谈迎宾参观的分工问题，我们六人即在"故宫珍宝展览"场迎接来宾，该公司人即分别在展览场以及展销场迎宾。

三时整会场开始开门，来宾一拥而进，而参观的人有半数是欣赏文物，多数从展室很快即进入展销场，那是为了提早订购自己喜爱的东西。会场来宾相当多，刘海粟、谢稚柳、陈佩秋、谭志成、黄毅、李祖泽、彭可兆、王桂鸿、郑德坤、张万里、黄茅、朱牧、毛医生等。会后参观者对此展览的评价还是很高的，认为很多文物过去从未看见过，而展销部分被订出不少。晚间王光华副理对我们说，在该公司的历次展览中，此次的盛况还是空前的，即以来宾的人数来说，估计能到八百——一千就算很好了，而来者竟达1200多人，来宾早来的集于门外，而下班响铃后还有人流连不走。展销部分订户不少，即〔仅〕小卖部两小时即售十几万元。

4月4日　星期六

天晴。今日"故宫珍宝展览"正式展出，上午10时开始入场，中午闭馆，下午1时开始至5时半，参观的人络绎不绝，对此展览颇感兴趣。晚三联书店请宴。

4月5日　星期日

晴。观众逐渐多起来，而且对每件文物看得都很仔细、如花卉插屏屏风，其中的一扇前后倒置，茎与花脱离〔都看出来了〕。送书画前来寄售者亦复不少。

4 月 6 日　星期一

晴。参观者非常踊跃，三日来参观人数竟达五万人之多，文物展销的情况顾客亦复不少。

4 月 7 日　星期二

晴。公司副经理、施久国、蔡嘉敏等陪同去海洋公园游览，坐缆车，观海豚表演及水族馆鱼类游□，中午并在该园进餐。

4 月 8 日　星期三

会场参观如常，中午毛文奇医生请吃饭，晚集古、博雅请客，黄毅、黄茅、王光华、施久国等参加，大家谈笑宴饮，很欢畅。

4 月 9 日　星期四

上午由中艺蔡嘉敏小姐陪同去中文大学参观，由郑德坤、饶宗颐、林寿晋等陪同。观看了文物馆的“十周年”的选品展览，然后由郑德坤老教授组织了座谈，认为这次所有的展品都比较精彩，从学术上来看，文字介绍从历史上说明问题感到少了些。中午即在该校用饭，郑德坤先生等陪同。下午来公司看送来的书画，多数是伪品。夜来忽降大雨。

4 月 10 日　星期五

雾、晴。上午九时至会场后，由苏玉娟、蔡嘉敏陪同，去香港大会堂“香港艺术馆”参观古器物展览及西法画珠江风貌图展，显现十九世纪的风景面貌。看毕后，该馆馆长谭志成陪同至他的办公室小坐，互送了馆刊及陈列品目录说明。

晚大华公司常熙权、李荣昌副经理在大华国货公司的楼上请客吃饭。常是束鹿县人，与耿宝昌老家很近。中艺投标的文物今日揭晓，一对乾隆□□蒜头瓶，报价 25 万，□□□大盘□□□。

4月11日　星期六

晴。上午去香港大学冯平山博物馆参观，会晤刘唯迈，他是昨天才由北京返回的，拟下星期来中艺参观。听说他已洽商好陶瓷片展览在香港展出，然后去日本，该馆的陶瓷较好。

下午新华社杨奇副秘书长送鉴陆治花鸟轴，纸色，乃清人伪品。还去裕宝斋邓氏文物店参观，此店在香港是较□的，与中艺公司过往比较密切。叶医生送看祝卷。

4月12日　星期日

晴。上午去展场，送书画者不少，但好的不多。见一本乾隆时人画《耕织图》册，绢本设色，四十多开，徐悲鸿签题和题记一开，寄售索价一百万美元，未予收留。

中午张万里先生邀请在楼上翠园酒楼吃饭，耿宝昌、洪克敏、张蓉蓉和她的小孩彬彬。下午送画者亦不少，因为是最后一天了。彭院长、徐、天晚上12时返回港地，即住此所十一楼。

4月13日　星期一

晴。上午由蔡嘉敏陪同去宋城参观，中午即在那里吃饭，下午返展场。复去艺苑观看了台湾省新出的故宫藏画法书选集，其中就有历代法书30册，并圈定了一些必要的有关资料，拟回后报告去买。天秀同志去他妹妹那里看望，说是已去海洋公园参观。徐邦达与王南屏见面，徐留下便信与王索取照片事。晚上中艺请彭、徐、天吃饭，在景福餐厅，参加者谢稚柳、陈佩秋、萧院长、我和老耿。天秀以外出未参加。

4月14日　星期二

晴。上午11时半，彭、徐、天乘车赴机场返京，赵榆、小沈同时赴火车站去穗，因中艺王副经理等陪同前去，我们即未去送。下午在萧院长室研究了今后几天的工作安排并回访辞行，如商务、中华、三联书店等处，并华润领导等。

4 月 15 日　星期三

晴。上午去展场，老耿向青年同志们介绍陶瓷的鉴定工作，将近 11 时同去张鼎臣处，座谈不到 20 分钟，即行返湾景大厦。下午由李主任陪同去商场游览。

晚 7 时，敏求精舍招曙东亲自来接至他家看所藏的书画，与老耿同去。书画、陶瓷等数量不少，多属于明清作品，徐伯郊所收的很多为招氏购买。

4 月 16 日　〔星期四〕

香港王南屏送来华润公司招待所他收藏的元、明、清三画照片一份，计四张：

1. 元　柯九思《临文同墨竹》轴；
2. 明　夏昶《为廷顺画风雨竹》轴对幅；
3. 清　恽寿平设色《牡丹》轴（王翚题）。

1981 年 4 月 16 日。

在与王南屏接谈之前，即把徐邦达先生写给他的信交付于他。谈及此画的交易事，以及价格事，他说香港近来书画价格很高，非似以前可比，价钱不好说，拟与故宫进行交换一些晚清的书画，如任伯年、吴昌硕等，如果可以，双方可商酌办理。复他回京研究后即行复信。

4 月 29 日　〔星期三〕

今于 4 月 29 日下午二时，由孙副院长主持在院长室开会讨论王季迁所藏的那部分书画（均附来照片）如何进行谈判的问题。王氏提出要我们予以以下的文物：①铜器；②瓷器（宋以前）；③彩陶；④石雕；⑤□□；⑥□□。

拟在彩陶上洽谈，由局里直接与他谈。王南屏画交易事，孙副院长说由保管部写与文物局公函，说明可以考虑交换事。

徐邦达并写与院长的信："王南屏香港收藏家，现其手中尚有宋、元、明、清书画精品数件，彼愿……”

5月16日　〔星期六〕

王凌女士于1981年5月16日上午偕同其弟王长安及女儿三人于8时三刻来故宫，接至她去丽景轩观看去年带京托装裱的宋人山水卷，并将未揭前的照相予以对比相看，具体向她介绍了此卷装背的过程，及添画补洞等问题。她甚感满意。谈到此卷复制的问题，孙院长复他〔她〕约一年的时间方能制成，关于复制费用及装裱好，须人民币壹万元。这不过是个概数，如果决定复制，还须由裱画师根据画的情况来决定价格。还谈到要购买一部二十五宝玺，以及赵孟頫画的《人马图》卷。孙院长答应给她想办法。

9月8日　〔星期二〕

1981年9月8日上午在丽景轩，接待美国波士顿博物馆吴同先生看唐、五代、宋绘画及八大卷册各一件，同来参观者有香港叶义医生、黄君实、方夏莲：

唐　韩滉《五牛图》；

五代《韩熙载夜宴图》；

宋　王诜《渔村小雪图》，张择端《清明上河图》；

清　八大《杂货》册，八大（传綮）《花果》卷。

10月6日　〔星期二〕

美籍华人李嘉琳先生参观王履《华山图》册，1981年10月6日下午丽景轩。

10月12日　〔星期一〕

书画研究班宗旨，1981年10月12日。

吕朗同志讲，学员与老师总计18人。

普及班办起来有些困难，书画难学，接触机会少，学习和鉴定困难得多。以提高为主，研究，〔办〕研究班。

徐邦达讲，启功讲，谢稚柳讲：

①派别；②真伪。实物直观教学。

争鸣的办法，资料的完备。

11月6、7、8〔日〕三天徐讲，11月9日—12月5日，12月6、7、8〔日〕三天启讲。

10月20日 〔星期二〕

〔听〕高居翰先生（卡希尔）〔讲座〕,1981年10月20日于美院。

〔讲座记录不全，略〕

10月31日 〔星期六〕

文物局咨议会开会，1981年10月31日。

〔会议记录不全，略〕

11月4日 星期三

书画鉴定研究班日记，1981年。

11月4日。上午9时由文物局出发，11时余即抵达蓟县，寓居渔阳宾馆。下午由徐邦达先生分别看了各处带来的书画，当即分成为两大类：一、为伪迹（包括摹临仿造），二、改头换面作品，以备讲述时选用。

11月4日—7日 〔星期三—星期六〕

书画鉴定研究班，文物总店组织。1981年11月4日一同去天津蓟县渔阳宾馆，开展学习鉴定研究工作，先由徐邦达先生讲：关于临摹仿造书画内容以及书画真品被去款添款等不同的方式。七号返京。

11月5日—7日 星期四—〔星期六〕

11月5日上午至11月7日，徐邦达讲了两天，是日即返京。

11月8日—14日 〔星期日—星期六〕

11月8日至11月14日,把由各地带蓟的书画以七日的时〔间〕看毕，每看一次，选其中能说明问题的作品予以扼要指出问题的关键所在，使大家均得到掌握。

11 月 15 日—16 日 〔星期日—星期一〕

11 月 15—16 日由我讲了“董其昌的书画艺术”，“八大山人的作品分析”。

11 月 19 日 〔星期四〕

研究班座谈记，1981 月 11 月 19 日。

〔会议记录不全，略〕

11 月 23 日 〔星期一〕

〔听〕启功先生讲“鉴定中的书法问题”，1981 年 11 月 23 日。

〔讲课记录不全，略〕

12 月 1 日 〔星期二〕

鉴定书画研究班座谈，1981 月 12 月 1 日。

〔会议记录不全，略〕

12 月 4 日—9 日 〔星期五—星期三〕

12 月 4 日返京后，于 5 日—8 日参观了历博、故宫、文物商店、首都博物馆四处的书画，9 日准备了赴津及南行计划。

12 月 10 日—13 日 〔星期四—星期日〕

10 日上午至津，11—13 日参观了艺术博物馆、文管处、文物商店的书画。

12 月 14 日—17 日 〔星期一—星期四〕

13 日乘下午车赴上海，14 日晚抵沪。于 15 日—17 日在文物商店看书画，并请朱念慈讲任颐、虚谷、吴昌硕作品，复请方去疾讲刻印，时间共三天。

12 月 18 日—19 日 〔星期五—星期六〕

18 日—19 日在上海博物馆，〔18 日〕看八大、石涛、石溪三家作品，并由谢稚柳先生讲书画鉴定课。次日看文、沈、唐、仇以及四王、恽、吴作品，还有陈洪绶。

12 月 20 日　星期日

休息，自由活动。

12 月 22 日　〔星期二〕

21 日—22 日参观上海博物馆宋元明清绘画展览。

12 月 23 日　〔星期三〕

下午乘车赴苏州，在苏博看画两天。

12 月 25 日　〔星期五〕

24 日下午—25 日在苏博。

12 月 26 日　〔星期六〕

26 日在市文物商店看书画，市文化局等领导来看我们。

12 月 27 日　〔星期日〕

27 日由苏赴曲阜，在站与店领导话别。

12 月 28 日　〔星期一〕

28 日晨 6 时余抵曲阜，台立业同志前来接站。是日参观了梁公林、少昊墓、周公庙与孔林。

12 月 29 日—30 日　〔星期二—星期三〕

29—30 日即在孔府文物商店内观看了孔府所藏的书画。

在清东陵合影，1981 年
前排左起：台立业、刘九庵、张慈生、马斌、潘深亮
后排左起：章津才、陈岩、王春福、乐守勋、李遇春

与潘深亮在清东陵合影，1981 年

任质斌（左一）、邓力群（左二）、启功（左三）、徐邦达（左四）、
刘九庵（左五）、高履芳（左六）、孙轶青（左七）等在会议中，20 世纪 80 年代

在办公室鉴赏书画，20 世纪 80 年代

1982年

1月3日 〔星期日〕

〔1981年〕31日—1982年元月一、二日，一直在孔府内文物商店看书画及讲解书画鉴定方面的问题。二日晚六时余搭车北返，三日晨三时余车抵天津，复于六时半搭津—京车，于将近九时抵京。

10月9日 〔星期六〕

招待西柏林博物馆东方艺术系魏志强先生，1982年10月9日上午丽景轩：

夏昶《半窗春雨图》卷

夏（朱）昶《上林春雨图》卷

陈录《烟笼玉树图》轴

戴进《雪山行旅图》轴

10月13日 〔星期三〕

招待利荣森观赏法书汉碑，1982年10月13日上午于丽景轩：

宋拓《华山碑》册

苏轼《人来、新岁二札》卷

黄庭坚《贺兰铦诗》册

米芾《三札》卷

赵孟頫夫妇《书札合璧》卷

陪同看者有纪宏章、肖燕翼、傅红展，利氏对看的作品很感高兴、满意，随后又参观了历代艺术馆及江苏出土银器等。

10 月 20 日 〔星期三〕

〔接待〕中文大学李润桓先生，1982 年 10 月 20 日上午：

倪瓒《竹枝图》卷

倪瓒《淡室诗》轴

倪瓒《□□□□》轴

10 月 21 日 〔星期四〕

日人宫川寅雄参观，在丽景轩，1982 年 10 月 21 日。

金农《杂画》册一本，即经常陈列招待使用，内有山水人物共十二页。今据宫川讲，他于 1958 年来故宫，即看的是这册，他亦认为此册很精很好。

11 月 17 日 〔星期三〕

赴香港绘画展与复制品销售第二届展销日记。

1982 年 11 月 17 日，与赵雄图同志搭乘早 9 时 30 分飞机，飞行 20 分抵天津机场，稍事停留，复飞行，于下午 1 时 50 分抵达香港机场。中华书局负责人余静、何沛棠、王修龄，以及三联、中华、商务书局的公共关系部经理黄士芬前来迎接，安排住在九龙美丽华酒店 2011 房间，据说原中华招待所客已住满。后即同去中华书局观看了画展的场地，较之第一次有所改进。以后谈了一下画展的进程及有关事项，孙觉副院长给何沛棠、王修龄的信即交，并安排了明后日工作。定 20 日在香港富丽华酒店太平洋厅展览。

11 月 18 日 〔星期四〕

18 日早 7 时半，王修龄先生来此，陪同去电视台将唐寅《事茗图》卷原作及复制并列，与该台广播员叶特生以问答方式介绍了复制品的重要性，强调了复制不能称为伪本，因为已讲清楚是手摹复制，不是作伪的目的，而是名作的副本。如顾恺之《洛神赋图》就是一例，说明是宋人摹了。约略谈了有关鉴定的主要依据。这段电视即时播放在香港早晨的时间里，是属于最好的时间。

在香港“故宫博物院藏画及复制品展”现场，1982 年

在香港“故宫博物院藏画及复制品展”现场讲解，1982 年

下午，王凌陪同林先生，共同看了复制的顾恺之《洛神赋》与缪辅《鱼藻图》等，初步暂定了拟购这两件，唐寅《事茗图》在考虑中。香港艺术馆亦选了些。晚回写了作品的标签。

11 月 19 日 〔星期五〕

19 日在书局搞展品的贴签和装配画套等工作，以及说明的核对、补写及钤铜印等，准备于夜间运往富丽华布置。

11 月 20 日 〔星期六〕

20 日早 9 时即趋富丽华，展品已布置多半。场地……

11 月 25 日 〔星期四〕

于 11 月 25 日下午与何沛棠先生同去刘作筹先生处（四海通银行楼上），叶医生亦前来，同看了刘氏的藏品四王、吴、恽及四僧的二石，以及明代的唐、仇作品。王翚山水巨册四十四岁所作，临宋人各家，至精。吴历山水卷，图中自题两段，并自书前题后跋。其中多数是广东吴荣光、何冠吾〔五〕所旧藏流散在香港收进的，数量是很可观的。谈话间得知所收书画已〔将〕在日本印刷出版，以中、日、英三种文字。作品小传是由中大教授饶宗颐撰写的。据悉约在明年即可正式出书。日本、台湾〔地区〕均希刘氏藏品在那里展出。我们提议亦可在故宫展出，绘画馆西庑即可展出百余件，可继国庆展后进行。他似乎同意，但在以何名义上还有所考虑。他此次去日本参观美国“八代遗珍”绘画展览，购回了日本二玄社出版的台湾省故宫藏名画 27 件。看后刘氏去中华参观购了几件书画。并重订了唐光〔炗〕《荷花》轴。

11 月 26 日 〔星期五〕

赴利荣森宴会。

11 月 28 日　星期日

上午九时，同书局何、王同去利荣森处看书画。元明人法书作品甚精，如赵孟頫书诗卷，张雨、杨维桢、文信三家书卷及沈、文、唐、祝书卷，均甚精。并看到宋高宗、宋宁宗书纨扇。其中文天祥书卷，乃明末人仿书，后有明一峰跋及清代蒋士铨等题跋均真。姚公绶前画后诗，后诗真，前画乃后配。刘珏山水卷，乃明末人伪造，王穉登等题跋均系仿书。利氏认为是真迹，即以仿本告之，并提出藏有一卷《报德英华》乃刘氏真迹。拟出换照片以便对照审核。祝允明题《旅獒图》卷有钱选印，似非钱氏笔。当时提出拟派中文大学裱画师前来参观学习装裱十数日，请其与院或局来函联系。

11 月 30 日 〔星期二〕

徐伯郊来住处晤谈，并携来张大千藏敦煌佛像照片两张，宣和御《鹰》一张，谢元画《碧桃》卷照片一张，均拟出售，但未说价。今后如收书画，似可通过他来进行。

与方召麐合影，1982 年

刘九庵（左一）、饶宗颐（左二）、王修龄（左三）、郭素霞（左四）
在香港中文大学合影，20 世纪 80 年代

刘九庵（左三）、饶宗颐（左四）、王修龄（左一）、
郭素霞（左二）在香港中文大学，20 世纪 80 年代

1983年

1月15日　〔星期六〕

穆益勤同志讲元代绘画，1983年1月15日。

山水、竹、花鸟、界画。

〔具体内容不全，略〕

3月30日—31日　〔星期三—星期四〕

赴广西南宁省〔区〕博鉴定书画日记，1983年3月30日。

此行与徐邦达先生、杨臣彬、杨新、王连起、陶冶等同志搭乘3月29日晚11时59分五次至南宁特快车，于31日下午3时01分准时抵达南宁市，车行39小时，行程2565公里。下车后由省〔自治区〕文化局和博物馆领导同志接站，即住于邕江饭店。询悉该画原藏者上海复旦大学乐嗣炳先生，任□□□教授，收集有一千五百件书画，唐代□□、宋代□□、元代□□件，其余多是晚清作品，定于明日起开始鉴定。

4月1日　星期五

八时余即同赴该馆书画库鉴定。上午所看多系晚清画家的扇面、册页等，下午则是晚清人的书法扇面和册方，以及一些卷轴。从数量来说，约看了大半数以上，因扇及页均按一件计算，估计明天大约可以看完。

4 月 15 日（农历三月初三）[1]　〔星期五〕

纪念王羲之撰写《兰亭集序》一千六百三十周年大会。

书法当场挥毫者：

沙孟海隶书："一日千载"四字。"右谢安石语，右军禊序后千六百三十年癸亥上巳兰亭续集，以舒同同志为首，来自十九省市男女书家二百余人，永和无此盛况。沙孟海记，年八十四。"

舒同行书李白诗："右军本清真，潇洒在风尘。扫素写道经，笔精妙入神。摘录李白诗，舒同。"

胡问遂大真书："承前启后，继往开来。胡问遂书于右军祠。"

"书法文章自轶伦，无端聚讼任翻新。今朝盛会留佳话，应与兰亭辩伪真。癸亥上巳白叟题并书。"

沈迈士行书七律[2]："修禊兰亭称韵事，渊源遐溯永和年。承前启后论书史，新局宏开继前贤。茂林修竹迹重新，曲水流觞思古情。逸少宏文炳千载，于今山水有清音。一九八三年农历三月三日纪念兰亭修禊大会，沈迈士年九十三书。"

"兰亭眺望焕然新，笔底龙蛇眼底春。引满一觞歌四化，骋怀休笑白头人。一九八三年白叟书于兰亭。"

6 月 21 日　〔星期二〕

吉林省博物馆观书画记，1983 年 6 月 21 日。

6 月 21 日搭乘上午 11 时 58 分车自京起程，同行者萧正文副院长、徐邦达、王连起、陶冶和我。

6 月 22 日　星期三

早六时余抵达长春市站，闫馆长等来站相接，即行寓居南湖宾馆。上午稍息，下午郑国、苏洪钧同志来此，相继文化局□□□和

[1] 此条原无年月日，以文中有"一九八三年农历三月三日"的记录，可知其年份，并将农历经查表换算为公历而得。

[2] 应为七绝二首。

刘九庵（左三）、袁杰（左一）、刘光启（左二）、耿宝昌（左四）、
宋良璧（左五）在佛山西樵山，1983 年

闫馆长亦来，当即看了带来的苏轼书照片，并将此次拟仍欲看的书画列了一张单子，由苏同志带去。

6月23日 星期四

8时半苏同志来此，即行一同赴该馆（设在伪皇宫内），即在其接待室（上层即库房）观看苏轼书《二赋》卷。引首乔宇书已损失，正文右上角所钤“耆德忠正”叠篆大印已残佚，正文题“□”字已残右少半。方开卷即已感到纸墨异常的好，纸为加过工的楮纸，墨彩浓重，用笔沉着，应为苏氏书中用意之作。以前未见原墨迹时，仅从影本来看，似乎用笔结体有些扁飘，不够沉着，〔如今〕细细看来，却大大地感到意味无穷。行楷中与《赤壁赋》中字接近，行书的用笔复大似〔与〕《致谢民师论文帖》相通，的真无疑，前疑顿释。因此，深知从印本上判断真伪的问题，还是有一定局限的。

下午复观了宋人绢本《百花图》卷、元何澄《陶渊明归庄图》卷。明孙龙（印作“隆”）《花鸟昆虫》卷，纸本设色，无款识，画尾左下钤“孙隆图书”朱方、“痴”白文、“开国忠敏侯孙”朱方三印。明《昼锦堂图并记》，董其昌作，图作设色绢本，并楷行自识，谓其用笔真率而不作钜丽之制。图后行草书记，楷书识语书于“宝鼎斋”中。

苏氏《二赋》书卷，后有元张孔孙跋，明有李东阳、王穉登、王世懋、王世贞等跋。其中李东阳诗跋仅二首，诗末行下行书“东阳”二字，下钤“宾之”朱方印。从“东阳”二字款来看，似后添上的，此可疑点有：1. 款书于诗末句下，而不是另起一行；2. 诗前有余纸，诗款纸后狭窄，显系被割裁者；3. 苏氏如此巨制，岂能仅书诗二首，而无识语之理；4. 后应有诗数首并识语题记，将割裂的此段，配于勾摹本的后端，以欺世人不明察者；5. 再即有关署款的问题，举凡历代书画名迹作品，题者大多认真评述艺术的水平以及有关的生平，然后写上干支年月姓氏名号等等，例如李东阳题《清明上河图》卷，即如上述，岂能题苏轼此作，诗仅作二首，款却写“东阳”二字，这是不合乎题记规律的。

9月5日 〔星期一〕

书画出版会议，1983年9月5日于谢处。

〔会议记录不全，略〕

刘九庵（右一）、徐邦达（右二）、萧正文（右三）、陶启匀（右四）合影，20 世纪 80 年代

1984 年

4 月 12 日 〔星期四〕

《中国美术全集》编辑〔工作会议〕，1984 年 4 月 12 日。

编辑好、出版好《中国美术全集》。

取得一致的意见后，系统的、代表国家的美术全集。

编辑计划：北京、上海、文物、江苏出版社四家来承担。60 册以后再续出。

出版意义：应以大事来抓，精神文明建设，以马克思主义来指导。

出书的要求：首先要精选（包括流散在外的），既要集思广益，又要有专人负责。精选本精编，全书要协调。要印好，文字要校好，绝不要出任何差错。装订。要有工作细则。

合作要通力，全力以赴。珍品不报，一旦查出，要受纪律处分，不能打埋伏。

各项工作要达到国家水平。

这个会要达到实效，各个环节出的问题，要由那个地方的党组负责到底。

〔个人发言记录不全，略〕

5 月 7 日 〔星期一〕

文化部朱穆之讲话，1984 年 5 月 7 日。

整顿、改革、充实、提高。

〔会议记录不全，略〕

1985 年

3 月 21 日 〔星期四〕

赴上海博物馆鉴定书画（1985 年 3 月 21 日）所携书籍等物:《中国书画家年表》二册、《中国美术家人名辞典》《中国书画篆刻家字号索引》《中国历史纪年表》《历代书画家传记考辨》《石林燕语》《香祖笔记》，记录本 12 册。

4 月 9 日 〔星期二〕

《书画鉴定概论》中总论，徐邦达在复旦大学干训班讲，1985 年 4 月 9 日。

一、辨真伪与明是非

元以前明是非多于辨真伪，元以后款多起来，所以多为辨真伪。而明是非比辨真伪更难。能准确断代更难。

（一）伪

临、仿、造基本方法；真画无款，或失款，添款或改款；或无款无名，加题大名家作；伪作与改头换面，要严加区别。更不能把复制品与做假混为一谈。如：《万岁通天帖》（王方庆）尚存六（?）人书。二王真迹没有，或待乾陵出土。

历史上曾定错者，不要乱推翻，要翻，要有确凿证据，既不要迷信，又不要一概否定。

赵佶，书画家兼收藏家，著有《宣和书谱》《宣和画谱》。

王羲之《古千字文》卷，北宋以前旧物。

宋前对真伪的概念，与今日不一，当时将摹本亦定真迹，例如唐摹二王书，岳珂即定为真迹，只是造者才算伪本。

（二）真伪与优劣的关系

真伪与好坏本为统一，但不尽然。如文、沈的真伪很复杂，艺术演变，宋元变化最大，由写实到写意，苏、米提出许多理论，倡导写意，到元代造成写意。

苏轼真迹，只有日本《古木怪石》。董其昌走的苏路，艺术家要表现人的个性。研究某人，也应了解其传派，以便确定的笔或门弟子代笔。画以标本因人、地而定。

工具与材料对作品影响很大，如：朱耷善用生纸（徐渭用熟纸）。仇英细笔宜用绢，或熟纸。

弘仁《黄山图》册，因有变化，因有人疑，实真。与姚宋、祝昌、江注等一比就了然。

文天祥墨迹历博、故宫、北图、沈阳、江西各一件。一人的特性最要表现是笔墨。最好临摹要实践一下，以体会其窍妙。

二、鉴与考的关系

鉴可不考，而考必须要鉴。因鉴须要条件，有比较，才能鉴别，记住各人特征，摹临能以加速进步。编排年代能区别一个人早中晚的变化。鉴特征、特点，比较。苏轼的《古木竹石图》卷（美术馆）“轼”与“轼”的区别。仇英〔人物画〕眼小，但形式是可以仿效的。世界〔各地〕米芾真迹近二百件。

考，能更全面证实它的特征。元以前的古画需考的多，其后的书画需鉴的比例大。款识记述与文献是否相合。避讳是可以帮助断代。〔要有〕渊博的文史知识。传抄错误、伪劣、伪证。

柳公权的《兰亭诗》卷，北、南宋，元跋，主要黄伯思跋，字隶书有文徵明风。原题唐人改柳，习具年月日、地点、官职，跋与史不合。其余观款等多拼集，王世贞以后跋真。

9 月 24 日 〔星期二〕

熊秉明教授讲“中国书法视觉心理教学研究”，1985 年 9 月 24 日上午 9 时。

〔讲座记录不全，略〕

1986 年

1月6日 〔星期一〕

“1985 年总结”，于副院长讲，1986 年 1 月 6 日下午。

〔会议记录不全，略〕

4月5日 〔星期六〕

谢老托带陈佩秋画轴至沪，1986 年 4 月 5 日。

启老写《恽南田书髓文心》稿带上博。

6月23日 〔星期一〕

由苏州来无锡，住于产生[1]〔山〕新村产山饭店。

6月24日 〔星期二〕

24 日即赴市博物馆鉴定书画。先看江南陶氏捐献部分。徐伟达去上海代订返京车票。

6月25日 〔星期三〕

25 日继看陶氏部分和薛满生[2]的收藏。

6月26日 〔星期四〕

26 日看薛氏和周怀民先生捐与该馆的书画。下午 2 时移寓湖滨饭店 1002 室居住。傅熹年同志接京家电报，其爱人因患病，促其返京。

---

[1] 原文作“产生”，经查，应为“产山新村”。

[2] 原文为薛瞒生，考为薛满生。

8 月 4 日 〔星期一〕

《中国大百科全书》会议 1986 年 8 月 4 日在长春〔召开〕。

〔会议记录不全，略〕

8 月 20 日 〔星期三〕

革命博物馆万冈同志介绍情况（《中国大百科全书》文物博物馆卷）。

10 月 10 日 〔星期五〕

文化部致江苏省文化厅公函［（86）文值字第 95 号］

江苏省文化厅：

今年八月七日我们曾以厅字第 110 号文《关于筹办“中国当代已故著名书画家遗作展览”问题》致函你厅。

今介绍展览筹委员〔会〕顾问刘九庵同志及故宫博物院王南访同志前往你厅，商谈展览筹备事宜。二位同志还将拜访南京博物院、画院及苏州、无锡二市博物馆，研究展品征借工作，请协助。

1986 年 9 月 11 日（钤“文化部办公厅”印）

10 月 10 日与王南访同志去文化厅，适值经管人朱葵同志外出，据办公室李瑞□同志讲，与各单位联系信已发出，但不知发给了哪些单位，拟联系后开好介绍信，以便去各处接洽，艺术处……〔原缺〕

1986 年 12 月 13 日—22 日 〔星期六—星期一〕

于 1986 年底，应香港敏求精舍副主席叶承耀医生的邀请，于 12 月 13 日乘直达班机前往，22 日返京，历时十天。在港期间参观了冯平山图书馆展出的“文房四宝”，中文大学展出的广州市美术馆明清绘画展，以及刘作筹先生的书画藏品。最后在敏求精舍讲了一次“古书画鉴定”和“唐宋以来书画家用纸的问题”，以此行带有部分幻灯片，在讲解时结合阐述，对说明问题收效较好。

此行往返机票以及在港吃住行等一切费用，均由叶医生来负担的，临返并征询购买何物时，我提出购买一台幻灯机……

1987 年

2 月 28 日　〔星期六〕

《文物精华辞典》〔会议〕，1978 年[1]〔1987 年？〕2 月 28 日。

谢辰生：宣传传统文化。

1983 年会议提出“文物精华辞典”。

……〔记录不全，略〕

约计要 7000 件。

印的资金，版权问题。照顾地域、时代、民族。精、全、新。定名问题，同一类平衡问题。

四楼分机 327。

参加会议者：彭卿云，文物局资料室。马承源、耿宝昌、史树青、刘九庵、熊传薪。浙省博周其忠，山东省博保管部白云哲，上海辞书出版社王芝芬、陈光裕。

3 月 4 日　〔星期三〕

1987 年 3 月 4 日同王南访、郑广荣、张囤生等乘上午 7 时 36 分班机赴杭州市，于 9 时 20 分抵达机场。即由市文物局长金春生、博物馆处长傅传仁接来西湖岸边的新新饭店中楼 202 号住下。

下午一同赴省馆库房观看了鉴定书画的场地和照相室，并拟定了看画的时间——7 号开始。以谢老 6 号方能抵此，杨老须要六七

[1] 此“1978”明显笔误，因该项目 1983 年才提出，疑为“1987”，兹注以备考，并暂定该年份为 1987 年。

号才来。该馆韩经世同志送来省市县要求鉴定书画的名单，计有以下各家：杭州市文物商店、萧山县文管会、淳安县文管会、浙江美院国画系、临安县文化局、富阳县文管会、杭州市文物考古所、浙江图书馆。

5 月 28 日—31 日 〔星期四—星期日〕

1987 年 5 月 28 日结束了安徽省的鉴定工作。是日启老返京，29 日谢老回上海，杨臣彬晚车返京。30 日与杨仁恺、傅熹年等乘汽车来九华，中途郑广荣因腰痛留安庆。31 日在九华游览了一天，上午游山，下午去寺内鉴藏的书画。中午在寺吃素斋，由该寺主持、法师德仁招待。

6 月 1 日 〔星期一〕

6 月 1 日即来黄山。沿途落雨，抵黄山仍未止，感到扫兴。但饭后雨停，即乘车去“观瀑亭”看“人”字瀑，因雨后到处可以看到飞瀑奔泻而下，真乃奇观，如无雨，也就不易看到这种美景了。

6 月 2 日 〔星期二〕

天晴，乘车去云谷寺，乘缆车抵北海宾馆的贡阳山庄住下，即去始信峰等处观赏。下午去挑云亭、飞来石等处，晚在清凉台见日落。

6 月 3 日 〔星期三〕

仍坐缆索车返回桃源宾馆。

6 月 9 日 〔星期二〕

《中国大百科全书·文物卷》中书画部分〔定〕7 月中下旬开会（87 年 6 月 9 日）。

1. 主编，副主编，成员。

2. 两三分条目。

与谢、杨写信，向各处约稿问题。东北杨仁恺，上海钟银兰、单国霖。

撰稿人馆员以上。

样条在 6 月底交来。

(李晓东 447931—212)

在杭州文澜阁，1987 年

在杭州文澜阁合影，1987 年

第一排左起：查永玲、鲁玲、白桦

第二排左起：王含英、谢辰生、杨仁恺、启功、谢稚柳、刘九庵、黄涌泉、曹锦炎

第三排左起：黄伟利、劳继雄、王南访、韩经世、郑华

在杭州宝石山，1987 年

刘九庵（右一）、王晓宁（右二）等在桐庐严子陵钓台，1987 年

在杭州沙孟海（左一）书斋挥毫，20 世纪 80 年代

1988 年

3 月 2 日 〔星期三〕

对外经济委员会〔会议〕，1988 年 3 月 2 日。

“总论”：杨新。

唐：

宋：

鉴定实例。

鉴定实例每人讲一天，每次要讲一万字。

陶瓷十天，绘画史鉴每人两天（上半）。

3 月 4 日 〔星期五〕

故宫博物院高级专业职务设置专〔业〕岗位职责：

文博 64 人，出版 4 人，工程技术 10 人，

会计专业一人，卫生专业一人，共 80 人。

甲：研究馆员的主要职责：

（1）指导主管范围内的全面科研工作，向有关领导提供改进工作和提高业务水平的规划或具体方案。

（2）承担我院业务范围内或国内外需要的重大科研项目的研究，撰写具有高水平的论著。

（3）审定主管业务范围内科研成果，解决主管业务范围内的重要业务问题。

（4）指导相当于博士研究生的专业人员的科研活动，承担对中级专业人才的培养任务。

1988 年 3 月 4 日

4月2日　星期六

上午由浙省文物局傅传仁处长陪同，与傅熹年、郑广荣、王南访一行五人来宁波，即住于宁波市政府第一招待所11室。

4月3日　星期日

由□□□□□□陪同去天童寺和阿育王寺参观。去天童寺路上两旁青松夹道，有“十里青松”之称。寺内接待室有一联“一路青松看不尽，满山翠竹□□舞”，我将第二句易为“满山翠竹望无穷”。寺庙规模宏伟，有房舍据说有999间，善男信女、游客甚盛，有很多海外人士在这里作场。

阿育王寺的庙宇比天童寺要少得多，但很幽静。庙内方丈通一法师会见了我们，并一同照相留念。

4月4日　星期一

去奉化溪口，参观了武岭风貌和蒋氏生住的地方，及新建即将完工的□〔武〕山庙博物馆，此馆将于今年国庆节开放。中午饭后即乘车〔去〕妙高台、千丈岩等名胜处参观。据介绍，□□□□年蒋氏下台后即住于此处，有将此处改造成第二庐山之想。在南宋……〔原缺〕

在旅顺博物馆鉴定书画，1988 年
前排左起傅熹年、杨仁恺、谢稚柳、刘九庵、符昂扬、刘广堂、李世英，
后排劳继雄（左一）、李凯（左三）、高志忠（左五）、郑广荣（左六）、姜念思（左七）等

在吉林省博物馆鉴定书画，1988 年
前排左起尹吉男、黄琪、傅熹年、刘九庵、谢稚柳、杨仁恺，
后排李凯（左二）、劳继雄（左四）等

在吉林省图书馆查阅古籍，1988 年

与谢稚柳在福州鼓山，1988 年

刘九庵（右二）、谢稚柳（右一）、杨仁恺（右三）等鉴赏印章，1988 年

刘九庵（右一）、杨仁恺（右二）、谢辰生（右三）、劳继雄（右五）等参观展览，1988 年

刘九庵（中）、郑广荣（左）、李凯（右）在桂林合影，1988 年

全国古代书画巡回鉴定期间为工作人员题字留念，20 世纪 80 年代

与故宫博物院保管部书画组同仁在故宫皇极殿合影，1988 年
第一排左起：艾志高、华宁、翁秀芳、李艳霞、袁杰
第二排左起：石雨春、高和、刘九庵、王以坤、王南访、潘深亮、傅红展
第三排左起：肖燕翼、施安昌、杨丹霞、孔晨、文金祥

1989 年

5 月 3 日　〔星期三〕

文物工作会议〔记录〕，89 年 5 月 3 日。

面临〔的〕形势和任务：

一、盗窃文物的猖獗。

二、文物走私问题（回后〔?〕中国文物的开始）。

三、非法倒卖问题。

　　文物普及遭到人为的破坏。

四、文物管理的基础工作。

　　一级文物 16 万件。

当前和今后的工作：

一、法制工作。职工四万人。

二、一级档案〔19〕91 年完成。

三、安全保卫问题。

文物工作的改革。

文物流通协调中心。

文物复制问题，统一管理。

文物咨询问题，一项交流问题〔记录不全，略〕。

在职职工的培训，新生力量。

7 月 20 日　〔星期四〕

全国文物工作会议 1989 年 7 月 20 日于友谊宾馆〔召开〕。

启功先生致开幕词。

张德勤局长讲话：对外展出问题，文物所有权是我们的，享有权是大家的。为了文物的保护，中外交流和工作。

文物出版社希望每位委员写一本书，培养接班人的问题。文物咨询问题。一级品的鉴定，知识传之后代。

文物管理、清库、建档。

保护、使用、管理。

鉴定、分级、分类，质地为主，结合功用检索。

刘九庵（右二）、杨新（右四）、肖燕翼（右一）鉴定书画，20 世纪 80 年代

袁荃猷（左一）、王世襄（左二）、叶礼（左三）、
刘九庵（左四）、叶承耀（左五）合影，20 世纪 80 年代

1990 年

1 月 9 日 〔星期二〕

鉴定委员会会议在历史博物馆〔召开〕。1990 年 1 月 9 日。

一级品鉴定问题，档案问题。

鉴定委员会委员 52 人，保护文物。

〔会议记录不全，略〕

2 月 15 日 〔星期四〕

文物商品编目初审会议在石家庄市召开（2 月 14 日 ~ 18 日），1990 年 2 月 15 日。

文物总店组织文物商品编目问题〔会议〕，文物商店要以藏品分类出目录（文物商店藏品与博物馆的区别）。拟定三年内搞完，以行政经济保证搞成。

目录（商品定名）

4 月 15 日 〔星期日〕

西行鉴定日记，1990 年 4 月 15 日。

4 月 15 日与符昂扬同志乘上午 11 时 0 分班机赴甘肃省兰州市，下午 1 时 30 分抵达，即住友谊饭店。

4 月 16 日—19 日 〔星期一——星期四〕

16 日—19 日鉴定省博和市博以及省图书馆的书画。

19 日下午改乘汽车共同来武威市，住凉州宾馆。

4 月 20 日 〔星期五〕

20 日看了市和地区两处博物馆的藏品。

4 月 21 日 〔星期六〕

21 日参观了市文庙的西夏碑，以及雷台下面的东汉晚期砖室墓中出土的铜奔马（马踏飞燕），可称艺术珍品，及海藏寺。于 4 时即乘车来张掖市，于 7 时抵此，即住张掖宾馆。

4 月 22 日 〔星期日〕

22 日在张掖市博观看了馆藏书画，下午参观了大佛寺，馆即设在寺内，卧佛长度□□为全国泥塑卧佛之冠。后看了鼓楼和木塔。

4 月 23 日 〔星期一〕

上午离开张掖赴酒泉市，中午 12 时抵此，住地区招待所。下午鉴定了酒泉市博物馆〔藏品〕，所藏书画多属伪品，只收了一件唐人写经。观看了馆展陈列。

4 月 24 日 〔星期二〕

上午参观了制夜光杯的工艺厂，然后去酒泉公园。得知此园得名的起源：原名金泉，西汉霍去病征服西域，武帝赐酒犒赏，酒少人多，霍将酒洒于泉，使众来饮，因得酒泉之名。下午即赴嘉峪关矣，至参观新城砖壁画博物馆，魏晋墓画像砖。

4 月 25 日 〔星期三〕

上午参观嘉峪关长城，远眺长城第一墩，气势雄伟，复看了长城博物馆的陈列，真可谓别具特色。下午即转赴安西县，至馆看了所藏书画照片及象牙佛塔复制品，此造像一度曾被盗，后经查获归还。

4 月 26 日 〔星期四〕

上午，县领导和博物馆〔馆〕长陪同去著名的榆林窟参观，唐宋壁画保持尚完好。曾于大佛殿看到主体泥塑大佛，具庄严相。还看到□号洞有谢稚柳、张大千等四画师到此的题名。张大千的字就题得更多了。

下午近七时抵达敦煌市，即住于市第二招待所。饭后去鸣沙山和月牙湖玩赏。

4 月 27 日 〔星期五〕

27 日去敦煌博物馆鉴定所藏的经卷，据〔悉〕馆藏汉人写经 80 多卷，其余多属藏文。今日上下午至晚 11 时半把该馆藏存汉文写经尽数看完，其中不少书法优美杰作。

4 月 28 日 星期六

上午由荣恩奇馆长陪同参观了阳关古道和渥□〔洼〕池两处古迹。下午在该馆参观。晚餐后即乘车来莫高窟敦煌研究院招待所住下。

4 月 29 日 星期日

上下午即参观莫高窟的壁画和塑像，景观殊丰富雄伟，各洞窟多有张大千编号。

4 月 30 日 〔星期一〕

上午观看了院藏的部分经卷，大多是已经出版过的。回后，写好要拍照的，请其代为洗印寄出版社。下午复参观洞窟（即被挖盗的元代壁画）。

5 月 1 日 〔星期二〕

5 月 1 日仍参观洞窟壁画等处。下午四时参观了元代壁画窟被盗情况，是从前侧挖洞进去，被剥去大小五方，二大三小，后被查获，将原作追回，仍补于原处，盗者二人即行执法。

5 月 2 日 〔星期三〕

上午观看了榆林窟临摹的壁画展，下午即乘研究院汽车赴柳园改搭乘火车赴新疆。

〔另，〕榆林窟壁画摹本陈列展览，其中二幅画仙山楼阁，山石的构图皴法与辽博藏的辽墓出土《邀待客图》极相似。树干已双勾。中部画左右对称观音，下多仙人云中图像，线条刚劲，与唐及以前画截然不同。两图均大幅，在壁画中亦极少见。第三窟，西夏，文殊变，普贤变。摹者李月伯，1987 年。高 430〔厘米〕×270〔厘米〕。一骑狮，一骑象。狮象足踏莲花。

5 月 3 日 〔星期四〕

12 时多抵达乌鲁木齐。下午参观省〔自治区〕馆陈列。

5 月 4 日 〔星期五〕

在该馆鉴定书画一天，多属一般之品，较好者即前故宫和上海博物馆拨交的一些还不错。

5 月 5 日 〔星期六〕

该馆馆长陪同去吐鲁番，午饭后去火焰山参观洞窟壁画及墓群。

5 月 6 日 〔星期日〕

5 月 6 日返回路上参观高昌国和□□〔交河〕故城遗址，以及馆藏文物。

5 月 7 日 〔星期一〕

仍在乌〔鲁木齐博物〕馆看藏品，即〔以〕出土的经卷为多。

5 月 8 日 〔星期二〕

赴天池游览，汽车直开山顶。池水荡漾，碧蓝清澈见底，此乃天山积雪所融化，古松参天，意境幽深，诚避暑之胜地。

5 月 9 日 〔星期三〕

去〔博物〕馆看唐人文书，下午观陈列，将拟拍照的文书记录交与吴震同志，请其转达。

5 月 10 日 〔星期四〕

乘晚 11 时火车一同返京。

5 月 13 日 〔星期日〕

13 日晚 10 时四十分正点抵达北京站。

5 月 29 日 〔星期二〕

1990 年 5 月 29 日于友谊宾馆〔开会〕。

28 日参加者张德勤、沈竹，晚谷牧同志请同进晚餐。

29 日〔会议记录〕:书画鉴定历时八年完成，图录拟定出 24 本。彩色精品图录，续出。法书、绘画两个专集。黑白版专集，每一人作品后附流派在内。每一时代〔有〕说明，每一人作品要写传记。

文字目录出后，作品目录。

照片保存母版，另一片〔可〕经常用。

5 月 30 日 〔星期三〕

5 月 30 日出版社杨瑾同志参加，研讨了出版问题，拟定 6 月 1 日召集编辑同志座谈。晚李瑞环同志请鉴定组的同志在钓鱼台国宾馆晚餐，详细询问了鉴定情况，对文物保护关切，培养人的问题也征询了意见。

8 月 23 日 〔星期四〕

国家文物鉴定委员会〔会议〕1990 年 8 月 23 日在烟台市蓬莱县蓬莱宾馆召开。

8 月 24 日—25 日 〔星期五—星期六〕

24 日会议开幕。

〔会议内容简记：〕一、史树青关于一级文物藏品的鉴定。二、王宜:同一题目〔问题〕。三、刘巨成关于文物鉴定人才培养的问题。四、邓贺鹰关于文物藏品估价问题。

此次新增聘委员 19 人，到会 13 人。

史树青讲：对藏品应宣传，不宜保密。

文物分为：古器物、古书画、古文献。文物学科多（文物学科发展规律)，藏品定级标准，22 条规定。

藏品要求：制度健全，账目清楚，鉴定确切，编目详明，保管妥善，取用方便。

以〔已〕报上来的进行审查,允许有升降。防止宽、漏、差误、偏爱。

秦俑车马虽多，定一级。

12 月 19 日 〔星期三〕

《文物报》1990 年 12 月 19 日〔召开会议〕。

〔会议记录不全，略〕

刘九庵（右二）、薛永年（左一）、王方宇（左二）、
萧平（右一）在故宫漱芳斋合影，20 世纪 90 年代

1991 年

3 月 28 日 〔星期四〕[1]

由薄松年陪同前往布鲁克林美术馆参观。下午 1 时，与薄松年前往普林斯顿大学，由该校教授方闻及罗太太[2]招待。罗已约好住处。

3 月 29 日 〔星期五〕

由方闻教授或罗太太陪同参观普林斯顿大学及其藏品。

3 月 30 日 星期六

回到耶鲁大学所在地。

[1] 3 月 28 日—30 日日记，系 2022 年 6 月 25 日刘凯先生在零散材料中发现。

[2] 摄影家罗寄梅的夫人刘先女士，时任方闻秘书。

刘九庵（右）、刘作筹（中）、杨新（左）在故宫博物院交谈，1991 年

1992年

2月27日 〔星期四〕

《中国绘画全集》出版会议。

2月28日 星期五

〔《中国绘画全集》出版〕会议在北京重庆饭店召开。

11月16日 〔星期一〕

〔《中国绘画全集》编辑出版会议〕。文物出版社杨瑾汇报出版情况。拍照片十九万片，彩色二万张，尚有万八千未交上来。补照，补拍。《中国古代书画目录》已出七册。图录已出九卷，明年可以出十、十一、十二。每卷出书要二三十万元。《美术全集》四百卷，书画35—40卷，书画拟定97年出齐。文物出版社拟出青铜器，明清书画，元清两代。作品现在做卡片、小样，国外收进来。明年广东还要补拍。

11月17日 〔星期二〕

〔《中国绘画全集》编辑出版会议〕。编辑问题：第一步精品录，团扇一本。专集以《艺苑掇英》形式。战国—唐一卷，五代……每卷……中国古代书画鉴定组编，"中国绘画总论"谢老来写。隋唐五代2卷，两宋辽金3卷，元2卷，明12卷，清15卷。

刘九庵（左二）、单国强（左一）、萧平（左三）等在无锡太湖畔合影，20 世纪 90 年代

1993 年

7 月 28 日　〔星期三〕

上午来北京市急救中心，治疗身体站立〔不〕稳欲呕、呼吸急促等症。以前在承德时即有此稍微感觉，但尚不明显。北京急救中心住院号码 3912（心律失常）。来此后同好前来看望者有李凯、施安昌。

7 月 29 日　〔星期四〕

刘巨成、台立业、王南访、潘深亮、文金祥〔前来看望〕。

7 月 30 日　〔星期五〕

肖燕翼、海波〔前来看望〕。

7 月 31 日　〔星期六〕

罗随祖、赵丽红、马如弟〔前来看望〕。

8 月 1 日　〔星期日〕

九同、九庆〔前来看望〕。

8 月 2 日　〔星期一〕

8 月 3 日　〔星期二〕

李凯来此并带来张守敬与〔予〕他饮料，并说天津文物商店合并，拟 8 月 8 日举行开业仪式。

10月15日—30日 〔星期五—星期六〕[1]

与菲律宾华侨后裔洽谈书画捐献事宜。此次应菲律宾菲东方陶瓷学会会长庄良有女士的邀请，于10月15日和罗随祖同志乘机前往。抵达时庄女士与其兄庄长江在机场迎候，即接往其兄住所。主人很好客，接待热情周到。接谈间，得知其先父庄万里先生爱好书画，生前于日本〔及〕港台等地，收购了大批书画，从未经人系统地鉴定，邀请的目的和要求，即予以分清真伪和优劣。16日即行开始鉴定，至29日看完结束，30日返京。

在鉴定时有关重点书画作品均作了记录，同时征得对方同意，即时予以拍照下来，并将其藏品《两涂轩珍藏古今名人书画目录》复印一份。总计看了660多件。最后把观看的概况结果作一小结(见附页)。

于鉴定中间，发现明清书画有不少佳作，即与庄良有建议，可否将其中部分，在北京故宫展出，藉以宣扬先德庄老先生一生辛勤搜集之书画公开展览，供广大文化艺术爱好者欣赏研究，其功效影响深远，当备受欢迎。她听后颇有所感触地说，近两三年来曾多次走访欧亚各大博物馆，详细观察了解，具备保管、陈列、宣传、研究等条件者，拟即行全部捐献，以完成先人之遗愿。思考再三，以上海博物馆为宜。我说在发挥影响作用方面，北京故宫当更胜一筹。她已首肯考虑，拟明年前来北京和上海考察，再行定夺。此事看来应积极进行，如促成归于我院，不仅充实丰富了藏品，在政治影响上是更大的收获。

[1] 此为刘九庵先生1993年11月5日给故宫博物院的《报告》内容。

1994 年

3 月 1 日 〔星期二〕

罗随祖下午来此取走许礼平委鉴定明清法书照片。

3 月 8 日 〔星期二〕

中国文物学会。王定国（谢觉哉夫人）、贾兰坡。[1]

5 月 10 日 〔星期二〕

去糖尿病诊所检查，血糖 181，尿糖“十”加号。医嘱食量上少食多餐，使之逐渐降下来。李先生要求给该诊所写几个字。

5 月 11 日 星期三

北京文物公司王彦朝、刘岩送来董其昌山水轴、于谦诗册、王宠《楚骚四篇》册、黄道周草书轴、张即之《大楷孔明庙古柏歌》卷（赵尔萃藏本），均属伪迹，惟一黄慎画《陶潜采菊》轴较好，诗题崖石书法尚佳，人物衣纹乱些。王宠书似从原迹中临写下来的，形似而乏神韵风度，可供学习参考资料。

金枫来电话，请代写书画鉴定介绍文章，并聘文物学会顾问。

韩培珠由香港来电话，向全家致意问好。

郑珉中同志由院带来请柬，为庆祝与香港商务印书馆合作出版

[1] 据中国文物学会 1994 年《年鉴》记载：1994 年 3 月 8 日，我会在中纪委招待所召开常务理事会，到会常理、顾问、专家学者及来宾七十余人。郑思远同志主持会议，讲话致意。通过增选俞伟超（中国历史博物馆馆长）、徐湖平（南京博物院副院长）和罗汉炳（西安市文物局局长）为常务理事。罗哲文同志报告 1993 年工作情况和今年工作安排。http://www.zgwwxh.com/chronicle-for-1994/。

《故宫博物院文物珍品全集》合约签字，明日下午6时在贵宾楼举行宴会。

《收藏家》〔杂志社〕海波来电话，询问稿件和照片事，拟与书画组去电催询。

5月12日　星期四

上午嘉德来电说，16日晚10时30分中央电视〔台〕二频道播出春季拍卖情况的报道。

明日上午送书画来鉴定，赵与甘学军同来。今晚6时香港商务和故宫在贵宾楼举行出《文物珍品全集》签字仪式，启功，王世襄，徐邦达，文物局张德勤、张柏等参加了此会。杨新和〔陈〕万雄分别代表本单位讲话。全书六十册，拟定十年出齐。

5月13日　星期五

上午，潍坊陈树亮等四人前来，携近代书画家照片多种，据说已在潍坊开过原作展览，拟出书画册，其中两幅郑板桥伪作已代说明并检出。

嘉德公司甘学军等三人携来书画请鉴定。清初人王时敏、查士标、曹溶等手札多通一册，真迹。任熊《大梅诗意》册六本120开，与故宫藏品相同，惟较草率，似初稿本，图前有吴昌硕隶书“诗中有画”四字。任渭长行书题，款识“咸丰纪元上元之日，萧山任熊渭长自跋”。吴昌硕复行书为“鹿笙大兄珍藏属，吴俊卿题”。王时敏“庚戌冬日仿黄子久笔，似启云词兄，王时敏”。款书好，惟画法细碎，不似烟客神韵。文徵明绢青绿山水小轴，似当时或稍晚学生仿拟之作。米芾小楷书卷，末款作“芾”，乃明末人伪造。尚有方孝孺一联，伪造。

5月14日　星期六

晚陈英派其女儿陈航送来于右任大字手卷、康有为长联、郑孝胥四条字屏，均属近现时人伪作之品。

5 月 15 日　星期日

与潘深亮电话，询及院藏任熊《大梅诗意》册题跋事。据说 1851 年正月元宵节的题跋："暇时复庄（姚燮）自诵其句，属余为之画，灯下构稿，晨起赋色，阅二月余，得一百二十叶。"

按，此公元与咸丰纪元同一年月日，需要进一步再行考证。

5 月 16 日　星期一

贺文略来电话，拟明日去故宫科技部装裱手卷事宜，要我与其联系。

5 月 17 日　星期二

上午袁明携黄慎画《端午钟馗图》轴鉴定，乃是旧画后添黄慎款。贺文略已去故宫科技部，将手卷交其装裱，并付裱费半数 2500 元，其余半数暂存我处，待明年第一季度裱好再行交付科技部。

收邱凤玉寄来所谓米芾书四帖照片和复印件，细审乃是元代杨遵字宗道所书，因有"海岳闇主"一印，被明清以来误认为是米氏书，误矣。

5 月 18 日　星期三

赵榆同志来家，并带来张宗宪的信，赵榆代写问候并致仪。

5 月 19 日　星期四

发出与孟津陈光顺、常州市博叶鹏飞、台北邱凤玉信各一封。

5 月 20 日　星期五

上午去故宫，见荣宝斋百年之庆请柬，有南韩金膺显和启功先生书法展，与王连起、王卫一同前去观赏。下午嘉德来电话，拟定 26 日下午 3 时后来家检查身体。晚接王方宇来电话，拟定 23 日再来电话相邀。

5 月 21 日　星期六

上午翰海王彦朝送来鉴定书画多件，内丁云鹏山水扇面，真迹；金农字幅，即八分书，亦真；其余明唐、文山水以及沈周《庐山高》

轴，均属明清人仿造，但可作教学资料。

5 月 22 日　星期日

上午杨富春同友人送董其昌八言联，与董氏行书《舞鹤赋》卷，均伪，手卷书法似稍胜于对联，亦即清初伪。

5 月 23 日　星期一

上午王方宇先生来电，邀下午四时往该〔其〕住处晤叙，以脚行走不便婉言谢之。下午四时后，嘉德派朝阳医院刘医生来此，询问了近期的身体状况，予以介绍，约定每月两次来家检查。

5 月 24 日　星期二

上午与王方宇通电话，叙述了近期收进的八大山人《内景经》卷，及浙江人美印的温州市博物馆藏八大书《西园雅集记》行书卷，并知汪浩藏八大早期《棠棣图》轴，已售于美国人了。王氏明早即返美国。

5 月 25 日　星期三

上午傅东光来家接往中央美术学院讲近代收藏鉴赏家课，例举了《虚斋名画录》《三秋阁书画录》《三虞堂书画目》《古缘萃录》《壮陶阁书画录》《丛碧书画录》《选学斋书画寓目编》等。此次听讲者新增了学员陈红卫和邵彦。

鉴定与考辨结合起来，不为古人之言尽信之，于不疑处生疑，深入研究对比，将似是而非的作品，寻出伪者其人的确凿证据，方始有说服力。

下午嘉德送来书画十数件，其中〔有〕沈颢仿古山水册，清初人王时敏等手札册、王世贞札（此两件前次看过），李方膺《梅花》轴，曹羲山水轴，王原祁山水轴款甚好，画一般，疑出自学生代笔。

晚海波电话，以石涛札册〔照片〕尚未洗出，请其直接与傅红展联系。

5 月 26 日　星期四

上午薛永年来电话，邀下星期在美院开一次会，研究教学问题，定后再来电话。

中午汪世清来电话，述及与王方宇会面的情况，并说石涛有子的问题，听帆楼藏品中石涛扇面事，按，亦即石乾，并向其转告在石涛信中有“门人化九”句，当即石子乾，字化九，非石涛别有此名号也。

下午许礼平来电话，据说明年春或秋季，台湾历史博物馆拟举办齐白石展览，拟在京搜集征借作品赴台展出，了解各单位收藏概况。

5 月 27 日　星期五

下午翰海王彦朝送书画鉴定，内罗牧山水丈二大幅，闵贞画《刘海戏蟾》轴，李鱓、郑燮手札卷，均真，何绍基写赠涤生（曾国藩）卷伪。

5 月 28 日　星期六

肖燕翼来此，谈及前购王世贞《书画苑》书事，据说此书已早售完，只余不全本，须要重配，如不适宜即可作罢。并带来史可法手札复印件，内《十五完人札》印本未及时寻出，拟再寻找。

5 月 29 日　星期日

上午，王台庆接往贵宾楼午餐，会见台湾钱龙韬，他藏的曹云西山水卷照片，以太小看不甚清，约略及之恐不太好。王镇亚委代韩锦田画册题字，当即书“笔飞墨舞”四字与之。还有周肇源与萧师亮，均是搞房地产的。

下午接张青莲先生来函，询问米万钟《勺园修禊图》卷的照片局部真否。按，此图与广州市美术馆藏卷相似，待检考再复。

5 月 30 日　星期一

上午去故宫，史可法札卷，内容探讨、说明，以及石乾扇（听帆楼原济扇册）记载，藉了解情况。与许忠陵电话，得知上海博物馆藏品定下月 15 日由钟银兰同志送来。

下午，杨富春同中国文联文苑书画艺术王、臧两同志前来，聘请为该会顾问，遇有疑问的作品请予鉴定，每月可能一二次。

炎黄〔艺术馆〕送来金农《墨竹》轴，竹干枝叶均甚笨拙，但金氏行书题字却真，似此即所谓金氏侍童陈彭所作也，上下左右边绫宫子行行书题满，似此亦少见也。

5 月 31 日　星期二

下午翰海送来伊秉绶、赵之谦对联，均伪。赵画《松树》轴乃陆和九题款，请其保存以作赝品展之用。

6 月 1 日　星期三

上午翰海送来文点《松竹石》轴，真迹；顾见龙《咏雪图》轴，后加款；虚谷《紫绶金章图》轴亦伪。

下午徐强同志前来，委代中山市小榄镇菊花盛会题词，希 6 日前交他。发出与《中国书法》社梅墨生挂号信，与李凯一信。王南访早上来电话称，拟今日赴故宫上班。

6 月 2 日　星期四

肖燕翼来此送稿件和信，《收藏家》杂志社取稿件，以其中要更动几句，拟请海波改日再来。

6 月 3 日　星期五

上午翰海送来蓝孟《山水》、诸升《竹》，均真；郑板桥《竹石》、邓石如字轴，皆伪。王台庆送来徐渭《行书自诗》长卷，前中行书，后行草，书法流畅奔放，似中晚年之作。

6 月 4 日　星期六

下午《收藏家》海波来家，取走“石乾非石涛”的稿件，并送第四期《收藏家》刊物二本。历史博物馆送来何绍基《行楷东坡记事》卷，无款识，乃属学何氏书法者所书，末钤“何绍基”“子贞”两伪印，以冒充何氏书耳。后有何维朴一跋，真，似从他处移来。

肖燕翼送来前购之《弇州山人续稿》八函，并取走“史可法札商榷”文稿。

6 月 5 日　星期日

上午美院尹吉男同志来此坐谈美院研究生的学习情况。翰海送来宋珏、傅山、王翚、邹一桂、八大等作品，无一真者。

下午王南访、天秀前来，据王说，文物局办公的地方已堆满各种书籍等物，拟待李凯来后研究移一个地方办公。

6 月 6 日　星期一

上午徐强将写与中山小榄镇菊节“菊城盛会，誉满中外”字幅取走，并约 11 月间同赴该镇赏菊。

6 月 7 日　星期二

6 月 8 日　星期三

上午研究室开会，有关粮食调价问题，促使〔提高〕农民种粮的积极性，这是完全合理的措施。再即谈到研究室工作人员坐班与不坐班问题。区别不同的要求。

下午与杨新同去中央美术学院，谈到招生与培养鉴定人才的问题。我认为主要还是多看实物(包括真伪作品)，掌握规律。此会部、局同志亦参加。

6 月 9 日　星期四

下午接青岛单志常来信，意将旧存的几件书画拟拍卖事。

上午去贵宾楼参加常书鸿《九十春秋》一书的发布会，并〔获〕赠一书留念。

6 月 10 日　星期五

下午苗老送来徐渭草书卷属题。肖燕翼来此送稿件（史可法札文）及劳务费 500 元。《收藏家》海波与其同事来此谈去上海、南京事，据说已与杨新直接通话说知了。我意如确定前往时，请肖燕翼同志陪同前往，海波同意通知前途，定13日星期一电话联系。

6月11日　星期六

下午苗老和曾同志前来，说定明日题好该卷。陈老已将蒋廷锡《竹菊》轴购进，亦拟为其一题。

6月12日　星期日

上午将徐渭行草卷题就，晚曾来此取走。九庆弟来说小智拟定25日由南京回来。崇禧由医院回来，说明去上海之事。叶承耀来京住华府1118房，拟明日见面。

6月13日　星期一

上午去故宫抽血及尿，由金鸿送往广慈糖尿病专科化验。11时许，同郑珉中去华府看望叶医生。中午留用饭，并赠猪肉干和肉丝一包。钢笔托代送朱家溍。并拟明日下午前来家叙谈，去郑珉中家看琴。

下午接《收藏家》杨同志来电话，说订购17日的机票，与肖燕翼同行，上午亦与杨新同志说知矣。

6月14日　星期二

下午叶承耀来家叙话，后在郑珉中同志家用饭，观赏古琴，并听珉中弹琴，悠扬悦耳。临行时带去任熊画《醉〔列〕仙酒牌》一本欣赏。拟明日去琉璃厂荣宝斋等处看看。《收藏家》杨同志取去我和肖燕翼身份证去订机票。

6月15日　星期三

下午肖燕翼送来《常熟博物馆藏画集》一册、叶鹏飞信及《书法报》一件。取走《书画记》两册、照片两张及简历传略。韩奎连来此叙谈，送茶叶一盒。叶医生来电话，已去过荣宝斋等处，以天气热未邀同往，拟定明日返港，再行来信。上海博物馆钟银兰、王运天等来家，是昨日携赝品来故宫的，即住院招待所。

6 月 16 日　星期四

上午去故宫，与徐启宪述知去上海和南京事，徐意在外不要太劳累，多注意身体。《收藏家》小杨来电话已买好机票，明日 10 时 50 分起飞，8 时 30 分车来接，肖燕翼即提前来家同行。下午钟银兰、王运天由嘉德来此，谈看到冯云台后人送去一明人花卉卷，很好！他们拟星期六返沪。

6 月 17 日　星期五

上午与肖燕翼和小杨同赴机场，11 时余起飞，下午 1 时余抵沪，即住于延安饭店。此间因落雨，天气比北京凉，晚上尚盖棉被。见海波，具知朵云轩安排活动。

6 月 18 日　星期六

上午与同住延安饭店的各处同志一起乘车赴新开发的浦东参观，桥〔跨〕度之长为国内外少有。回时即在远洋宾馆顶楼用午餐，并眺望上海全貌。与广东集雅斋等同志晤谈。

6 月 19 日　星期日

上午十时，朵云轩在上海希尔顿酒店开始拍卖，第一号吴昌硕《桃》页由张宗宪拍去，原定 18—20，拍出价 128 千元，其余大都超过原标价格。总额 1500 万〔元〕之多。会场气氛很活跃。

晚间趋访谢稚柳先生，精神很好，此次在美住了十一个月之久，并拟八月赴日本，九月去台湾。并询及出版的《年表》事，很关心此书的出版，因之想到有关原济的生年问题，与〔比〕汪世清据李麟的材料早一年，应在书中并用，较为适宜，拟与茅子良去信相告。

6 月 20 日　星期一

上午去文物店，看了将近 30 件书画，最后看到明代院体韦鉴《山水二段》卷，前曾后钤“吴伟”伪印，定价一万八千元。请其仍按七折收购〔出售〕，彼说从去年起一律不折不扣，以我们的关系即按九折，要求即按八折，因赴火车站的时间迫近，即用车站电话请其保留，以回京后再行走取。是晚抵南京，住于西康宾馆。

6月21日　星期二

上午去南博，晤□〔梁〕、徐两院长，鲁力陪同赴库房，重新参观了唐诰范正国等题跋卷、沈周《东庄图》册、王鉴《仿黄子久浮岚暖翠图》轴。下午去王朝文化艺术中心，与王倚山等和海波观看其陈列品，多为近时人之作。

6月22日　星期三

上午9时去金陵饭店与萧平晤谈。〔萧〕将去年该店十周年店庆所出书画册赠送一本，并将国外拍卖有文天祥札册〔的〕书画册转赠。中午海波、小杨亦来此，即在璇宫用自助餐，亦眺望南京全貌。下午仍同赴王朝艺术公司，用晚饭后即同赴机场，晚十时余即安然抵家矣。

6月23日　星期四

今日在家休息，整理归来〔所带〕的书籍及什物。

6月24日　星期五

上午去故宫，肖燕翼已先到，与徐启宪略述外出过程。肖已向杨新说知收购韦鉴画卷事。取回近日来书报信件，辽博赵洪山信中说，王铎书照片出版事已改由馆出名，他为该册编写之一，即将该照片交与荣宝斋可也。并去文物局，与刘巨成晤谈赝品展等事宜。

6月25日　星期六

全日参阅《图目》，逐件审核作品的乱真伪作，予以记录下来。

6月26日　星期日

仍做以上的工作。

6月27日　星期一

上午兰州俞正先生来此，持《李二曲背影像》卷，有包世臣等跋，最后启功长跋，拟要我亦为之跋，拟检李二曲信后再为题记。

下午同杨臣彬去嘉德鉴定所收之书画，其中金农佐书《乙瑛碑》

屏八条甚好，任熊《大梅诗意》册，与故宫所藏本相同，似为稿本。扬州八家作品有多数真伪参半。张肖龙托嘉德带来茶叶一筒并信一封，收讫。

6 月 28 日　星期二

肖燕翼来此，带来拟出的我的小传，拟修改补充后再行整理交与《文物天地》。

6 月 29 日　星期三

上午去故宫书画库，参阅米友仁《云山图》卷、任熊《大梅诗意》册，其中有吴云等一开题跋，与嘉德所看本不仅文字完全相同，即每字的笔划、使转亦全相同，此当为可疑之点，其中定有一原一副、一真一摹之可能，容细核之。下午真古斋苏经理送来文彭题赵伯驹《九成宫图》轴、清人绢山水一幅，均为伪迹。

6 月 30 日　星期四

下午文物局□□□同志来此，谈有关拍卖事。据说刘巨成明日去深圳与博雅斋共同举〔办〕竞卖会，结果如何以待后信，并谈王己千藏画出售事，认为开价过高，须待磋商。赠安徽霍山名茶一盒，重 500 克。

荣宝斋刘尚勇同志取走辽博王铎书法照片 33 张，请其写有收据，以便回复赵洪山。

杨卫夫人送来鉴定书画费，税单不日即送来。晚饭后陈丽华来此，看齐白石画《老松》轴，说是艾青之物，左方行书自长题“五至都门矣”。枝干苍劲，神完气足，似为中后期之作。

7 月 1 日　星期五

党的生日，听了江泽民的讲话。肖燕翼送来部门分的鸡蛋，并谈任熊册的题跋相同，定有一摹本，须待研究。

7 月 2 日　星期六

上午与保管部书画组电话，请其将任熊画册题跋照片取出，去复印一份。下午〔与〕肖燕翼通话，据说此事已请照相室小马洗印。

7月3日　星期日

海波来电话说“石乾”稿件已送研究室转与肖燕翼。在家整理图录、法书全集等，因书内发现有幼虫出现。

7月4日　星期一

上午去故宫，将“石乾”稿件由林京手取来看过，标题改为“《西楼自寿图》作者考”。似不太明显，拟再更为“《西楼自寿图》作者石乾——非石涛”。这就明确了。复交燕翼再行校阅。将工资领回。

7月5日　星期二

下午翰海文物公司送来李鱓、郑燮手札各一通复印件。文物局袁同志同政协贺乃新，与京西宾馆张建军送来乾隆初年的诰封一卷，乃原作真迹，及清末无名氏《百马图》屏四条，画法平常，详为说明。

7月6日　星期三

上午《中国书法》梅墨生持来何绍基法书照片多种，要求鉴定有无问题，拟即送印刷厂去印。其中有极少几件有疑问，请其在文字中予以说明存疑字样，因委作该书顾问名义故也。

下午与肖燕翼通话，据知已与上海文物店通话说定出售，拟近日派人前往去取也。其中还有一件恽源成《牡丹》轴似乎亦可购进，因其学南田字画颇肖也。拟与杨新商洽再为进行。

7月7日　星期四

农历五月廿九日。下午金辉、九庆及文平、金鸿、三鸾、小娟、丁涛、丁一等齐集家中，崇禧亦由医院前来，为夫人作八十寿日。欢聚一堂，其乐融融。

7月8日　星期五

上午文联文苑送来闵贞人物、钱慧安人物、陈半丁花卉屏四条，均为伪作，郑板桥《竹兰》〔看〕照片似真迹，须看原作再行决定。

与夫人夏莲芝在家中合影，20 世纪 90 年代

在书房留影，20 世纪 90 年代

7 月 9 日　星期六

全日在家复核《年表》中的问题。

7 月 10 日　星期日

仍核阅《年表》，藉以改正诸问题。

7 月 11 日　星期一

上午去故宫，据悉“石乾”文稿已交林京手收。紫禁城出版社询及宋徽宗《□□兰帖》的由来，是否即此名，待查。潘深亮来电话去上海，与梁金生一同前往。

7 月 12 日　星期二

上下午在家核对《年表》中的一些问题，予以记录下来，并改正之。

7 月 13 日　星期三

仍核查《年表》。晚接邱凤玉电话，据说拟今月底或下月初来京，关于赴台问题，晤面后再行详谈。

7 月 14 日　星期四

上午北京市文物公司刘淑国同志来此，询及个人的简历，作了介绍。《年表》抄件已将阅完。金鸿去院里将医药费、汽车费均行报销。晚晤潘深亮，据说已将韦鉴山水卷与上海文物店办妥取来，恽源成《牡丹》轴和陈玉方书轴，对方要货款两交，以致未取回。曹文漪将其翁方纲书《金刚经》印本拿回去了。

7 月 15 日　星期五

上午文联文苑送看文徵明《小楷九成宫》绢本卷，伪，近人为王瑶卿题记，均以为真。郑文焯指书联、赵时棡[1]书联，均真。

7 月 16 日　星期六

在家看《书画记》，其鉴定的书画，多半已不存世，惟有少量尚藏于各博物馆，其对书画的审定，具一定水平，但仍有误定之作，

[1]　原文为赵世棡，考为赵时棡。

此亦限于未能细考之故耳。

7 月 17 日　星期日

上午同丽生、小娟坐宝才车去九同处，方知下星期二旧历初九日为其七十岁生日，于星期天提前办了。其动手术的伤口，近方愈合好，精神很好，惟稍瘦些。下午 2 时余返回。

7 月 18 日　星期一

原拟去故宫取叶承耀托人带来的医治糖尿症的敌糖茶，因下雨未前去。

7 月 19 日　星期二

上午去故宫保管部看由上海文物店购回的韦鉴《山水两段》卷，此图乃春、夏两景，似早佚秋、冬二景，亦院体画中杰作也。尚有恽源成《牡丹》、陈希祖书法两轴，拟与杨新商洽后再行决定留否。去研究室取回信件和药茶。苗老与苏经理约看画事，改期进行。

7 月 20 日　星期三

友人送金农《墨竹》轴来鉴定。金氏行书七绝真迹，画乃出自其僮仆彭郎之手，过去只见记载，未睹其画，此作乃其庐山真面矣。尚看金氏《花卉》册及原济《山水》册照片，金氏画册曾钤有“金𠇗之印”章。原济之作笔墨意境水平甚高，似出自大千之手。待见原作再行审定。

7 月 21 日　星期四

收常州左树成的友人寄来碧螺春茶叶两筒。电话中请代为瞿澎书一字幅。

7 月 22 日　星期五

邱凤玉电话询问寄来复印件作品的真伪，答以罗聘卷为仿作，林子奂《豳风图》卷为真迹，并告以台北故宫〔博物院〕藏有《元人八家山水合装》卷，其中有林氏山水一段为真迹，印章与此相同，故认为真迹。

7 月 23 日　星期六

上午中华书局朱振华同志来家，携来邓石如隶书五言联鉴定，为仿本。赠送中华书局复印《兰亭续考》书一册，请求为其书一对联，并与陈州〔伏〕羲陵碑林写一幅字。电话：办 5254595，家 3493637。下午与金鸿去鼓楼配眼镜，定 28 号去取。晚刘巨成来家，谈此次去深圳及香港的一些情况。

7 月 24 日　星期日

检阅《中国绘画史图录》作品款识。

7 月 25 日　星期一

苗老送来董其昌行书轴委题，据说是□〔姚〕仲康的，在右裱绢上已有苏庚春同志题识，认为是董氏盛年的作品。

7 月 26 日　星期二

细审董氏书法轴，用笔使转处，不自如连贯，而有板滞拘束的笔画，似是钩填本，因而回复苗老说明情况，不拟再题。

7 月 27 日　星期三

朱振华持詹僖伪赵孟頫（子昂）款“扰扰□□□”大字册来鉴定，即行将伪造人的情况予以说明，并同意留下研究。并带来五副对联素笺委代书写。

7 月 28 日　星期四

《今日中国》出版社〔杂志社〕编辑张树贤同海南港澳资产管理公司总经理等来此，邀请今年末或明年初赴海南一行，谈书画鉴定和文物管理等问题。复以至时看情况再行决定。肖燕翼送来《中国画题款艺术》一书，其中多谈近时代人的题识问题。

7 月 29 日　星期五

参阅唐宋画图录，移录款识，记于卡片。

7 月 30 日　星期六

8月1日　星期一

上午去故宫，携金农《墨竹》轴、詹氏伪子昂款书册予以拍照，藉存资料。子昂款书册亦与杨新看过，认为写得不错，已告知詹氏所仿，如对方拟出售可以商洽，即以研究资料收进。

上海万寿来此，携王翚绢本山水八页册，绢本设色，无总款，似系六十左右所作，佚失几开，致无署名。于下午即行携册乘机返沪矣。燕翼亦前来看过，认为不错。有关金代书画家作品的卡片，交他取走。

8月2日　星期二

下午山西省博郝晓蔚、赵志明二同志来此，带来清人不知名仿关仝山水立幅，以为是关仝作品来鉴定，当即说明原委。他们拟明日去故宫科技部取代装裱的严湛人物轴。

崇禧又以不适上医院，小媛以发烧去鼓楼中医院治疗。

昨日曾接香港翰墨轩寄来张大千仕女、高士画集两册，并附来《名家专论》谈《张大千伪作名人书画的琐记与辨伪》的文章和张氏作《观音像》与《渔乐图》两幅图片。

下午文物总店小窦送来英店顾问费。

8月3日　星期三

下午《收藏家》电询向水照片，拟催问洗印得如何，拟先行复印再行洗印似乎更妥一些。

8月4日　星期四

上午秦公电话，据说有几个唐寅的扇面拟送来看看，并邀请为翰海拍卖公司顾问。李秋林同志来此，苗老请他将姚仲康委题的董其昌字轴并人民币一同取走。以董书乃伪迹，未予题字。

8月5日　星期五

上午南博鲁力来电话，述及文物总店与王朝艺术公司拟定在10月16日于金陵饭店拍卖，现已收集200多件作品，拟请我与史树青为该组织顾问，届时来邀请前往。

天津文物公司于淑英和出版外贸公司江城同志来此，联系去日本鉴定书画事，时间初拟在明春樱花盛开的季节前往，俟商定再行通知。燕翼将《故宫周刊》取去，拟请林京同志代翻拍向水题跋。

8 月 6 日　星期六

寄往上海书画出版社茅子良一函及复印稿件。嵇为民同友人来鉴定颠道人画《鸡石》轴，为真迹，及周芷岩刻竹笔筒，亦很精致。

8 月 7 日　星期日

艾志高同志持来王偁书札照片，代为作了释文。将自行车存放于地下室。

8 月 8 日　星期一

今日立秋，天气渐较凉爽。《收藏家》杂志社取走辽宁省博物馆出版大画册一本，拟请林京翻拍李成《茂林远岫图》卷及向水题跋，并将向水题四件书画的释文一同取去。委看的晚清手札单页亦同时取走。崇禧下午出院回家。

8 月 9 日　星期二

下午嘉德胡妍妍来此，谈及该公司招聘事，即将小凯的情况向其说明，当即写了简历请其与陈平、甘学军说项，看结果如何，再行联系。走时取去翰墨轩出版张大千仕女、高士及张氏作伪的文章单行本共三册，拟代公司推荐收集《名家翰墨》。

8 月 10 日　星期三

上午与耿宝昌去八宝山追悼四号逝世的傅大卣同志。回时搭闫振堂车直接回家。

接中国艺术研究院书画鉴定研究室的请柬，定于九月三日下午3 时在该院大会议室举行书画鉴定研究室成立周年茶话会。下午许忠陵同志持来赝品展部分照片来看，惟手卷特小，字画都看不清晰，据说出版需要可以放大。

8 月 11 日　星期四

下午《文物报》记者万立群来此，〔与之〕谈了此次举办赝品书画展的设想、目的，主要还是“培养急需鉴定人才，改革教学切实措施”。

8 月 12 日　星期五

上午万立群来此，将昨日关于赝品展的内容、谈话整理成文，即拟送《文物报》，予以发表，按事实作了报道，比上次清楚多了。下午《收藏家》刘同志携来有关“向水小考”文字小样，错字连篇，均一一作了修改。

8 月 13 日　星期六

嘉德拟将任熊《大梅诗意》册携至故宫对照研究，已与潘深亮说知，拟定下星期一提出。

8 月 14（21）[1] 日　星期日

在家检阅图录中画家的作品署款问题，区分不同时代的沿革。

8 月 15（22）日　星期一

上午早间胡妍妍〔来〕，以当前画册出版事时间较匆促，看任熊画册事暂行推迟。下午肖燕翼将《王弇州集》送来，即已全矣。并送来第七期《文物》月刊。院里拟出的每人一篇的论文〔集〕，即拟使用“金农□□□□□”一文。

8 月 16（23）日　星期二

仍摘录画家的署款。“向水小考”一文昨日由刘志雄同志取走，此乃文稿第二审，拟再行更〔改〕后最后还要送来一阅。

8 月 17（24）日　星期三

上午由故宫去文物局，由刘巨成主持开赝品展一切事宜〔会议〕，届时有关前来参观学习的拟安排五期，每期一周，看三天讲三天，

[1]　原稿在 8 月 14 日至 19 日的日期旁，逐日用红笔加注数字从 21 至 26，或其日期应以红笔数字为准。录以备考。

学员的吃住行由故宫安排。晚李凯来此，据知已安排另一间房工作，拟九月间前来。

再，有关赝品展的补充，拟向局出版社提用已出版过的底片，由故宫冲洗放大，用毕即行如数归还。底片作品目录已附于写给谢辰生同志的信中，请巨成转致。晚间钱绍武介绍其学生唐俊林拿来郑板桥《竹兰》两横册页，委鉴定。均属后仿，一般水平。

8月18（25）日　星期四

上午苗老持董其昌画《秋林读书图》卷，乃丙子七月所画，委代一题，即列举《细琐宋法图》及仿关仝《关山雪霁图》卷两例，述及《秋林读书图》乃其晚年卒前二月之作。

8月19（26）日　星期五

下午苗老将题就董画卷取走。李健送来黄慎画《林和靖探梅图》轴鉴定，仍旧仿，有一些水平。

8月27日　星期六

上下午查阅有关伪作资料，予以记录下来。

8月28日　星期日

8月29日　星期一

下午接台北邱凤玉寄来赴台邀请函，即〔拟〕与肖燕翼同行，电话通知他。

8月30日　星期二

下午肖来将两函取去，拟即与院方联系，以便通知对方。苗老持蒋廷锡《菊石竹雀图》轴委题，此属蒋氏亲笔之作，非捉刀人所为也。定后日来取去。罗随祖电话，日本友人研究吴伟业者拟看院藏品，以时间匆促，拟提吴作照片予以欣赏，已请保管部书画组代办矣。

8月31日　星期三

上午朱振华同友人前来，持祝允明《草书前后赤壁赋》卷，书于甲申年款，真迹，唯前部开卷稍有残次耳。并赠中华书局历年出书目录及委〔伏〕羲陵书法文字。肖燕翼送来请买的《池北偶谈》一书。罗随祖同日人伊藤漱平来看吴伟业《桃花源图》照片及上海馆藏吴作《山水》轴，对看甚满意，拟回国后将其购的吴画照片寄来。

9月1日　星期四

上午肖燕翼将填好赴台的申请表等取走，中午前即以传真发出。下午2时即接邱凤玉来电，说已接到，认为可以，唯还需要我的职称证书。故宫发的证书在院内，由肖代为找出亦即传真发出矣。

下午苗老前来，说明蒋南沙画明日题好。晚山西省博李勇等二人来此，提及该馆拟出一本书画鉴定图文真伪对比书画册，此设想很好。主要看馆藏这类作品的多少，能否出一图册。以〔本〕馆为主，再辅以他馆说明问题的作品，集合起来就更好了。他们拟回馆后即着手检看这类作品，然后再通知如何进行鉴定问题。

9月2日　星期五

上午蒋廷锡画《菊石竹雀图》题就。肖燕翼来电话，即将赴台申请表正本寄出。下午4时余，苗老把题识的蒋画取走，即直接送陈老处矣。

9月3日　星期六

上午在家书写各方需要的字，即写好部分，拟即行寄出。下午去〔参加〕中国艺术研究院举行的书画鉴定研究室成立周年茶话会暨鉴定成果汇报展，会后参观了恭王府花园及〔观看了〕戏台演出节目，并喝了北京风味的豆汁。

申满元送来八大山人《小楷□□□经》册，一望而知真迹。首开右中钤“学学半”椭圆朱文印，末页无款识，钤“八大山人”“可得神仙”二印，细审此二印为后钤，而前印确真无疑，究其原委，当后另有其他文字，真款印在后方，现分为两册，而前册末页无款识印记，如重新署款恐不似，故钤两伪印，来证明为八大所书耳。此两印不仅刻法不好，而前后印色亦不同，证明后印伪无疑矣。据说已请徐邦达先生看过，亦认为真迹，但未说明后两印乃后加耳。

9月4日　星期日

接叶承耀先生来信，问候身体状况。

9月5日　星期一

上午申同志来此，说八大书经册徐邦达已题，亦看出后两印系后钤，题中说明了。肖燕翼送书报及工资来。

9月6日　星期二

上午去故宫书画库看送展的书画赝品。下午翰海拍卖公司送来书画、陶瓷拍卖样书各两册。

9月7日　星期三

上午去故宫继续看赝品展书画。历博郑燮书画合册，原鉴定时认为旧仿，今细观画乃真迹，并且较好，画竹兰石松多种题材，石并点了几点苔痕，燮并写“爕”，对幅题字乃是新仿。朱振华同友人送来仇英款《清明上河图》高头长卷，后有文彭隶书题记及明人诸家，画、题均有一定水平。李勇来电话，拟将选出的赝品近日送京鉴定，任馆长拟九日来京，可能前来谈出版“书画鉴定”一书事。

9月8日　星期四

上午仍去故宫看书画。张大千仿书画多件，此类可安排在陈列室最后拐角处。上午珠珠来电话问候，过几天来家。

9月9日　星期五

上午去故宫看书画。内有一幅郑燮题陈馥竹，将陈画款去掉，成为郑氏画了，改动修补非常好，不易看出，只是竹叶肥厚非陈莫属！此亦一大发现。下午韩奎连来此，请代陈重远为《古玩史话与鉴赏》一书题词，答应他题何词定后回电话。左志刚送唐寅《四美图》（《孟蜀宫妓》）来鉴定，乃临故宫之本，水平低下，新作之伪。

9月10日　星期六

上午去故宫看赝品展的书画，约定在卡片上有的作品看完。左志刚送还朵云轩拍卖的图录，韩奎连委代陈重远题《古玩史话与鉴赏》书刊题志，写好取去。

9月11日　星期日

上午9时去下斜街三晋宾馆看山西省送来的赝品书画，拟真伪对比图文并存鉴定书刊，由广东出版社印刷出版。作品中够得上出书的为数极少，但发现一幅王翚《仿范华原泰岱乔松图》轴，七十二岁所作，殊精彩，左下角钤王氏二印、蔡魏公二印。在60余件中，此为最佳者，亦馆中藏品王画最优者。

常州左树成来电话问书信事。王喆送来王翚《品茶图》卷请鉴定。无款识，卷尾左下钤“王翚之印”“石谷”二印。画绢本设色，绢质细密，画亦工细，但在构图上与石谷有异，似学石谷画者所作。

9月12日　星期一

上午齐运通电话，邀明日去贵宾楼午餐。韩奎连取去书写的陈重远古玩鉴赏书的题字。晚韩培珠与金效琦来家叙谈，吃便饭而归。

9月13日　星期二

中午与耿宝昌、吕朗应齐运通之邀去北京饭店与出版界同仁相聚，顾廷龙亦在座。《四库全书》中以外未曾出版的所谓“禁书”，此次征集国内外图书馆的藏品，予以出齐，五年完成。国内定价38万元，国外六万美金。

下午湖南省图书馆刘志盛来京开会，据知，该馆的收藏书画，在落实政策中，仅退还了极少部分，拟将部分佳作出本书画册。

9月14日　星期三

昨晚刘巨成同志送来穆星星由英国寄来绘画照片作品38件，经看照片，十之九属于伪作，但有些是旧画后加款，如“林良”等，其中唯一李方膺《梅》卷乃属真而精者，乃其晚年绝笔之作。

9 月 15 日　星期四

上午与杨新去〔看〕翰海拍卖公司在保利大厦展出的书画、陶器，12 时返回。下午俞正同志持《李二曲背像》卷委题。晚张宗宪电话，询问翰海展品中书画真伪精粗情况，予以告知。邱凤玉电话，拟明日同去看翰海展出的作品。

9 月 16 日　星期五

上午同王政松、邱凤玉同去翰海看拍卖展品，中午在贵宾楼用餐，复去故宫，拟拍“倦勤斋”的匾额，因在动工致未拍成。3 时半回家，4 时多俞正将《李二曲像》卷（题好）取走。

9 月 17 日　星期六

上下午看英国桂良藏书画的照片真伪，刘巨成送来鉴定。

9 月 18 日　星期日

上午同王政松去翰海拍卖公司看书画拍卖，中午即在保利用餐。下午继看拍卖。晚王、邱与叶启忠来家吃炸酱面，并叙谈台北书画家收藏概况。

9 月 19 日　星期一

下午翰海仍拍卖瓷器杂项，售出八百余万元，连同昨日书画拍售二千二百余万，总计三千余万元，可以说开海内外近年来之首户。晚在黑土地餐厅招待用餐。

9 月 20 日　星期二

上午与图书馆通话，请其将《百梅图》印本寻出。肖燕翼来电谈起“堪浦”可能与堪注为同辈行，“朱达士”为“堪浦”之字号。晚六时，翰海在首都宾馆请客，香港古道艺术中心柯佐融参加。王台庆同其夫人来此看望。

9 月 21 日　星期三

上午接邱凤玉电话，定于今日下午一时离京赴香港。韩奎连送来双面绣猫插屏及月饼。四川翰雅李天勇、甘晓前来，拟在明年春节拍卖，聘为该拍卖行顾问。中国文联文苑送来齐白石《贝叶昆虫》来鉴定，似木刻水印。曾君持薛永年信前来，委我任她的校外导师。曾比较用心，可教也。晚与胡妍妍通话，据说小凯之事，尚未最后讨论。即向其说明除要求的三项工作外，其他工作亦行。拟对核任熊册事，择日通知。

9月22日　星期四

上午美院学生小傅等五人来家，谈了有关学习的问题，并送来讲课费和导师费。介绍了有关赝品展的问题。晚接王梦赓电话，谈起组稿问题，复以近期忙于赝品展出的系列工作，未便写稿，请谅。

9月23日　星期五

上午去故宫，研究室开会传达日前歹徒枪杀人的事件，认清真相。取回任熊石印本画册二套。晚刘巨成同志来此，拿回英侨（桂良）藏画照片，鉴定后的意见注于“备注”栏中。复送来汤涤等绘画照片50张，亦即时予以分注真伪矣。

9月24日　星期六

早8时刘巨成将看过的照片及批注的清单取走。

9月25日　星期日

上午整理赝品书画的卡片。下午陈英与其子送来董邦达“臣”字款山水轴鉴定，画与乾隆御题均真，唯钤有“乾隆御览之宝”乃后钤的。

9月26日　星期一

上午去故宫，将文徵明《甫田集》四册交小肖。去法书库看吴梦旸书札，此与伪允明小行楷书法相较，大异其趣，绝非此人所作。取回购买的《历代画目》及《中国画署款艺术》两册。

9月27日　星期二

上午去故宫，由党支部开宣传爱国□□会。下午杨涵来此，携文徵明《小楷书论画》轴来鉴定，系清人仿书。邱凤玉来电，委拍“倦勤斋”匾额事。刘巨成送来在英设立的□□□□顾问聘书。

9 月 28 日 星期三

上午去炎黄艺术馆〔参加〕建馆三周年庆祝会。下午许忠陵同志来，共同研究调整赝品书画展出事宜。刘巨成电话，关于展出事要与杨新、冯经湖商讨讲课的安排系列问题。

邓永清电话，拟定参加 10 月 6 日徐州馆的开幕，如能前往即须乘坐四号的晚直达徐州的火车，次日即到达，亦与其说知，如行，肖燕翼陪同前往，待明日与院方说知，回电话再定。

9 月 29 日 星期四

去徐州事，肖燕翼与院领导裴院长报告，同意前往，当即复邓夫人说知。肖已托人购定车票了。

9 月 30 日 〔星期五〕

上午常州左同志来电询寄〔?〕书幅事，拟即日即行寄出。肖电话，拟十月二日来家取工作证提取车票事。

10 月 1 日 星期六

庆祝国庆节日，同弟、庆弟夫妇，大鸿，小娟等来家团聚。晚看电视播放的礼花和各民族欢庆的巨大繁荣昌盛的场面，在广场上用鲜花组成的“抓住机遇，深化改革，扩大开放，促进发展，保持稳定”的大字标语，强调了党中央的方针是重视发展与稳定这两个方面，强调安定团结。

10 月 2 日 星期日

下午美国耶鲁大学班宗华教授的学生白谦慎来此，携带班教授赠送的王南屏所藏《玉斋珍藏明清书画精选》一册。白是研究傅山的，拟在傅山年谱中增加新的内容，故拟看故宫所藏傅山署年款的书画作品。当即拟就作品名单，送杨新签同意，由保管部安排。同时并向杨新说知同小肖赴徐州之事，以及刘巨成谈赝品展发通知等问题，和与出版社〔沟通〕使用底片放大问题，请与刘商洽。

10 月 3 日　星期一

上午肖燕翼来此，说定明日晚 9 时 40 分由此发车，路经琉璃厂接他同去西车站。当即与邓永清同志电话说知，他来通知对方至站去接。将杨新批件交与潘深亮同志，议定七日上午 9 时去看，即与汪世清通话，请其转告对方届时前往。

10 月 4 日　星期二

上午王南访同志来此，将谢文勇编的《广东画人传略〔录〕》一书取去。接邓永清电话，说买好下午 6 时去徐州的车票。寄去左树成所要的字两幅。晚同肖燕翼乘车赴徐州。

10 月 5 日　星期三

下午十二时余车抵徐州站，由馆长李银德来接，即住南郊宾馆。晚在体育馆观看大型秦汉舞蹈。

10 月 6 日　星期四

上午举行彭城文化节开幕式。下午邓永清捐藏明清书画馆在博物馆举行典礼仪式。复去李可染故居参观。

10 月 7 日　星期五

上午参观戏马台、兵马俑博物馆，下午去博物馆看馆藏书画。并选出了赝品展使用的三件书画：①文震孟《草书诗》轴；②洞庭渔者山水轴；③赵之谦《梅花》扇。

10 月 8 日　星期六

上午去森林公园参观。“淮海战役纪念馆”，此横匾为陈毅所书。“淮海战役烈士纪念碑”为毛泽东所书。此碑高大雄伟，比北京人民英雄纪念碑还要大，在全国纪念碑中无逾此碑者。晚 8 时 10 分乘返北京车返京。

10 月 9 日　星期日

上午 10 时余车达西车站，宝才、小凯来接，先送肖燕翼然后至家。

10 月 10 日—11 日　星期一—星期二

在家休息。九日接海波电话，约请参加南京王朝拍卖事，复以与院说知后再定前往。上海人美龚继先电话，他说拟十月下旬来京，并说赝品展时拟出两本画册事，俟来时与院方接谈。

10 月 12 日　星期三

上午去故宫，将由徐州博物馆〔带回〕的三件赝品点交总保管组梁金生与傅红展。去南京机票已由王连起同志代为购妥。昨日并收翰墨轩邮来稿费 120 元支票一张。

10 月 13 日　星期四

与杨新电话商定，明日下午 2 时在院与刘巨成、冯经湖开会，议定办学习班系列问题。肖燕翼来此，将拟赝品展《前言》初稿送来。海波由南京来电，定于 15 日下午 2 时去机场来接。晚美院送来课程表一张。申同志来此坐谈。与刘巨成电话，说明明天下午在院开会事。

10 月 14 日　星期五

下午二时在院办公室，杨新召集刘巨成、冯经湖开会，研究赝品展的接待一系列工作。冯经湖提议学员来此可住市文物局接待处，吃住方便，尚可优惠，包车接送比较集中。杨新意见在小石桥，来故宫以较方便，待共同看后决定。即将肖燕翼拟就的展览《前言》交与杨新了。

10 月 15 日　星期六

上午十时与小凯乘车赴机场，于 12 时余乘机，下午 2 时余抵南京机场，由杨涛等来接，即行直接先去江苏美术馆看拍卖的书画，然后步行〔至〕不远的汉府饭店住下。晚与海波共同用餐。

10 月 16 日　星期日

下午一时前来金陵饭店，即让至第一排就座。一时正式开拍，中间休息一次即行继拍，最终拍出书画□□件，宜兴壶全部拍出，总计拍出书画□□件，最高价张大千画□□□□□元。

10月17日 〔星期一〕

上午在饭店休息，下午去金陵饭店由王朝请客，与萧平晤谈，一同进餐。谈及傅抱石画展定于廿六日在北京美术馆展出，届时拟前来。

10月18日 星期二

上午由周玉峰陪同去南唐二陵参观，中午在中山陵附近餐厅用餐。路经明孝陵，小凯与周玉峰下车参观，我因去过两次，即在车等候。路经牛首山与长干桥，在车瞭望而已。回饭店方知机票未买到，即改乘火车，搭晚九时余66次新型车第一次头回南京—北京车，整洁舒适，服务亦好。

10月19日 〔星期三〕

下午二时余抵达北京站，正点应为一时五十分，晚四十分钟。大鸿、三鸾来站接，搭出租车回家。晚接王南访电话，荣宝斋在美术馆展出书画拟同去看看事，拟定时间通知他。

10月20日 星期四

上午去故宫，与许忠陵通话，讲述了近几天的情况。十时余即赴北京饭店〔参加〕中国文物学会成立十周年报告会，会后用自助餐，并赠送书刊。晚李凯来此，谈了工作的情况，并请其转达22日同去美术馆看画事。晚接薛亚平由美洛杉矶电话，请代其□□看看沈周的真伪问题。

10月21日 星期五

许忠陵托人送来有关赝品展目录、文字说明，拟看后予以补充调整。早九时去历博看徐利明书画展。

10月22日 星期六

上午去美术馆观看荣宝斋百年纪念展出的书画展，中国美〔艺〕术研究院鉴定研究室杨越即时拍照讲解照。中午由李凯等送家。

10 月 23 日　星期日

在家看赝品展的材料，并注明补充及更换作品的意见。唐复年持清末人与子嘉款手札一册，拟售与院内，应与院部组商洽决定去留。接单志常来信，谈及画的处理问题。

10 月 24 日　星期一

上午去故宫保管部总保管组看山东省文物店送来的谭云龙《墨竹》轴，商定如收购出价四千元。清末手札册可五千元收进。赝品展目录交与许忠陵，作了调整。詹僖《竹》扇印件交他。收叶承耀寄来空邮明信片，由重庆发出的，邮记是本月 17 日。

10 月 25 日　星期二

上午吴江澄携沈周山水大轴来鉴定，双拼绢设色，自题七律，八十一岁所作，乃明人仿本，书画有一定水平。文物局老范同山东省文物店老唐来此，告以谭云龙《竹》轴为真迹。丘良任来电话，谈及伪傅山款明人早期书法卷，意欲出让，请院中考虑收购价格告之。王南访询问海瑞札上款，已抄就，拟明日交他。

10 月 26 日　星期三

上午去美术馆参加纪念傅抱石〔诞辰〕90 周年的绘画展出，晤宋文治。将海瑞札原文交与王南访。

10 月 27 日　星期四

院里原定下午召集开会，〔讨论〕有关赝品展一切事宜，因故未开，改在明日。

10 月 28 日　星期五

下午院召开会，肖燕翼来电话，说明了开会的内容：赝品展月初布置完毕，下月四日内部审查，八日正式开幕，外地文博单位即行发函，十四日参观、讲课。

10 月 29 日—30 日　星期六—星期日

二凤由老家来此，晚间去医院看了崇禧。

10 月 31 日　星期一

下午院党办葛同志同友人送来傅山绫本《五言诗》轴，乃真迹。肖燕翼送来周玉峰由南京寄来《老房子》一书三册及信件。与单志常发出一信。王彦朝来此，交来张宗宪香港佳士得拍卖的画册一本，并取走单志常书画照片九张。吴江澄来电薛亚平近期有信来。寄〔复〕茅子良来信……

11 月 1 日　星期二

上午去故宫，将赵孟頫《四体千文》照片、鲜于枢〔作品〕照片交与王连起。复去赝品展室看陈列布置，其中有些须要展出的作品尚未寻出陈列上，有些要调整。主要平柜无灯光，以致作品看不清晰，吴应卯真迹仅一扇面，吴伪祝氏款作品未明显突出展出。

下午李凯来此，带来《朵云》总第 35 期季刊一本，记载王原祁的年表。并说与王南访三日赴海南，鉴定书画。

11 月 2 日　星期三

上午赴革命博物馆，应《收藏家》特邀，与朱家溍参与深圳市动产拍卖行（黄小坚任总经理）“中国书画及〔暨〕油画精品拍卖会”（于 1994 年 12 月 18 日在深圳博物馆举行）拍卖发布会。会后即在东来顺用餐。晚刘巨成来家说明日赴海南，然后去深圳，约十几天返回，关于办讲〔课〕班问题，可与冯经湖商议。与许忠陵通话，说已布置齐了。

11 月 3 日　星期四

上午去故宫（原拟参加文物学会会议，因未记清开会的地点，未去成），随后去赝品展室，观看了展出的作品及说明卡。有些不符合实际的误点，予以说知更正，待明日院内审查时再听听意见，更正补充，使之予以准确，一目了然。

下午冯经湖来电话，说王方宇来京，拟今晚去嘉德参观，以便在该处晤谈。罗随祖电话，许礼平来京，拟晚来家晤谈。晚去嘉德参观，遇王方宇先生，金铭、谷牧等。

11 月 4 日　星期五

上午去故宫，院内审查赝品展的作品，与杨新商洽第一幅马远《踏歌图》换上原作展出一个时期。同意先展出十天。许礼平前来，以时间接中午，未看成。听高和讲，局里拟明日来审查。许礼平、罗随祖来此座谈，定明日早 9 时来院参观，以便听取各方意见来改修调整。晚单志常来电话，说已收到信，拟 6 号乘火车，7 日上午 11 时半到京。

11 月 6 日　星期日

上午去故宫绘画馆，杨新、高和陪同马自树局长参观。许礼平亦前来观看。马提出赵书札可选真、伪各一件对照，拟即行更换。与王亚新电话，请其发出与启功、傅熹年、谷牧参观的通知。申同志取走所题的石涛、渐江两画册。

11 月 7 日　星期一

下午同王政松去嘉德观看书画拍卖，成绩空前。齐白石画册拍出价竟高达五百万元。中午遇杨仁恺和黄君实的夫人，同进午餐。晚萧平同志在竹园宾馆宴请张德勤、邵华泽[1]和我，〔并聘〕为其组织的“金陵饭店文化艺术中心”的顾问，还有徐邦达，并予每人发了聘书。要求为其中心及友人写幅字。

11 月 8 日　星期二

上午赝品书画展在绘画馆开放，主要还是内部参观，有些港台人亦前来观看。傅熹年前来逐件详看，徐邦达先生看得更认真，提出八大《四喜图》还是八大的真迹，非大千所造，拟定换下来。龚半千代笔问题亦要考虑。今晚与启老电话，请其来院参观，确定于十一日上午九时前来。

[1]　原文为邵□泽，考为邵华泽。

11月9日　星期三

晚与傅熹年同赴东来顺应刘国基的邀请，刘因事未来，由甄雅堂蔡耀庆接待。在座的有王政松、许植槐（藏明清书画）与其夫人，谈台北收藏家的情况。再一次与傅约定讲课题目问题。

11月10日　星期四

上午与王彦朝联系，定于今晚来此与单先生面谈。下午肖燕翼来，将开班授课事宜初定规划送阅。萧平推荐上海德康拍卖公司俞存党同志持萧信荐为该公司顾问，不便推辞。携来拍卖画册，作品真迹多，伪作较少。台湾高雄市聚宝阁吴皆盛来此，委书写一些字联轴等在台销售。

11月11日　星期五

上午陪同启功先生观看赝品书画展，对夏昶《竹石图》轴认为不似伪作，石涛字署“道济”，认为是僧家排法名的名号。中午在大三元用餐。启老安排在17日讲课，“书画鉴定三议”的补充。晚王彦朝将单志常藏画的照片送来，据说只有王雪涛画、张士保可拍，然价仍似高。不巧单志常已于今日中午持画返回青岛了，拟再与嘉德联系一下，看看能否接受。

11月12日　星期六

与单志常去信相告书画事。王彦朝电话，拟明日去该公司看书画。申同志委题祝允明书自诗卷。

11月13日　星期日

气温1—9度。上午去翰海观看其所收的书画，画扇多件，然多属赝品，其中两个唐寅，一有同时三人题，画似唐但无其清爽，徐邦达认为唐乃题者非画者；一《月夜泛舟图》扇，右楷书七绝一首，书法欧体，稍似邵弥形体，诗下署“唐寅”二字，印章模糊。此二名款书法与诗题绝然不同，显然将原款擦去，复添“唐寅”二字无疑。据说徐先生认为真迹，此亦属于未详察之失也。

刘九庵（左三）、启功（左二）等参观展览，1994 年

刘九庵（右二）、启功（右三）、肖燕翼（右一）、王连起（右四）等在故宫合影，1994 年

下午四时天气由阴转雪，此亦今年第一次降雪，回忆去年此月十九日，上午以因雪去首博鉴定吴昌硕书事在大石桥东口处滑倒，以致将右腿摔伤，住医院三个月，换金属轴，虽持手杖能行走，总之不似未伤前之自如也。出院时院领导再再嘱咐，出院后千万不能再重犯。因此出门行动牢记此语，使之永保平安，藉以将未竟之工作顺利完成，诚大愿也。王方宇住协和医院，要看八大《楷书金刚经》，待照片送来后即行通知。电话 5127733。

11 月 14 日 〔星期一〕

上午故宫承办赝品书画展〔全国书画鉴定高级研讨班〕九时正式开班，文物局领导□□□〔张德勤〕、裴院长、杨新同志〔出席〕，委我先讲此展览筹备经过全过程，然后由以上三位分别来讲。会后即去展室参观，下午由杨新来讲。

11 月 15 日 星期二

上午我讲展出作品，分摹、临、仿、代、改、造，举例说明，尚有些陈列未能一一涉及，再拟讲时补充说明。

11 月 16 日 星期三

上午由傅熹年先生主讲“我在书画鉴定中的体会”，由远及近，由大而小，文献、实物相结合，由每时代的衣冠制度，及建筑上不同的特点，运用到绘画上。还是比较科学的。中华书局朱振华同友人携来祝允明《草书赤壁赋》卷委题，即时将其中识语录下，原卷持走。朱拟请徐邦达书副对联，我说明日可能见到，将信转致。

11 月 17 日 星期四

上午启功先生前来，主讲“鉴定三议”，谈书画鉴定的模糊度，广征博引，谈趣风生，亦谈到三希堂帖大王《快雪时晴》为勾摹本，文壁非“壁”事，张大千作伪事。

11 月 18 日 星期五

上午九时讲“张大千伪作书画”“扬州八怪书画综考”，及学员

书画鉴定授课，20 世纪 90 年代

提出问题的解答。晚间鲁力及天津艺博田忠彦同志来看望谈话。

11 月 19 日　星期六

上午研讨班学员进行考试，下午观摩展览小结。据肖燕翼电话说，考试很顺利，大都合格和优胜，不合格者仅少数而已。在考核证上要盖章，似还要签名。

11 月 20 日　星期日

上午常博左树成来此，谈观摩的时日短了些，既要看又要记，如果将展品的作者、名称打印出来，下面余些纸，即可将意见记在下面，既节省了时间，也可集中精力去审阅思考，作出答案。晚徐州博物馆李仁俞前来，亦谈了看后的体会，对汪士慎改款程南云是否为汪氏之笔提出怀疑。及与看了汪氏《梅竹》轴的画法（《清代扬州画家作品》），一目了然，前疑尽释。此须要多看多比较，方能解决复杂纷纭的问题。

11 月 21 日　星期一

上午去故宫，了解学员的学习考试情况。据肖介绍，多数考得还不错，仅有极少个人差一些。兹将左树成观看作品时提出，没有印好的文字作品目，看与记费了多的时间，如有印好作品目，即能节省时间专心看记作品的问题了。拟将此意见提供班组织参考，以便设法改进。

11 月 22 日　星期二

上午与大鸿去人民医院检查右腿骨伤痕，先验血、验尿，次照伤骨片，看眼白内障，右眼零点二，左眼零点七。拟下次取片复检。

11 月 23 日　星期三

上午去故宫，闻已小结，拟将展品印出交与学员，这就便利多了。十时，谷牧同志来参观，陪同看了一周，很感兴趣。惟平柜卷册未看，以无灯光，兼以阴天，拟过天再来。邱风玉来电，询问国外拍卖王振鹏《金明池龙舟夺标图》卷等问题。

11月24日　星期四

与许忠陵电话，询及展品照片问题，拟在下〔星〕期一汇齐交来。展室马远画高和说亦拟下星期一撤下来，其他暂不更动，待学习班完毕后重新再行调整。

11月25日　星期五

肖燕翼来电，谈下星期一开班，还我去先谈谈，然后由杨新讲课，徐邦达改在星期二下午，要我星期三仍上午讲。与高和电话，请其转告书画组，马远《踏歌图》晚撤一二天，请学员们看看比较好，他已应允这样做。晚嵇为民送阮元《行书》卷来看，虽真，不算精品，以纸涩不受墨，时露渴笔。

11月26日　星期六

下午翰海艺术公司李保生持苏富比画册两本，是赵榆同志请其前来代为鉴定几件作品的真伪问题，即行予以告知记去。今日早二凤女儿回家乘直通冀县汽车。寄出与萧平同志一信及字幅。

11月27日　星期日

未外出，检阅下星期三讲课资料。

11月28日　星期一

上午去故宫参加“书画鉴定研讨班第二期开学典礼”，由我先讲此次调集全国文博等单位重要赝品书画展出过程，利用这些作培养急需鉴定人才、改革教学的切实措施〔的〕重要意义。然后由杨新讲□□□□。下午学员观摩。

11月29日　星期二

上午去故宫，徐邦达讲“鉴与考综论”，散课前与全体学员合影照相。上午去漱芳斋参与沈阳罗东平《摹张择端清明上河图补全本》评议会。一致认为，补后缺佚部分前所未有，费五年之久的精力完成此作可谓难能可贵。罗本人并拟将此图卷捐献于故宫，其精神更可嘉矣。晚该公安干部领导在公安部设宴招待。

11 月 30 日　星期三

上午去故宫讲“古书画辨伪举例”，附祝允明、文葆光、吴应卯真伪复印件多件，藉以对比鉴别。

下午文联文苑送来文徵明《小楷九成宫》卷，乃属明人仿本。翰海送看禹之鼎《临大痴九峰雪霁图》轴、岳岱《仿王蒙笔意山水》轴，均属真迹。

12 月 1 日　星期四

晴。下午文物局流散文物处任杰同河南文物处同志持唐寅《人马图》轴来看，乃伪劣的清中后期所造。翰海持多幅书画，真伪参半，据说上海送来，其中章声花鸟、奚冈花卉、董邦达山水，为真迹，余多作伪，但有一定水平。

12 月 2 日　星期五

上午去故宫，讲“张大千伪作书画”“扬州八家综谈”及“所谓苏轼草书醉翁亭记辨非”，原书者应为赵秉文，去赵本款保留临写的苏款，即成为苏氏书了，王世贞称为墨池中一大疑案，今日解决了。孙宏信送边寿民《芦雁》来看，芦叶起笔在茎之外，殊谬画理，必伪无疑，此亦鉴画时之要处也。

12 月 3 日　星期六

上午去人民医院，检查泌尿科，血糖的情况有些偏高，要求打胰岛素增六个单位，早上 14 个，中、晚各 8 个单位。下次再抽血复查。下午去故宫参与鉴定研讨班的结业并发证书事宜。

12 月 4 日　星期日

发出与《今日中国》张树贤一信及照片。复收内蒙吕秀斌来信及照片，米友仁、倪瓒等多属伪迹，当即复信和照片予以寄回。赵榆同志来电，定于八日去翰海看书画。

12 月 5 日　星期一

上午去故宫，同魏文藻去八宝山，为金仲鱼逝世追悼会，11

时返家。朱振华电话，定七日来取题祝允明《草书前赤壁赋》卷字。肖燕翼送来第二期书画研讨班合影照片。《工人日报》记者拟定七日来家采访。复内蒙信件。翰墨轩邮来傅抱石画册及张大千伪画册。

12 月 6 日　星期二

上午去人民医院取血化验，及内分泌科化验。晚间李凯送来《中国古代书画图录〔目〕》一册。与启老去电话，初定下星期三前来院讲课，如有要事再行通知肖燕翼。

12 月 7 日　星期三

上午与肖燕翼电话，说明启老拟下星期三来院讲课事。朱振华来家送来 95 年年历，为《韩熙载夜宴图》卷，并送《许姬传艺坛漫录》与《〔许姬传〕七十年见闻录》两册，取走跋祝允明《前赤壁赋》卷三页。文联文苑送来吴昌硕山水卷，沈叔羊收藏，李可染等跋均真迹。下午《工人日报》记者陶映荃来此采访有关赝品展事，并取走《文物天地》《瞭望》，李月蓉写的走访稿，拟复印后即行送还。

12 月 8 日　星期四

下午 3 时去翰海晤张宗宪和蔡一鸣，看了他们近期收进的书画，蔡选了些墨研和书画。晚去吐鲁番吃全羊，味道并不甚鲜美。

12 月 9 日　星期五

上午去故宫，陪同蔡一鸣、张宗宪在漱芳斋看四王画及唐卡，然后去绘画馆看赝品展，中午在大三元用餐。晚蔡氏在贵宾楼请客。文联文苑将吴昌硕山水卷于下午三时取走。

1995年

2月3日 〔星期五〕

丘良任来电，拟请启老代书“历代宫词纪事”六字书签。

3月23日 〔星期四〕

3月9日与肖燕翼赴台北，20日回港，23日由港返京。

5月27日 〔星期六〕

5月22日由俞伟超带代表团赴南韩访问，27日返京。

6月26日 〔星期一〕

6月18日赴上海，19日参观德康拍卖作品展，26日上下午参观拍卖情况，程十发、韩天衡、萧平参加。

7月18日 星期二

上午微雨。杨越来家取去已发表过的《〈西楼自寿图〉作者石乾非石涛考》复印件。下午邱凤玉来电话说，寄去明清书画释文稿件于昨日收到。寄与广东中山市卢永成写的“曜雅苑”横额与行书联挂号信。俞存党来电话，说给他写的字已收到了。

7月19日 星期三

上午去故宫，复印上海书画社更正《年表》内的一些问题。下午邱凤玉来电，询问释文中不易认识的字，主要是简体字，即行予以答复。王政松亦来电话询问赴香港的日程，据说许礼平已通电话告知他，届时他亦拟去港，参与看书画事。

7月20日　星期四

7月21日　星期五

上午去故宫，在图书馆阅览室查阅有关祝允明书法资料以及要看的石涛年谱等书。

7月22日　星期六

在家接邱凤玉来电，拟将释文资料重行整理后，传真过来，委代复审，王宠行草册亦照原大复印快递邮来复核。

7月23日　星期日

在家将申同志委题林子奂《豳风图》卷题毕，取去。兰州商学院李荫强持来文徵明《古木竹石》轴鉴定，画为明代人作，“徵明”二字款差，可作教学研究资料，讨价最低五千元，使他送往故宫，再行研究留否。

7月24日　星期一

去故宫接台北邱凤玉传真释文资料，即行予以核对改正，并将借图书馆的两种书取回。

7月25日　星期二

上午落雨。接台北快递王宠复印件。接香港叶承耀电话，称其友人周汝式教授星期三到北京，星期四九时半来故宫，〔望〕予以接待。马自树局长介绍民族博物馆馆长谢启晃持四幅明清画鉴定，1. 董其昌，2. 王时敏，3. 八大，4. 郑爕，均非真迹，即实告之。晚李凯来此，将代购之元、明四家画册送来。

7月26日　星期三

上午去故宫，复核王宠《行草诗》释文。接院办电话，定于28日上午9时半在漱芳斋开评委会。

下午接邱凤玉电话，问释文事，答已释完，即行送院予以传真发出。杨新委以将张先《十咏图》卷写一报告，拟上报局。

访问台北故宫博物院，1995 年
右起：秦孝仪、刘九庵、肖燕翼

访问台北故宫博物院，1995 年
前排左起周功鑫、林柏亭、刘九庵、肖燕翼，
后排叶启忠（左一）、邱凤玉（左三）等

与石守谦在台湾大学，1995 年

与傅申在台北，1995 年

与李敖在台北，1995 年

与何国庆在台北，1995 年

刘九庵、肖燕翼在台北摩耶精舍，1995 年

在台北故宫博物院留影，1995 年

在台北故宫博物院留影，1995 年

7 月 27 日　星期四

上午去故宫，9 时 30 分，单国强、薛永年陪同周汝式来院会议室。周将叶大夫托他带的画刊交来，下午即转交与郑珉中，内交田家青的照片等即由郑送王代为转致矣。

7 月 28 日　星期五

上午去故宫，8 时半在漱芳斋开院副研究员评议会，到会委员 20 人，推荐七人，结果有二人落选，二人没达 13 票。

7 月 29 日　星期六

在家查阅有关北宋张先作《十咏图》卷的经历。晚接俞存党电话，方知拍卖作品目录已于前数日电传嘉德小凯，他未及时送来，致未按时复告，歉甚。

7 月 30 日　星期日

在家整理书架内的文件，寻找出版社委看的图片，以及拟与院写报告征购张先《十咏图》卷事。

7 月 31 日　星期一

上午去故宫，将征购张先《十咏》卷报告送院办。与山西省博写信，拟拍照朱瑛、张潸夫画书事。晚李凯来此，交来南博鲁力同志交刘光启带来前者与王朝联合举行的拍卖会顾问费。杨新携人物屏四幅，无款，类似钱慧安，却似沈兆涵学钱者。当即说明将征购张先卷报告已送院。

8 月 1 日　星期二

建军节，在家整理《年表》中出版社提出的问题，均一一作了查核更正。尚有两三个问题，待续查寻。

8 月 2 日　星期三

上午写与茅子良一信，并《江村销夏录》一书包扎好，下午二维送交邮局寄出。王台庆持王铎《临柳公权字》轴、伊秉绶《行书》轴，王书真而不精，伊字似仿书。

8月3日　星期四

上午去人民医院看内分泌及眼科，经检眼底有出血现象，定下星期一再请专科医生查验眼疾。血糖比较高，250，开了云南白药等。安廷山来电，明日去故宫见面。刘巨成送来穆星星寄来〔的〕张大千画照片鉴定。寄与鲁力一信。

8月4日　星期五

上午去故宫，杨新说十日去深圳，他们来接。我说已定十二日同罗随祖去香港，他说可以先去深圳，然后由深圳去香港。罗随祖去与旅行团联系，他们先未同意，似未完全拒绝，如确定亦可再议定。

武汉文物店送闵贞瓷青地画《罗汉像》，金描尚精彩，楷书“正斋闵贞敬写”六字款尚工整，金色图章，看来尚好，惟瓷青纸不够华润光亮，年份似晚，此乃疑点，未加肯定。

8月5日　星期六

下午上海德康送来已拍卖过的米万钟、王铎、陈鸿寿三字轴，均真迹一般之作，已告知。晚见杨新，10日去深圳已定，11日开会，13日可在深圳等候罗随祖，一同去香港。

8月6日　星期日

上午电话通知罗随祖10号我去深圳情况，他说去〔?〕前将在深圳住处电话等告知他，以便于联系。

8月7日　星期一

上午去人民医院看眼科及检验血糖，餐前与餐后区别，较上次检验下降21单位，但仍尚高，医嘱宜照眼底分析进行动手术。深圳海天出版社陈先生同王树〔桂〕林来此，取走身份证及相片两张去购机票。

8 月 8 日 〔星期二〕

上午王台庆陪同去同仁医院看眼科，经傅守静[1]大夫检视，亦提出须照相分析后再动手术，同意去香港返京进行。下午去故宫，与徐启宪说明同杨新先去深圳，13 日同罗随祖去香港事宜。晚九庆弟一家来家。

8 月 9 日 星期三

上午去故宫，取来故宫藏明清画册两本，赠送香港艺术馆之用。晚罗随祖来此，将赴港台澳通行证及旅行团牌送来，待至深圳即予以传真告知居住地点及房号、电话等。

8 月 10 日 星期四

上午肖燕翼送来任熊印本《十万图》十页。中午 12 时余与杨新、王桂林等乘车赴机场，下午 2 时进机放行，2 时半起飞，5 时余抵深圳机场。5 时半乘汽车，来住处迎宾馆，已 6 时半矣，即住二楼 203 室。电话总机 2222722，房间分机 1523。

8 月 11 日 星期五

上午 10 时开会，由海天出版社社长陈文一介绍该公司承担复印故宫藏的法书名画，以及已复印出的王原祁、郎世宁等画样本。王画较好，郎画等与原作则有距离，提出改进意见。下午四时半开成立大会酒会，由该市文化界〔人士〕等讲话，亦颇隆重。

8 月 12 日 星期六

上下午风雨。王世襄等去沙头角购物，我在宾馆予同志们写字。说定明天上午 9 时前抵皇岗海关，同罗随祖赴香港。

8 月 13 日 星期日

上午 8 时 10 分即乘车赴皇岗海关，在路上用早餐。8 时 50 分即至港口检查站，正巧罗随祖亦方到，随即排队验证进关。中午途中用餐，下午 2 时余抵港，即住于京港酒店 739 房间。许礼平来此，

[1] 原文为傅守□，考为傅守静。

商谈工作事宜，即定于明日去香港艺术馆看书画。

8 月 14 日　星期一

上下午落雨。上午 9 时余，礼平来此，即去艺术馆看书画。中午在馆内休息，下午 3 时继续看。5 时半结束，即与礼平应张宗宪之约去香格里拉用餐，然后去其家看书画。近代人作品多，旧画作伪作，唯有一本清初《诸名家山水》册，乃属集锦者，因之大小横竖不一，第一页八大山水页，款署“个相如吃”。吴伟业、杨文骢、郑旼等为真迹。

8 月 15 日　星期二

全日阴。上下午在艺术馆看书画，内一王铎花卉卷，前中后自题三段，此殊少见。晚王春福、雷□□、杨臣彬同聚餐。

8 月 16 日　星期三

上下午在艺术馆看书画，晚与汪建生、张鼎臣电话联系，张拟明日来住处晤谈，汪再电话联系。许礼平赠送马国权编《智永真草千字文》一册，并约请明日晚黄国桢先生在越南菜馆请餐。

8 月 17 日　〔星期四〕

上下午在艺术馆看书画，下午叶承耀与潘顺国一同来看书画，晚黄国桢请在越〔南〕菜馆吃饭，风味别具。张鼎臣来此晤谈，拟明后日去其家看乾隆寿字缂丝。

8 月 18 日　星期五

上下午在艺术馆看书画，下午看大幅书画及扇面，内邹之麟山水扇乃伪迹，两幅华嵒画，一松鹤一人物，均好。晚至许礼平家用餐，张鼎臣将乾隆缂丝寿字、董其昌山水大幅送看，拟明日送钱傲手札及铁券拓本，内有贾似道题观款，此类作品恐未必能真。夜邱凤玉来电话，拟定 9 月 17 日将台北书画等文物送往北京故宫。

8 月 19 日　星期六

上下午在艺术馆看书画，下午看书画扇及字卷册，库藏作品已

在香港艺术馆鉴定书画，1995 年
左起：司徒元杰、刘九庵、罗随祖、朱锦鸾、许礼平

均看完毕，复至陈列室看陈列画册，以及壁上悬挂的书画轴，至此已均完了。明日星期天馆内休息。晚6时，叶先生接往乡村聚〔俱〕乐部用餐，参加者有罗玉和，许、罗等五人，9时余返回住处。

8月20日　星期日

上午叶医生原拟邀往郊外游览，后因身体不适，未能前往，我即在酒店休息。晚汪建生送来三件张大千画，均伪，胡爽盦《梅花》亦不好。中午去百货商店购妥美国产血糖仪，价1380元，原1700元，折扣至此价，由许礼平付款赠送。

8月21日　星期一

上午同许礼平、罗随祖参观艺术馆缂绣作品展，很精致，内中借展辽博几件缂丝（宋代），尤为精绝。下午去许礼平家，一〔起〕同黄国桢去海产馆用晚餐，鲜美独特，可称一绝。

8月22日　星期二

上午去许礼平家看部分书画底片及去商店购买血糖仪，美国产，1380元，许付款赠送。并赠吴南生藏法书印本。叶大夫赠崇禧、小凯、小媛……

8月23日　星期三

上午10时离开青年会酒店，朱锦鸾副馆长送行，许礼平送至车站。12时余即搭火车来穗。下午5时赴省博物馆与吴南生及各馆长晤谈，并请该馆代拍王维《雪溪图》卷及赵之谦画花卉册，以便在赝品展书中使用。

8月24日　星期四

上午8时余离开华侨酒店乘车赴机场，10时25分飞起，下午1时余抵京机场，3时余平安抵家，一路上随祖同志照顾非常周到。

10月1日　星期日

阴，晚降小雨。与罗随祖通电话，据说许礼平明日到京。

11 月 13 日 〔星期一〕

《绘画精品全集》出版会议。文物出版社招集，在海淀区福缘门甲一号“国务院机关事务管理局达园宾馆”报到。今日下午已到齐，谢稚柳、启功、徐邦达、杨仁恺、刘九庵、傅熹年、谢辰生，以及出版社杨瑾、张囿生、符昂扬、李红，〔另〕王南访、李凯同志等，总计 20 余人。据谢辰生讲拟明日将出版情况汇报一下，以及今后开展。

12 月 13 日 〔星期三〕

启功先生通信地址自书稿：

北京新外大街，北京师范大学，宿舍红六楼 24 号，啓功（啓作啟）。

邮码 100875，电 2010518。

或北京师范大学校长办公室，陆善镇校长。

邮码同上。

启功的家属陪同——章景怀（男）公务员。

1995 年 12 月 13 日初次降雪，上午崇禧陪同前往启老处所写。

12 月 22 日 〔星期五〕

启老原件已于 12 月 22 日传真台北倦勤斋邱凤玉收。

12 月 31 日[1] 〔星期日〕

1995 年 12 月份各地来贺圣诞新年卡记：廖德榉、蔡辰男、劳继雄、朱振华（信）、周建民、许冬等。刘善章、曾士金、穆星星、周克文、周维新、运亭（沈故）、王方宇、余琳、梁穗、荣宝斋、朵云轩、翰海、钱龙韬、文物三处、□犇、何培林（三希堂）、鲁力、虞海德（深圳南山）、杨才玉（陕西收藏家）、万寿、郑暐永（南朝）、赵宝琴、八大山人研究学会。

[1] 此为“1995 年 12 月份各地来贺圣诞新年卡的记”，截止时间按 12 月 31 日计。

与长孙刘凯在香港艺术馆合影，1995 年

刘九庵与王季迁等在故宫赏画，20 世纪 90 年代

刘九庵（左二）、王季迁（左三）、黄君实（右一）、庞志英（右二）、王义强（左一）、杨新（对面）等在故宫赏画，20 世纪 90 年代

刘九庵（左一）、黄君实（左二）、王季迁（左三）在故宫漱芳斋合影，20 世纪 90 年代

1996年

1月17日　〔星期三〕

炎黄艺术馆来电话，拟请20日赴该馆看二玄社出版台湾故宫的藏画，当说明19日赴上海，约22日返京，改于下次，再通电话。

是日蒋尚宇下午将其委题的清初人画《秋林清话图》轴取走。

1月18日　〔星期四〕

下午接美院法国留学生乐女士电话，谈研究鬼子母画，请其待我返回后再通话。

1月19日　星期五

应甄藏刘国基之邀，小凯、李健陪同一起乘下午1时1刻赴上海班机，抵上海机场后刘国基与茅子良来接，即住海仑宾馆16楼08房。晚接德康俞存党来电话，茅子良将《年表》明代部分二校样交来。

1月20日[1]　〔星期六〕

旧历正月初一。各处来电话贺春节电话记：曾君、单志常……

1月23日　〔星期二〕

中国文物学会订〔定〕于1996年1月23日上午9时半在东四北大街279号北京市政协一楼会议厅，召开常务理事会，听取和审议1995年学会工作总结和1996年工作计划安排。联系电话

[1] 1996年1月19日后记录为“1996〔年〕，旧历正月初一”，经查实为1996年1月20日。

4059392。[1]

2月3日 〔星期六〕

下午8时，冯小琦将明人《揭钵图》卷取走。

石家庄市文物局，康煜局长信。

4月2日 〔星期二〕

王政松来家取走黄溱山水轴。

4月20日 〔星期六〕

将王政松由台北带来赴台入境的表格送致启老。

[1] 中国文物学会1996年《年鉴》未记载。http://www.zgwwxh.com/chronicle-for-1996/.

在故宫博物院鉴定宋人尺牍，1996 年
前排左起：傅熹年、徐邦达、刘九庵
后排左起：娄玮、赵志成、王连起、潘深亮、张晨

在上海博物馆雕塑馆，1996 年

刘九庵（右）、启功（左）、艾志高（中）在故宫博物院会议室交谈，20 世纪 90 年代

1997 年

2 月 24 日 （星期一）

港报悼念邓小平《参考》2.24。“丰功伟绩昭日月，但悲不见九州同。邓公但可放心去，应以凯歌慰英灵。”[1] 无私是力量的源泉。

[1] 《参考消息》1997 年 2 月 24 日第 8 版发表《港报发表社论深切悼念邓小平》一文，援引香港《新报》2 月 20 日社论《悼念中国一代伟人邓小平》、香港《快报》2 月 20 日社论《但悲不见九州同》、香港《成报》2 月 21 日社论《邓小平辞世无碍政局稳定》、香港《天天日报》2 月 21 日社论《悼念邓公沉痛平静》。分别以“丰功伟绩昭日月”“但悲不见九州同”“邓公但可放心去”“应以凯歌慰英灵”为小标题。

附录

《刘九庵日记》涉及的作者亲属关系

父　亲：刘槐卿
母　亲：吴淑舫

三　叔：刘世勋
三　婶：贾淑芳

姑　母：刘玉生
姑　丈：韩博学
表　妹：韩兰英

二　弟：刘九惠
侄　子：刘崇仁

三　弟：刘九庆
弟　媳：赵文平
侄　子：刘崇志

堂　弟：刘九同

表　弟：鲁金辉
表弟媳：段桂青

妻　子：夏莲芝

长　子：刘崇禧
长儿媳：赵丽生
长　孙：刘　凯
长孙女：刘　媛

长　女：刘金鸿
长女婿：丁　涛
外　孙：丁　一

二　女：刘金凤
外　孙：刘振维

三　女：刘金鸾

四　女：刘金娟
四女婿：赵宝才

人名索引

I 古代 近代

A

B

C

D

G

H

J

K

L

N

O

P

Q

R

S

T

X

□

未知

II 现代 当代

A

B

C

D

E

F

G

H

J

K

L

Q

R

S

T

X

Z

陈____（陈□□）810330
陈____（陈英 - 其子）940925
陈____（陈先生）950807
程____（程副市长）580811

D

邓____（邓氏）810411
丁____（丁组长）　620410
丁____（老丁）770629

F

范____（范馆长、他们）631118

G

高____（高馆长）620409
高____（高同志）720712
葛____（葛县长）581130

H

韩____（韩□□、韩）801219
韩____（韩）560811，560814
韩____（韩科长）580823
何____（何）590723
何____（何同志）631120

J

纪____（纪）560823
纪____（纪）580926

L

M

P

Q

S

T

Y

Z

未知（二）

未知（三）

______（文化部外事局 - 局方领导同志）800914
______（物主）801013
______（避暑山庄博物馆 - 馆中同志）801013
______（中华书局香港分局副经理）801206
______（有个美国人、他）801206
______（广东省文物商店 - 商店经理及负责人）801207
______（中华书局负责人）801208
______（上海朵云轩 - □□□两先生）801208
______（香港《书谱》- □□□）801216
______（香港中文大学 - □□□□□□）801216
______（中艺□□□□□□□等领导人）810328
______（郭味蕖 - 其母舅）810330
______（中艺公司 - 该公司副经理等）810403
______（中艺公司 - 公司副经理）810407
______（天秀 - 他妹妹）810413
______（王凌 - 女儿）810516
______（苏州 - 市文化局等领导）811226
______（苏州市文物商店 - 店领导）811227
______（广西 - 文化局领导同志）830330-31
______（广西 - 博物馆领导同志）830330-31
______（吉林省 - 文化局□□□）830622
______（傅熹年 - 其爱人）860626
______（□□□□□□）870403
______（安西县 - 县领导）900426
______（安西县 - 博物馆馆长）900426
______（新疆博物馆 - 馆长）900505
______（杨富春 - 友人）940522
______（同住延安饭店的各处同志）940618

致　谢

（人员按出生日期先后排序）

在《刘九庵日记》整理编辑过程中，耿宝昌、杨臣彬、傅熹年、李文善、叶承耀、许忠陵、聂崇正、裴焕禄、薛永年、萧平、施安昌、梁金生、肖燕翼、陈华莎、许礼平、孙晓林、傅红展、刘广堂、白谦慎、牛成香、李凯、朱传荣、秦凤京、尹一梅、袁杰、王小红、赵鑫桂、杨泽华、王兰英、冯贺军、李治益、周刃、杨丹霞、王家葵、封发军、傅东光、朱万章、李卫东、于芹、时祥选、朱鸿文、王建涛、薛龙春、许强、聂卉、汪亓、万新华、张震、李绍毅、贺宏亮、姚宇江、李文君、许力、戴卓斌、董宝厚、马顺平、江洁、陆易、李天垠、任文岭、赵瑾、关键等前辈、师友、同仁给予了支持与帮助，在此深表谢忱。

二〇二四年九月一日

图书在版编目（CIP）数据

刘九庵日记 / 故宫博物院编 ; 刘九庵著. -- 北京 : 故宫出版社, 2024. 9. -- ISBN 978-7-5134-1662-7

Ⅰ. K825.81

中国国家版本馆CIP数据核字第20240GB157号

刘九庵日记

故宫博物院 编
刘九庵 著
娄 玮 刘 凯 审订
蔡治淮 华 宁 秦 明 整理编校

封面题字：傅熹年

出 版 人：果美侠
责任编辑：朱 蓝
特约编审：傅红展 时祥选
装帧设计：李 猛
责任印制：常晓辉 顾从辉
出版发行：故宫出版社
地址：北京市东城区景山前街4号 邮编：100009
电话：010-85007817 010-85007800
邮箱：ggcb@culturefc.cn
印 刷：北京雅昌艺术印刷有限公司
开 本：889毫米×1194毫米 1/32
印 张：16
字 数：244千字
版 次：2024年9月第1版
2024年9月第1次印刷
印 数：1-3000册
书 号：ISBN 978-7-5134-1662-7
定 价：120.00元